Berlitz

Italienisch

Verben

Basiswissen

Berlitz Publishing Company, Inc.
Princeton Mexiko Dublin Eschborn Singapur

Italienisch: Verben

400 Alexander Park, Princeton, NJ 08540 USA
9 - 13 Grosvenor Street, London W1X 9FB UK

1. Ausgabe, 1. Auflage Juni 1999

ISBN: 3-8043-4539-5

Printed in Spain

Der Herausgeber der Reihe:
Christopher Wightwick hat Großbritannien beim Fremdsprachenprojekt des Europarates vertreten und war Oberinspektor für Neuere Sprachen im englischen Schulwesen.

Redaktion:
Monika Hermann, Frederike Holz, Jürgen Lorenz, Karen Möller, Francesca Onofri

INHALT

Wie man dieses Buch benutzt

A Das italienische Verbsystem 1

1 Was Verben tun

1a Vollverben 2
1b Hilfsverben 2
1c Verben mit Doppelfunktion 2

2 Was Verben bestimmen

2a Intransitive Verben 3
2b Komplementärverben 3
2c Transitive Verben 3
2d Verben, die transitiv und intransitiv sein können 4
2e Verben mit zwei Objekten: Dativ und Akkusativ 4
2f Reflexive Verben 4
2g Verben, die Verben bestimmen 6
2h Die Stellung der Verben im Satz 7

3 Einstellung zur Handlung: Modalverben

3a Die Funktion der Modalverben 9
3b Modalverben und ihre Bedeutung 9

4 Zeitunabhängige Verbformen

4a Der Infinitiv 10
4b Die Partizipien und das Gerundium 10
4c Das Verb **piacere** 12

5 Der Gebrauch der Zeitformen

5a Was sind die Zeitformen? 13
5b Hilfsverben 13

6 Angabe wahrscheinlicher Tatsachen: der Indikativ

6a Präsensformen 15
6b Vergangenheitsformen 17
6c Zukunftsformen 23
6d Konditional 25

7 Aufforderungen und Befehle: der Imperativ

7a Der vertraute Imperativ: **Tu**, **Noi**, **Voi** 28
7b Der vertraute negative Imperativ 28
7c Der formelle Imperativ: **Lei**, **Loro**, **Voi** 29

8 Ungewissheiten: der Konjunktiv

8a	Konjunktiv Präsens	30
8b	Konjunktiv Imperfekt	31
8c	Zusammengesetzte Konjunktivformen	31
8d	Konjunktivgebrauch	32
8e	Zeitenfolge mit dem Konjunktiv	37

9 Die Leideform: das Passiv

9a	Das echte Passiv	39
9b	Alternativen zum Passiv	41

10 Reflexive Verben

10a	Reflexivpronomen	42
10b	Stellung der Reflexivpronomen	42
10c	Reflexive Verben und **ne**	42
10d	Andere Anwendungen des Reflexivums	43

11 Die verschiedenen italienischen Verbgruppen

11a	Vorhersagbarkeit	44
11b	Regelmäßige Verben	44
11c	Verben mit Veränderungen der Schreibweise	44
11d	Zusammengesetzte Verben	45

B Modellverben 47

Index der Modellverben		48
Das italienische Konjugationssystem		48
Regelmäßige Modellverben	**lodare 1**	50
	***entrare 2**	54
Regelmäßige Verben	Nos. 3 – 7	56
Verben mit veralteten Infinitiven	Nos. 8 –10	66
Veränderungen der Schreibweise	Nos. 11 –16	70
Unregelmäßige Verben	Nos. 17 –106	82

C Sachregister 263

D Verbregister 265

Wie man dieses Buch benutzt

Anliegen dieses Buches ist es, eine vollständige Beschreibung des italienischen Verbsystems zu liefern. Es enthält folgende Informationen:

- ein Kapital, das das italienische Verbsystem erklärt;
- die Konjugation von 106 Verben so gruppiert, dass die dem System zugrunde liegenden Muster deutlich erkennbar sind;
- ein komplettes Sachregister zum Abschnitt *Das italienische Verbsystem;*
- ein Verbregister mit über 2200 Verben, ihre deutsche Bedeutung und Hinweise auf das Muster, dem sie folgen.

DAS ITALIENISCHE VERBSYSTEM

Dieser Abschnitt beschreibt Funktionen und Form der Verben im Allgemeinen. Um sich zurechtzufinden, benutzen Sie die Inhaltsangabe und das Sachregister. Sie finden Wissenswertes über den Gebrauch der Zeitformen, über die Wortstellung sowie die Art und Weise, wie Verben andere Wortarten bestimmen und wie sie gebildet werden. Das Buch beschreibt Möglichkeiten zur Vermeidung des Passivs und erklärt solche Eigenheiten wie Reflexivformen, den Konjunktiv und die Hilfsverben. Es erklärt die vorhersagbaren und unregelmäßigen Charakteristika der Verben und erläutert die wichtigsten unregelmäßigen Verben.

MODELLVERBEN

Benutzen Sie das *Verbregister,* um sich in diesem Abschnitt zurechtzufinden, der die volle Konjugation von zwei Modellverben — **lodare** im Aktiv und Passiv sowie **entrare** im Aktiv — darstellt. Sie finden Modelle für alle drei Gruppen der regelmäßigen Verben, sowie die gesamte Reihe der Verben mit Veränderung der Schreibweise, gefolgt von allen häufig verwendeten unregelmäßigen Verben — insgesamt 106 Modellverben.

Die Konjugationen werden in allen benutzbaren Zeitformen angegeben. Unregelmäßigkeiten werden fett gedruckt aufgeführt. Bei regelmäßigen Zeitformen wird lediglich die erste Person Singular genannt. Sie genügt, um die restlichen Formen zu bilden. Wird eine Zeitform nicht vollständig angegeben, können Sie Regelmäßigkeit voraussetzen.

Für einfache Zeitformen sehen Sie sich die zwei Modellverben (**lodare** und **entrare**) an oder das entsprechende Verb der fünf regelmäßigen Verben (**parlare, vendere, dormire, finire** und **lavarsi**), um die nötige Endung herauszufinden. Bei zusammengesetzten Zeitformen sehen Sie in *Das italienische Verbsystem* nach, um zu sehen, welche Zeitform Sie von einem Hilfsverb (**avere** oder **essere**) brauchen, und schlagen Sie dann in *Modellverben* nach.

An passender Stelle enthalten die Modellverbseiten auch Folgendes:

• Eine Liste weiterer Verben, die dem gleichen Muster folgen. Nach Möglichkeit werden alle Verben angegeben. Ist die Liste zu lang, gibt man Ihnen eine Auswahl der am häufigsten vorkommenden Verben. Es gibt natürlich auch Verben, die allein stehen, d.h. keine anderen folgen ihrem Modell.

• Anmerkungen zeigen die Hauptmerkmale des betreffenden Musters und mögliche Variationen oder zusätzliche Merkmale bei Verben, die grundsätzlich diesem Modell folgen.

• Kurze Dialoge, Texte oder Sätze, die verschiedene Zeitformen und Verwendungsarten dieser Verben erklären.

Weitere Informationen über die Funktionsweise des Verbsystems finden Sie in *Das italienische Verbsystem*.

Überall dort, wo Sie dieses Zeichen sehen, stehen Warnhinweise, die Ihnen helfen, Klippen zu umschiffen und Fallen zu vermeiden.

SACHREGISTER

Hier sind die im Abschnitt *Das italienische Verbsystem* gebrauchten wichtigsten grammatischen Begriffe aufgeführt.

VERBREGISTER

Bei jedem der ungefähr 2200 Verben ist angegeben, ob es transitiv (*tr*), intransitiv (*intr*) oder reflexiv (*refl*) ist, sowie die deutsche Bedeutung. Zweitbedeutungen und idiomatische Ausdrücke, die häufig verwendete Verben gebrauchen, werden ebenfalls angegeben. Und schließlich wird bei jedem Verb auch vermerkt, welchem Modellverb-Muster es folgt.

acquistare (*tr*) erwerben, bekommen 3

Bei einigen Verben gibt es mehr als eine ableitbare oder nicht ableitbare Abweichung von der Norm. Nach diesen Verben stehen zwei Zahlen. Ziehen Sie in diesem Fall immer beide Modellverbseiten zu Rate.

assorbire (*tr*) absorbieren, aufsaugen 5, 6

WIE SIE DIE GEWÜNSCHTE INFORMATION FINDEN

Wenn Sie etwas über die Form, Bedeutung oder den Gebrauch eines Verbs erfahren wollen, schlagen Sie im *Verbregister* nach. Das zeigt Ihnen:

• welche Verben Modellverben sind (gekennzeichnet mit **[M]**);

vendere (*tr*) verkaufen, handeln mit 4 **[M]**

• welches Verb **essere** benutzt (gekennzeichnet mit *);

***andare** (*intr*) gehen, fahren (im Auto) 21 **[M]**

• welches Verb **avere** benutzt, wenn es transitiv ist und **essere,** wenn es intransitiv ist (gekennzeichnet mit †);

†salire (*intr/tr*) aufsteigen, klettern, besteigen, einlaufen (die Flut) 77 **[M]**

• jede Präposition, die normalerweise zu dem Verb gehört;

***abituarsi a** (*intr/refl*) sich an etw. gewöhnen 7

• ob das Verb transitiv (*tr*), intransitiv (*intr*) oder reflexiv (*refl*) ist;

camminare (*intr*) schreiten, treten, gehen 3

• die wichtigste deutsche Bedeutung des Verbs und häufig verwendete idiomatische Anwendungen;

colpire (*tr*) beeindrucken, gegenschlagen, erschüttern, schmatzen, treffen, schlagen 6

colpire a morte (*tr*) erschießen 6

• eine Zahl, die das Modellverb bezeichnet, dem man die Konjugation des Verbs und eventuelle Unregelmäßigkeiten entnehmen kann. Hier findet man auch Verben, die einem ähnlichen Muster folgen.

chiudere (*tr*) schließen, zumachen 30 **[M]**

Mehr Informationen über die Form oder den Gebrauch eines Verbs finden Sie unter den Seitenangaben im *Verbregister* am Ende des Buchs.

A

DAS ITALIENISCHE VERBSYSTEM

1	Was Verben tun
2	Was Verben bestimmen
3	Einstellung zur Handlung: Modalverben
4	Zeitunabhängige Verbformen
5	Der Gebrauch der Zeitformen
6	Angabe wahrscheinlicher Tatsachen: der Indikativ
7	Aufforderungen und Befehle: der Imperativ
8	Ungewissheiten: der Konjunktiv
9	Die Leideform: das Passiv
10	Reflexive Verben
11	Die verschiedenen italienischen Verbgruppen

1 Was Verben tun

1a *Vollverben*

Der größte Teil aller Verben sagt etwas über die Tätigkeit, den Zustand oder die (sich möglicherweise ändernde) Situation des Satzsubjekts aus. Wir bezeichnen sie als *Vollverben.*

***Abito* in Italia.**	Ich *wohne* in Italien.
***Abbiamo* un appartamento.**	Wir *haben* eine Wohnung.

1b *Hilfsverben*

Eine sehr viel kleinere Gruppe von Verben wird gebraucht, um den Sinn des Vollverbs zu ergänzen — zum Beispiel, um eine zusammengesetzte Zeitform zu bilden oder einen Kommentar zu einer bestimmten Tätigkeit abzugeben. Sie werden daher als *Hilfsverben* bezeichnet.

***Sto* studiando l'italiano.**	Ich *lerne* (gerade) Italienisch.
***Ho* comprato una macchina.**	Ich *habe* ein Auto gekauft.
***Sono* andato in città.**	Ich *bin* in die Stadt gegangen.

1c *Verben mit Doppelfunktion*

Die meisten Hilfsverben können entweder in ihrer vollen Bedeutung oder als Hilfsverb benutzt werden. Das Verb **stare** z.B. wird meistens benutzt, um den Standort, das Befinden oder den Zustand einer Sache oder einer Person auszudrücken, kann aber auch als Hilfsverb für das Gerundium dienen, das die Dauer einer Handlung ausdrückt oder klarstellt, dass man gerade dabei ist, etwas zu tun.

***Sta* in casa.**	Sie ist im Hause.
***Sta* preparando da mangiare.**	Sie macht (gerade) etwas zu essen.

2 Was Verben bestimmen

Ein Satz kann außer Subjekt und Hauptverb viele zusätzliche Informationen enthalten. Einige hängen direkt vom Hauptverb ab und können nicht ausgelassen werden, ohne dass der Satz unvollständig wird. Man nennt sie »vom Verb bestimmt«.

2a *Intransitive Verben*

Manche Verben sind normalerweise nicht mit einem Objekt verbunden [➤2c], auch wenn der Satz vielleicht Ausdrücke enthält, die zum Sinn beitragen. Man bezeichnet sie als *intransitive* Verben. In Verblisten und Wörterbüchern sind sie gewöhnlich mit (intr) oder (i) gekennzeichnet.

Torno subito.	Ich werde sofort zurückkommen.

»Ich werde zurückkommen« ergibt alleine einen Sinn. Das »sofort« gibt uns mehr Information.

2b *Verben, die Gleiches verbinden: die Sinnergänzung*

Wenige Verben tun nichts anderes, als das Subjekt mit einem anderen Wort oder Ausdruck, d.h. der *Sinnergänzung* des Verbs, zu verbinden. Die Ergänzung ist gewöhnlich ein Hauptwort oder Nebensatz und bezieht sich auf dieselbe Person oder Sache wie das Subjekt.

Mio padre *è* dottore.	Mein Vater *ist* Arzt.

2c *Transitive Verben*

Viele Verben haben ein *Akkusativobjekt* (direktes Objekt), das auf *was* oder *wen* antwortet. Diese Verben sind *transitiv.* In Wörterbüchern sind sie gewöhnlich mit (tr) gekennzeichnet. Intransitive Verben dagegen können kein Akkusativobjekt haben.

Giorgio ha comprato *un cane.*	Giorgio hat *einen Hund* gekauft.

Der Hund ist das, was Giorgio gekauft hat. Er ist das Akkusativobjekt von »hat gekauft«.

2d *Verben, die transitiv oder intransitiv sein können*

Viele italienische Verben können sowohl transitiv als auch intransitiv sein und sind mit (intr/tr) in Verblisten aufgeführt.

Maria parla troppo.	Maria spricht zu viel.
Giovanni parla inglese.	Giovanni spricht Englisch.

2e *Verben mit zwei Objekten: Dativ und Akkusativ*

Manche transitive Verben beschreiben die Übergabe des Akkusativobjekts an eine andere Person (oder vielleicht Sache). Die Person ist dann das Dativobjekt (indirektes Objekt) des Verbs. Das Dativobjekt antwortet auf die Frage *wem* oder *für wen.*

Sandro ha comprato dei fiori per la mamma.	Sandro hat einige Blumen für seine Mutter gekauft.
Le ha comprato dei fiori.	Er hat ihr einige Blumen gekauft.
Ha dato i fiori alla mamma.	Er hat die Blumen seiner Mutter gegeben.
Le ha dato i fiori.	Er hat ihr die Blumen gegeben.

Die Blumen sind das Akkusativobjekt und die Mutter — die Empfängerin — ist das Dativobjekt.

2f *Reflexive Verben*

(i) Einige Verben drücken eine Handlung aus, die auf das Subjekt zurückgerichtet ist, das heißt das Subjekt und das Objekt sind gleich. Das sind *reflexive Verben* [➤10]. Manche Verben sind im Italienischen reflexiv, jedoch nicht im Deutschen.

Mi diverto sempre in Italia.	Ich amüsiere mich immer in Italien.
Mi sposo l'anno prossimo.	Ich heirate nächstes Jahr.

(ii) Manche Handlungen von mehreren Personen sind nicht auf sich selbst sondern auf einander gerichtet. In diesem Fall ist das Subjekt gewöhnlich Plural, so dass also die Pluralformen der Verben benutzt werden müssen. — **noi**, **voi** oder **loro**.

Si sono incontrati ieri.	Sie trafen sich gestern.
Ci telefoniamo spesso.	Wir rufen uns oft an.

(iii) Folgende Beispiele zeigen Verben, die im Italienischen reflexiv sind, im Deutschen aber nicht.

Mi sveglio alle sette.	Ich wache um sieben auf.
Mi alzo subito.	Ich stehe sofort auf.
Non si rende conto che sono straniera.	Er merkt nicht, dass ich ein Ausländer bin.

(iv) Das Partizip Perfekt bezieht sich normalerweise — an der Endung erkennbar — auf das Subjekt. Wenn jedoch im Satz ein Akkusativobjekt als Pronomen auftaucht, dann bezieht sich das Partizip Perfekt auf dieses Pronomen — die Endung verhält sich entsprechend.

Mi sono tagliato il dito.	Ich schnitt mir/mich in den Finger.
Mi sono rotta la gamba.	Ich habe mein Bein gebrochen.
Mi sono lavate le mani.	Ich wusch mir die Hände.

Der Gebrauch kann jedoch variieren. Umgangssprachlich richtet sich das Partizip Perfekt oft nach dem Subjekt, auch wenn es sich um ein Akkusativobjekt handelt.

Alberto s'è tolto la camicia.	Alberto zog sein Hemd aus.

In diesen Beispielen benutzt man im Deutschen ein Possessivpronomen und im Italienischen ein Reflexivpronomen.

(v) Reflexive Verben werden oft benutzt, wenn im Deutschen das Passiv benutzt wird.

Qui si vendono mele.	Hier werden Äpfel verkauft.
Qui si parla inglese.	Hier wird Englisch gesprochen.

2g Verben, die Verben bestimmen

(i) Verben + Infinitiv

Die italienische Sprache hat viele Ausdrücke, die auf einem modalen Hilfsverb basieren [➤3].

***Vorrei* partire alle otto.**	Ich *möchte gern* um acht fahren.
***Devo* essere in città alle nove.**	Ich *muss* um neun in der Stadt sein.
***Sai* nuotare?**	*Kannst* du schwimmen?
***Possiamo* andare in piscina insieme.**	Wir *können* zusammen ins Schwimmbad gehen.

(ii) Verben + Präposition + Infinitiv

Italienisch hat auch eine Reihe dieser Strukturen, die *(i)* ähnlich sind, bei denen aber eine Präposition zwischen dem Hilfsverb und dem Hauptverb steht. Im Verbregister steht, welche Präpositionen zu welchen Verben gehören.

Andiamo *a* mangiare adesso!	Lass uns jetzt zum Essen gehen!
Cerca *di* venire stasera.	Versuche heute Abend zu kommen.
Ho dimenticato *di* comprare il giornale.	Ich habe vergessen, die Zeitung zu kaufen.
Sono usciti *senza* salutarmi.	Sie sind weggegangen, ohne sich von mir zu verabschieden.

(iii) Verben + Partizip

Im Italienischen kann man eine Handlung während ihres Verlaufs beschreiben. Man benutzt das Verb **stare** mit dem Partizip Präsens. Oft wird dieses als *Gerundium* (=Verlaufsform) bezeichnet, d.h. man ist gerade dabei, etwas zu tun.

***Sto studiando* l'italiano.**	*Ich lerne* (gerade) Italienisch.
***Stavo leggendo* quando è arrivato Luigi.**	*Ich habe* (gerade) *gelesen*, als Luigi ankam.

2h Stellung der Verben im Satz

(i) Subjektpronomen

Die italienischen Verben erscheinen gewöhnlich ohne Subjektpronomen, weil die Endung des Verbs klar und deutlich ist, nicht nur beim Schreiben sondern auch beim Sprechen. Doch werden Pronomen benutzt, wenn sie für Betonung, Kontrast oder Klarheit nötig sind.

Io **vado in città, ma** ***tu*** **devi rimanere qui.**	*Ich* gehe in die Stadt, aber *du* musst hier bleiben.
— Chi ha rotto il bicchiere?	— Wer hat das Glas zerbrochen?
— L'ha rotto ***lui.***	— *Er* zerbrach es.

Im letzten Beispiel folgt das Pronomen nach dem Verb, um die Person, die das Glas zerbrach, stärker zu betonen.

(ii) Fragen

Fragen werden im Deutsch normalerweise durch Inversion (=Tausch der Stellung im Satz) von Verb und Subjekt gebildet. Solche Inversionen sind im Italienischen nicht so häufig, da das Subjektpronomen selten benutzt wird außer für Betonung, Kontrast oder Klarheit. Deshalb erscheinen Frage und Aussage oft gleich, aber beim Sprechen macht die Intonation den fragenden Charakter deutlich — die Stimme hebt sich am Satzende. Im geschriebenen Text markiert wie im Deutschen das Fragezeichen die Frage.

Tuo padre ha una macchina nuova.	Dein Vater hat ein neues Auto.
Tuo padre ha una macchina nuova?	Hat dein Vater ein neues Auto?
Hai visto Carlo ieri.	Du hast Carlo gestern gesehen.
Hai visto Carlo ieri?	Hast du Carlo gestern gesehen?

(iii) Verneinung

Negative Ausdrücke im Italienischen sind klar. Das deutsche Wort *nicht* ist das italienische **non**, welches genau vor dem Verb und jedem abhängigen Pronomen steht.

— *Non* vado al cinema stasera.	— Ich gehe heute Abend *nicht* ins Kino.
— Perché *non* ci accompagni?	— Warum kommst du *nicht* mit (uns)?
— *Non* mi sento bene.	— Mir geht es *nicht* gut.
***Non* lo so.**	Ich weiß *nicht*.

Non kann außerdem auch zusammen mit anderen, gewöhnlich nach dem Hauptverb stehenden, negativen Ausdrücken (**mai, nessuno, niente** usw.) gebraucht werden.

***Non* vedo *nessuno* fuori.**	Ich sehe draußen *niemanden*.
***Non* è *niente*, non ti preoccupare.**	Es ist *nichts*, keine Sorge.
***Non* ho *mai* visto quel film.**	Ich habe den Film *nie* gesehen.

Anm. Ein Satz kann mit **nessuno** beginnen. In diesem Fall ist es nicht notwendig auch **non** zu benutzen. Die Stellung des Verbs im Satz wird davon nicht betroffen.

***Nessuno* vuole venire.**	*Niemand* möchte kommen.

3 Einstellung zur Handlung: Modalverben

3a *Die Funktion der Modalverben*

Wie in 2g(i) erwähnt, werden Vollverben durch modale Hilfsverben modifiziert. Mit ihnen wird eine zusätzliche Möglichkeit, ein Wunsch oder eine Verpflichtung zum Ausdruck gebracht. Sie gebrauchen die gleiche Person und die gleiche Zeitform, gefolgt vom Infinitiv des Vollverbs.

3b *Die Modalverben und ihre Bedeutung*

Hier sind die wichtigsten italienischen Modalverben.

(i) ***potere*** *können, dürfen*

Non *posso* venire domani.	Ich *kann* morgen nicht kommen.

(ii) ***volere*** *mögen, wollen*

Non *voleva* andarci.	Er *wollte* nicht hingehen.

(iii) ***dovere*** *müssen, sollen*

***Dovete* ascoltare il professore.**	*Sie sollen* dem Lehrer zuhören.

(iv) ***sapere*** *wissen, können*

— *Sai* suonare il flauto?	— *Kannst* du Flöte spielen?
— No, ma *so* giocare a tennis!	— Nein, aber ich *kann* Tennis spielen!

Anm. Objektpronomen können vor dem Hilfsverb stehen oder an den Infinitiv angehängt werden.

***Te lo* posso dire adesso.**	Ich kann *es (zu) dir* jetzt sagen.
Posso dir*telo* adesso.	Ich kann *es (zu) dir* jetzt sagen.

4 Zeitunabhängige Verbformen

Verben sind sehr wichtige Wörter, weil eine einzige Verbform Ihnen normalerweise drei Informationen gibt: *was* geschieht, *wann* es geschieht und *wer* es tut. Aber es gibt einige Verbformen, die weder Zeit noch Person angeben.

4a *Der Infinitiv*

Die wichtigste Verbform, die man in Verblisten oder Wörterbüchern und auch im Verbregister dieses Buches findet, ist der *Infinitiv*. Der Infinitiv aller italienischen regelmäßigen Verben besitzt eine der folgenden Endungen: **-are**, **-ere**, **-ire** (z.B. **amare**, **vendere**, **capire**, **dormire**).

4b *Die Partizipien und das Gerundium*

(i) *Partizip Präsens*

Das Partizip Präsens im Italienischen hat die verbale Funktion verloren und wird meistens als Adjektiv oder Haupwort benutzt. Es wird gewöhnlich mit **-ante** oder **-ente** am Stamm des Infinitivs gebildet.

il capitolo *seguente*	das *folgende* Kapitel
gli *amanti*	die *Liebenden*

(ii) *Präsens Gerundium*

Das Präsens Gerundium wird oft benutzt, um den Fortgang einer Handlung zu beschreiben. Es wird meistens mit dem Hilfsverb **stare** verbunden, um Präsens, Imperfekt und manchmal die Verlaufsform des Futur auszudrücken. Aber es kann auch alleine gebraucht werden, vorausgesetzt, dass sein Subjekt sowie das des Verbs im Satz gleich sind. Das Gerundium wird mit **-ando** oder **-endo** am Infinitivstamm gebildet. Es ist unveränderlich, und *niemals* steht eine Präposition davor. Man muss darauf achten, dass die Handlung in dieser Konstruktion wirklich zur gleichen Zeit wie das Hauptverb stattfindet, d.h. Präsens, Vergangenheit oder Futur.

Sto finendo **l'esercizio.**	Ich *beende* (gerade) die Übung.
Il bambino *sta dormendo* nella culla.	Das Baby *schläft* (gerade) in der Wiege.
Cosa *stavate facendo?*	Was *habt ihr* (gerade) *gemacht?*
Cammino lungo la strada *parlando* con Anna.	Ich gehe die Straße entlang, *während* ich mit Anna *spreche.*
Papà ci rispose *sorridendo.*	Vater antwortete uns *lächelnd.*

Achten Sie auf den Unterschied zwischen den Folgenden:

Studio l'italiano a scuola.	Ich lerne Italienisch in der Schule.
Sto studiando l'italiano adesso.	Ich lerne jetzt Italienisch (d.h. in diesem Moment).

(iii) *Partizip Perfekt*

Diese Form benutzt man, um eine abgeschlossene Handlung zu beschreiben. In Italienisch endet das Partizip Perfekt auf **-ato** (**-are**), **-uto** (**-ere**) oder **-ito** (**-ire**). Es wird meistens mit dem Verb **avere** oder dem Verb **essere** benutzt, um das Perfekt oder andere zusammengesetzte Zeitformen zu bilden. Es wird jedoch auch anders verwendet: z.B. als Adjektiv und zur Bildung des Passiv - wie im Deutschen. Wird es zusammen mit **avere** zur Bildung der zusammengesetzten Zeitformen gebraucht, stimmt es nicht mit dem Subjekt überein, aber es *muss* mit einem vorangegangenen Akkusativpronomen übereinstimmen.

Wenn es mit **essere** benutzt wird, stimmt es fast immer mit dem Subjekt überein [aber für reflexiven Gebrauch ➤2f(v)].

Ho comprato **una casa nuova.**	Ich *habe* ein neues Haus *gekauft.*
Fu costruita **da Salvatore.**	Es *wurde* von Salvatore *gebaut.*
L'*ho invitata* a pranzo.	Ich *habe* sie zum Mittagessen *eingeladen.*
La mia amica *è partita* alle nove.	Meine Freundin *ist* um neun Uhr *weggefahren.*
Ho lasciato **la porta aperta.**	Ich *habe* die Tür offen *gelassen.*

In den vorangehenden Beispielen ist das Partizip Perfekt Teil einer zusammengesetzten Zeitform des aktiven transitiven/intransitiven Verbs; nur im zweiten Beispiel ist es Teil einer passiven Struktur. Im letzten Satz wird das zweite Partizip Perfekt (**aperta**) als Adjektiv benutzt. Wenn das Partizip Perfekt als passive Konstruktion, als Adjektiv oder mit dem Verb **essere** benutzt wird, folgt es den gleichen Regeln wie ein Adjektiv, was die Übereinstimmung der Endungen betrifft.

4c *Das Verb* piacere

piacere *gern (tun), mögen*

Die Konstruktion von **piacere** ist anders als die der meisten anderen Verben — **piacere** funktioniert so wie im Deutschen das Verb »gefallen«. Benutzt man in der Übersetzung die Verben »gern tun«/»mögen«, dann wird das Objekt des italienischen Satzes zum Subjekt des deutschen Satzes.

Mi *piace* studiare	Ich lerne *gern.* (wörtl. *mir gefällt* lernen)
Mi *piacciono* i film di Fellini.	Ich *mag* Fellinis Filme. (wörtl. *mir gefallen* Fellinis Filme)

Wenn das Dativobjekt eines Verbs ein Substantiv ist, steht gewöhnlich die Präposition **a** davor.

***A mio padre* piace molto leggere il giornale.**	*Mein Vater* liest sehr gern Zeitung. (wörtl. Meinem Vater gefällt sehr Zeitung zu lesen.

Ein Dativobjektpronomen kann mit einem **a** geschrieben sein und einem disjunktivem Pronomen zur Betonung.

***A me* non piacciono le banane.**	*Ich* mag keine Bananen.

5 Der Gebrauch der Zeitformen

5a *Was sind die Zeitformen?*

Zeitformen sind grammatische Strukturen, die ein Ereignis festhalten, wenn es passiert ist. Die Zahl der Zeitformen und auch ihre Namen variieren von einer Sprache zur anderen. Viele Zeitformen werden aus dem Stamm des Infinitivs gebildet — das ist der Teil, der ohne **-are**, **-ere** oder **-ire** übrig bleibt (z.B. der Stamm von **parlare** ist **parl-**). Wir unterscheiden zwei Arten von Zeitformen: einfache und zusammengesetzte.

(i) *Einfache Zeitformen*

Diese bildet man durch Anhängen der speziellen Endungen an den Stamm des Verbs, der sich ebenfalls verändern kann.

(ii) *Zusammengesetzte Zeitformen*

Diese werden mit den Hilfsverben **avere**, **essere** und **stare** zusammen mit einem Partizip oder Gerundium gebildet.

Zusammengesetzte Zeitformen bestehen also aus zwei oder mehr Wörtern, während einfache Zeitformen nur aus einem Wort bestehen.

5b *Hilfsverben*

(i) *Verlaufsformen*

Verlaufsformen werden benutzt, um Handlungen zu beschreiben, die gerade passieren, wenn sie erwähnt werden — Präsens, Imperfekt und manchmal Futur. Das Italienische gebraucht die entsprechende Form des Verbs **stare**, gefolgt vom Gerundium des Hauptverbs. Die wichtigsten Zeitformen von **stare** sind das Präsens und das Imperfekt.

Quando è arrivato, *stavo leggendo* un libro.	Als er ankam, *habe* ich *gerade* ein Buch gelesen.

Andare wird manchmal benutzt um Verlaufsformen zu bilden, wenn eine fortlaufende Handlung beschrieben wird.

Gianna *andava parlando* di questo progetto per ore e ore.	Gianna *hat* stundenlang über das Projekt gesprochen

(ii) *Zusammengesetzte Formen der Vergangenheit*

Im Italienischen werden diese Zeitformen mit den entsprechenden Formen von **avere** oder **essere** und dem Partizip Perfekt gebildet.

***Ho visto* Gianluca ieri.**	Ich *habe* Gianluca gestern gesehen.
***Aveva incontrato* Sara.**	Er *hatte* Sara *getroffen.*
***Sono andata* in città.**	Ich *bin* in die Stadt *gegangen.*
***Era partito* presto.**	Er *war* früh *weggefahren.*

(iii) *Gerundium in der Vergangenheit*

Das Gerundium in der Vergangenheit wird gebildet, indem man das Präsens Gerundium von **avere** oder **essere** mit dem Imperfekt des Verbs kombiniert.

***Avendo comprato* il giornale, tornai a casa.**	*Nachdem* ich die Zeitung *gekauft hatte*, ging ich nach Hause zurück.
***Essendo partite* le mie amiche, andai a dormire.**	Nachdem meine Freundinnen wegge*fahren waren*, bin ich eingeschlafen.

Anm. Wie im zweiten Beispiel hat das vergangene Gerundium oft sein eigenes Subjekt, anders als das Gerundium, das in der Verlaufsform des Präsens benutzt wird.

6 Angabe wahrscheinlicher Tatsachen: der Indikativ

Wenn Verbformen eine definitive Aussage machen, nennt man das den Indikativ. [Vergleichen Sie mit dem Konjunktiv ➤8.]

Alle Verben haben einige Zeitformen, deren Stamm und Endungen abgeleitet werden können, wenn Sie eine der anderen Verbformen kennen. Die Formen, die man nicht ableiten kann, müssen gelernt werden. Hier ist es hilfreich zu wissen, wie man den Stamm findet, an den die Endungen für die verschiedenen Zeitformen angehängt werden und welche orthographischen Veränderungen eventuell vorzunehmen sind. Im Folgenden sehen Sie, wie Sie jede Zeitform bilden, wie Sie den Stamm finden sowie die Endungen und die hauptsächliche Nutzung jeder Zeitform.

6a Präsens

(i) Präsens Indikativ

Präsens Indikativ der regelmäßigen Verben wird gebildet:

ERSTE KONJUGATION	ZWEITE KONJUGATION	DRITTE KONJUGATION	
amare	***vendere***	***dormire***	***finire***
»lieben«	»verkaufen«	»schlafen«	»beenden«
am**o**	vend**o**	dorm**o**	fin**isco**
am**i**	vend**i**	dorm**i**	fin**isci**
am**a**	vend**e**	dorm**e**	fin**isce**
am**iamo**	vend**iamo**	dorm**iamo**	fin**iamo**
am**ate**	vend**ete**	dorm**ite**	fin**ite**
am**ano**	vend**ono**	dorm**ono**	fin**iscono**

In der 3. Person Plural liegt die Betonung immer auf der vorvorletzten Silbe: amano / finiscono. Die folgende Verbgruppen unterliegen orthografischen oder anderen Änderungen, um die richtige Aussprache zu erhalten:

• Bei Verben, die auf **-are** enden und deren Stamm auf **-c** oder **-g** endet, fügen Sie ein **h** vor einem **i** oder einem **e** ein.

pagare pago, **paghi**, paga, **paghiamo,** pagate, pagano
cercare cerco, **cerchi**, cerca, **cerchiamo**, cercate, cercano

• Verben die auf **-iare** enden, haben nur ein **i** in der 2. Person Plural, wenn das **i** des Stamms nicht betont wird.

studiare	**studi**	(Betonung fällt auf die erste Silbe.)

• Verben, die auf **-iare** enden, behalten das **i** wenn der Stamm betont wird.

sciare	**scii**	(Die Betonung fällt auf das erste **i.**)

• Verben, die auf **-durre** enden werden von der abweichenden 1. Person Singular aus regelmäßig konjugiert, da diese auf der **-ducere** Endung basiert.

produrre	**produco** usw.
ridurre	**riduco** usw.
tradurre	**traduco** usw.

• Die Verben **bere**, **dire** und **fare** sind aus den lateinischen **-ere** Infinitiven **bevere**, **dicere** und **facere** entstanden. Wenn man sie als Verben der zweiten Konjugation bezeichnet, sind sie in manchen Teilen des Präsens regelmäßig.

bere (bevere)	bevo, bevi, beve, beviamo, bevete, bevono
dire (dicere)	dico, dici, dice, diciamo, **dite**, dicono
fare (facere)	**faccio**, **fai**, **fa**, **facciamo**, **fate**, **fanno**

• Manche Verben hängen in der 1., 2. und 3. Person Singular + 3. Person Plural noch einen Vokal an (jetzt ein Diphthong).

morire	**muoio**, **muori**, **muore**, moriamo, morite, **muoiono**
sedere	**siedo**, **siedi**, **siede**, sediamo, sedete, **siedono**

⚠ Für den Fall unregelmäßiger Verben sehen Sie bei den Modellverben nach.

Das Präsens wird im Italienischen zur Schilderung folgender Ereignisse verwendet:

• die *jetzige* Situation

Studio l'italiano in una scuola serale.	Ich lerne Italienisch in einer Abendschule.

• was *manchmal* oder *normalerweise* geschieht

Ogni giorno esco alle sette.	Ich gehe jeden Tag um sieben aus.

• was *(recht) bald* geschehen wird

Quest'estate vado in Italia.	Diesen Sommer fahre ich nach Italien.

- was *bisher* geschehen ist und wahrscheinlich auch weiterhin geschieht

Abito a Firenze da due anni.	Ich wohne seit zwei Jahren in Florenz.
Aspettiamo da una mezz'ora.	Wir warten seit einer halben Stunde.

(ii) Verlaufsform des Präsens

Diese wird mit dem Präsens von **stare** und dem Gerundium gebildet [➤5b(i)].

studiare → studiando **prendere → prendendo** **finire → finendo**

Drei unregelmäßige Gerundiumformen werden aus veralteten Formen des Infinitivs auf **-ere** gebildet.

VERB	VERALTETER INFINITIV	GERUNDIUM
dire	**(dicere)**	**dicendo**
fare	**(facere)**	**facendo**
bere	**(bevere)**	**bevendo**

***Sto bevendo* un bicchiere di vino.**	Ich *trinke (gerade)* ein Glas Wein.
***Sto leggendo* il giornale.**	Ich *lese (gerade)* die Zeitung.

6b Vergangenheitsformen

(i) Indikativ Imperfekt

Das Imperfekt aller Verben wird gebildet, indem man die **-re** Endung des Infinitivs abtrennt und die Folgenden anhängt:

-vo, **-vi**, **-va**, **-vamo**, **-vate**, **-vano**

comprare »kaufen«	***vendere*** »verkaufen«	***dormire*** »schlafen«
compra**vo**	vende**vo**	dormi**vo**
compra**vi**	vende**vi**	dormi**vi**
compra**va**	vende**va**	dormi**va**
compra**vamo**	vende**vamo**	dormi**vamo**
compra**vate**	vende**vate**	dormi**vate**
compra**vano**	vende**vano**	dormi**vano**

Die folgenden unregelmäßigen Imperfektformen werden aus alten Formen des Infinitivs gebildet:

VERB	VERALTETER INFINITIV	IMPERFEKT
dire	**(dicere)**	**dicevo** usw.
fare	**(facere)**	**facevo** usw.
bere	**(bevere)**	**bevevo** usw.

Verben auf **-durre**

produrre	**producevo** usw.
tradurre	**traducevo** usw.

Verben auf **-arre**

attrarre	**attraevo** usw.
distrarre	**distraevo** usw.

Essere ist das einzige Verb mit völlig unregelmäßiger Form.

essere	**ero, eri, era, eravamo, eravate, erano**

Das Imperfekt benutzt man für:

- wiederholte / gewohnte Handlungen in der Vergangenheit;
- Beschreibung von Dingen / Menschen in der Vergangenheit;
- Schilderung von andauernden Handlungen in der Vergangenheit, oft als Rahmen / Schauplatz für andere Handlungen.

Ogni anno *andava* in Francia.	Er *fuhr* jedes Jahr nach Frankreich.
***Era* una ragazza molto povera.**	Sie *war* ein sehr armes Mädchen.
***Parlava* con Antonio quando sono entrata.**	Er *sprach* mit Antonio, als ich hereinkam.

(ii) *Verlaufsform des Imperfekt*

Diese wird mit der passenden Imperfektform von **stare** und dem Gerundium gebildet [zum Gebrauch ➤5b(i)]:

***Stavo scrivendo* quando ha telefonato Leonardo.**	Ich *schrieb* (gerade), als Leonardo anrief.

(iii) *»Einfache« Vergangenheit oder das Passato Remoto*

Die einfache Vergangenheit der regelmäßigen Verben wird mit den folgenden Endungen am Infinitivstamm gebildet:

-are	**-ai, -asti, -ò, -ammo, -aste, -arono**
-ere	**-ei (-etti), -esti, -é (-ette), -emmo, -este, -erono (-ettero)**
-ire	**-ii, -isti, -ì, -immo, -iste, -irono**

trovare »finden«	***vendere*** *»verkaufen«*	***capire*** »verstehen«
trov**ai**	vend**ei** / vend**etti**	cap**ii**
trov**asti**	vend**esti**	cap**isti**
trov**ò**	vend**é** / vend**ette**	cap**í**
trov**ammo**	vend**emmo**	cap**immo**
trov**aste**	vend**este**	cap**iste**
trov**arono**	vend**erono** / vend**ettero**	cap**irono**

Anm. Es gibt betonte Endungen in der 3. Person Singular.

Für unregelmäßige Verben [➤Modellverben 17–106]. Obwohl es eine große Anzahl von Verben gibt, die in der einfachen Vergangenheit unregelmäßig sind, sind viele nur in der 1. und 3. Person Singular und 3. Person Plural unregelmäßig wie im folgenden Beispiel:

chiedere **chiesi**, chiedesti, **chiese**, chiedemmo, chiedeste, **chiesero**

Die unregelmäßige Vergangenheit von **avere** und **essere**.

avere	***essere***
ebbi	**fui**
avesti	**fosti**
ebbe	**fu**
avemmo	**fummo**
aveste	**foste**
ebbero	**furono**

Die einfache Vergangenheit beschreibt abgeschlossene Handlungen in der Vergangenheit, die keine Beziehung zum Präsens haben und hauptsächlich in der Literatur oder im formellen Schreiben vorkommen. In einigen Teilen Italiens ist sie eine Alternative zum Perfekt.

Tornando a casa, *incontrai* Carlo.	Als ich nach Hause ging, *traf* ich Carlo.
***Comprai* una macchina due mesi fa.**	Ich *kaufte* vor zwei Monaten ein Auto.

Anm. Das Verb **nascere** braucht besondere Aufmerksamkeit: **è nato** wird für jemanden benutzt, der noch lebt; **era nato** wird für einen kürzlich Verstorbenen benutzt; **nacque** benutzt man für jemanden der lange tot ist.

La bambina è *nata* stamattina.	Das Baby *wurde* heute Morgen *geboren.*
Il morto *era nato* novantadue anni fa.	Der Verstorbene *wurde* vor zweiundneunzig Jahren *geboren.*
Dante Alighieri *nacque* secoli fa.	Dante Alighieri *wurde* vor Jahrhunderten *geboren.*

(iv) *Andere Vergangenheitsformen*

Die restlichen Vergangenheitsformen im Italienischen sind zusammengesetzte Zeitformen. Man bildet sie mit der entsprechenden Zeitform der Hilfsverben **avere** oder **essere** und dem Partizip Perfekt des Verbs [➤5b(ii)].

(v) *Perfekt*

Dieses wird mit dem Präsens von **avere** oder **essere** und dem Partizip Perfekt des Verbs gebildet. Das Partizip Perfekt bildet man bei regelmäßigen Verben durch Abtrennen der Infinitivendung und Anhängen der passenden Partizipendung:

-are	**-ato**
-ere	**-uto**
-ire	**-ito**

comprare	***vendere***	***finire***
ho comprato	**ho venduto**	**ho finito**
hai comprato	**hai venduto**	**hai finito**
ha comprato	**ha venduto**	**ha finito**
abbiamo comprato	**abbiamo venduto**	**abbiamo finito**
avete comprato	**avete venduto**	**avete finito**
hanno comprato	**hanno venduto**	**hanno finito**

andare	***venire***	***lavarsi***
sono andato / a	**sono venuto / a**	**mi sono lavato / a**
sei andato / a	**sei venuto / a**	**ti sei lavato / a**
è andato / a	**è venuto / a**	**si è lavato / a**
siamo andati / e	**siamo venuti / e**	**ci siamo lavati / e**
siete andati / e	**siete venuti / e**	**vi siete lavati / e**
sono andati / e	**sono venuti / e**	**si sono lavati / e**

Anm. Die meisten intransitiven Verben, die meisten unpersönlichen Verben und alle reflexiven Verben benutzen **essere** im Präsens Perfekt. Im Verbregister sind sie mit * gekennzeichnet.

Manche der häufig vorkommenden Verben benutzen **essere**:

andare (andato)	gehen
arrivare (arrivato)	ankommen
cadere (caduto)	fallen
†correre (corso)	laufen
essere (stato)	sein
morire (morto)	sterben
nascere (nato)	geboren werden
parere (parso)	erscheinen
partire (partito)	wegfahren
piacere (piaciuto)	gern (tun)
restare (restato)	bleiben
rimanere (rimasto)	(übrig-) bleiben
riuscire (riuscito)	gelingen
salire (salito)	aufsteigen
scendere (sceso)	absteigen
scoppiare (scoppiato)	platzen
sembrare (sembrato)	scheinen
tornare (tornato)	wiederkommen
uscire (uscito)	rausgehen
venire (venuto)	kommen

Anm. **Correre** steht mit **avere**, wenn es mit einem Akkusativ benutzt wird.

Giovanni ha corso un grave rischio quel giorno.	Giovanni ging an dem Tag ein großes Risiko ein.

Die im Register mit † gekennzeichneten Verben, nehmen **essere**, wenn sie intransitiv und **avere** wenn sie transitiv benutzt werden.

Viele Formen des Partizip Perfekt sind unregelmäßig und müssen gelernt werden.

Das Perfekt wird benutzt, um zu beschreiben:

• eine einzige vollendete Handlung in der Vergangenheit.

Ho letto il suo libro.	Ich las sein Buch.

• eine Handlung, die in der Vergangenheit passierte, aber bis jetzt weitergeht.

Fino adesso Anna ha scritto tre libri.	Bis jetzt hat Anna drei Bücher geschrieben.

• eine Handlung, die vor Kurzem passierte.

Oggi Antonio è venuto a trovarmi.	Antonio kam mich heute besuchen.
Stamattina sono andata al mercato.	Ich ging heute Morgen zum Markt.
Abbiamo finito i compiti!	Wir haben die Hausarbeiten beendet!

(vi) *Plusquamperfekt*

Diese Zeitform wird mit dem Imperfekt von **avere** oder **essere** und mit dem Partizip Perfekt des Verbs gebildet.

comprare	*vendere*	*finire*
avevo comprato	**avevo venduto**	**avevo finito**
avevi comprato	**avevi venduto**	**avevi finito**
aveva comprato	**aveva venduto**	**aveva finito**
avevamo comprato	**avevamo venduto**	**avevamo finito**
avevate comprato	**avevate venduto**	**avevate finito**
avevano comprato	**avevano venduto**	**avevano finito**
andare	*venire*	*lavarsi*
ero andato / a	**ero venuto / a**	**mi ero lavato / a**
eri andato / a	**eri venuto / a**	**ti eri lavato / a**
era andato / a	**era venuto / a**	**si era lavato / a**
eravamo andati / e	**eravamo venuti / e**	**ci eravamo lavati / e**
eravate andati / e	**eravate venuti / e**	**vi eravate lavati / e**
erano andati / e	**erano venuti / e**	**si erano lavati / e**

Das Plusquamperfekt geht einen weiteren Schritt in die Vergangenheit zurück.

Antonio aveva scritto due righe.	Antonio hatte zwei Zeilen geschrieben.
Avevo mangiato bene.	Ich hatte gut gegessen.
Ero arrivato tardi.	Ich war spät angekommen.

(vii) *Trapassato Remoto*

Das Trapassato Remoto hat die gleiche Bedeutung wie das Plusquamperfekt. Es entspricht dem *hatte* und wird mit der einfachen Vergangenheit von **avere** oder **essere** und dem Partizip Perfekt des Verbs gebildet.

comprare	*vendere*	*finire*
ebbi comprato	**ebbi venduto**	**ebbi finito**
avesti comprato	**avesti venduto**	**avesti finito**
ebbe comprato	**ebbe venduto**	**ebbe finito**
avemmo comprato	**avemmo venduto**	**avemmo finito**
aveste comprato	**aveste venduto**	**aveste finito**
ebbero comprato	**ebbero venduto**	**ebbero finito**

andare	*venire*	*lavarsi*
fui andato / a	**fui venuto / a**	**mi fui lavato / a**
fosti andato / a	**fosti venuto / a**	**ti fosti lavato / a**
fu andato / a	**fu venuto / a**	**si fu lavato / a**
fummo andati / e	**fummo venuti / e**	**ci fummo lavati / e**
foste andati / e	**foste venuti / e**	**vi foste lavati / e**
furono andati / e	**furono venuti / e**	**si furono lavati / e**

Das Trapassato Remoto wird umgangssprachlich selten benutzt. Es kann nur in untergeordneten Nebensätzen stehen, die mit einer Zeitkonjunktion eingeführt werden, wenn der Hauptsatz im Passato Remoto steht.

Quando ebbi finito, me ne andai.	Als ich fertig war, ging ich.
Non appena fu arrivato, squillò il telefono.	Sobald er ankam, klingelte das Telefon.

6c Zukunftsformen

(i) Einfaches Futur

Man kann das Präsens benutzen, um das Futur anzudeuten.

Dove vai in vacanza?	Wohin fährst du im Urlaub?
Vado in Italia.	Ich fahre nach Italien.
A che ora arriva Paolo?	Um wie viel Uhr kommt Paolo an?
Arriva alle otto.	Er kommt um acht an.

(ii) Futur

Das Futur wird gebildet, indem Sie die folgenden modifizierten Präsensformen von **avere** an den Infinitiv anhängen, nachdem Sie das letzte **-e** gestrichen haben.

-ò, **-ai**, **-à**, **-emo**, **-ete**, **-anno**

Anm. Verben auf **-are** ändern im Futur ihre Endung von **-ar** zu **-er**.

comprare	***vendere***	***finire***
comprer**ò**	vender**ò**	finir**ò**
comprer**ai**	vender**ai**	finir**ai**
comprer**à**	vender**à**	finir**à**
comprer**emo**	vender**emo**	finir**emo**
comprer**ete**	vender**ete**	finir**ete**
comprer**anno**	vender**anno**	finir**anno**

avere und **essere** haben unregelmäßige Futurstämme:

avr-	**avrò**	**sar-**	**sarò**

Die folgenden Verben haben verkürzte Stämme (d.h. sie verlieren den charakteristischen Vokal der Infinitivendung):

andare	**andrò**	**potere**	**potrò**
cadere	**cadrò**	**sapere**	**saprò**
dovere	**dovrò**	**vedere**	**vedrò**
morire	**morrò/morirò**	**vivere**	**vivrò**

Manche Verben und ihre Zusammensetzung haben eine orthografische Änderung, indem der Stamm das **-r** verdoppelt.

bere	**berrò**	**valere**	**varrò**
parere	**parrò**	**venire**	**verrò**
rimanere	**rimarrò**	**volere**	**vorrò**
tenere	**terrò**		

Einige Verben behalten den Vokal der Infinitivendung.

dare	**darò**	**stare**	**starò**
fare	**farò**		

Verben, die mit **-ciare** und **-giare** enden, verlieren in der Futurendung das **i** vor **-er**.

cominciare	**comincerò**	**mangiare**	**mangerò**

Verben mit **-care** oder **-gare** Endungen bekommen ein **h** nach dem **c** oder **g** im Futur, um den harten Klang zu behalten.

cercare	**cercherò**	**pagare**	**pagherò**

Andrò a Roma l'anno prossimo.	Ich werde nächstes Jahr nach Rom fahren.

Es wird in Nebensätzen benutzt, die mit **se** oder mit einer Zeitkonjunktion beginnen, wenn das Hauptverb im Futur steht.

Se lo vedrò, glielo spiegherò.	Falls ich ihn sehe, werde ich es ihm erklären.
Quando arriverà, gliene parlerò.	Wenn er ankommt, werde ich mit ihm darüber sprechen.

Es kann auch eine Vermutung ausdrücken.

Sarà un coltello?	Ist es (vielleicht) ein Messer?
Saranno i miei genitori alla porta.	Es müssen meine Eltern an der Tür sein.

(iii) Futur II

Das Futur II wird benutzt, um eine Handlung zu beschreiben, die in der Zukunft beendet sein wird. Es kann auch eine Vermutung ausdrücken. Es wird mit dem Futur von **avere** oder **essere** und dem Partizip Perfekt des Verbs gebildet.

comprare	***vendere***	***finire***
avrò comprato	avrò venduto	avrò finito
avrai comprato	avrai venduto	avrai finito
avrà comprato	avrà venduto	avrà finito
avremo comprato	avremo venduto	avremo finito
avrete comprato	avrete venduto	avrete finito
avranno comprato	avranno venduto	avranno finito

andare	***venire***	***lavarsi***
sarò andato / a	sarò venuto / a	mi sarò lavato / a
sarai andato / a	sarai venuto / a	ti sarai lavato / a
sarà andato / a	sarà venuto / a	si sarà lavato / a
saremo andati / e	saremo venuti / e	ci saremo lavati / e
sarete andati / e	sarete venuti / e	vi sarete lavati / e
saranno andati / e	saranno venuti / e	si saranno lavati / e

Quando avrò finito i compiti, guarderò la televisione.	Wenn ich mit der Hausarbeit fertig bin, werde ich fernsehen.
Saranno andati al bar.	Sie werden in die Kneipe gegangen sein.
Avrà perso la borsa.	Sie muss ihre Tasche verloren haben.

6d Das Konditional

(i) Konditional Präsens

Das konditionale Präsens wird mit den folgenden Endungen am Futurstamm gebildet:
-ei, **-esti**, **-ebbe**, **-emmo, -este**, **-ebbero**.

comprare	*vendere*	*finire*
compre**rei**	vende**rei**	fini**rei**
compre**resti**	vende**resti**	fini**resti**
compre**rebbe**	vende**rebbe**	fini**rebbe**
compre**remmo**	vende**remmo**	fini**remmo**
compre**reste**	vende**reste**	fini**reste**
compre**rebbero**	vende**rebbero**	fini**rebbero**

Anm. Auch beim Konditional gelten die Unregelmäßigkeiten im Futurstamm wie unter 6c beschrieben.

***Dovrei* andare a scuola.**	Ich *sollte/müsste* zur Schule gehen.
***Vorrei* comprare dei fiori.**	Ich *möchte* einige Blumen kaufen.

Man benutzt das Konditional, um einen Wunsch höflicher auszudrücken.

***Potrei* avere un po' di zucchero?**	*Könnte* ich etwas Zucker haben?
Mi *accompagneresti* domani?	*Würdest* du morgen *mitkommen*?

Das Verb **gradire** »mögen«, »anerkennen« kann ebenfalls im Konditional gebraucht werden, um Höflichkeit zu betonen.

***Gradirei* una risposta alla mia lettera.**	Ich *möchte* eine Antwort auf meinen Brief.
***Gradiremmo* sapere i prezzi da Voi praticati.**	Wir *möchten* gerne Ihre Preise wissen.

(ii) *Konditional Perfekt*

Die Perfektform wird benutzt, um die Bedeutung *würden* auszudrücken oder um deutlich zu machen, dass die Aussage »Hörensagen« ist. Sie wird mit dem Präsens Konditional von **avere** oder **essere** und dem Partizip Perfekt des Verbs gebildet.

comprare	*vendere*	*finire*
avrei comprato	avrei venduto	avrei finito
avresti comprato	avresti venduto	avresti finito
avrebbe comprato	avrebbe venduto	avrebbe finito
avremmo comprato	avremmo venduto	avremmo finito
avreste comprato	avreste venduto	avreste finito
avrebbero comprato	avrebbero venduto	avrebbero finito

andare	*venire*	*lavarsi*
sarei andato / a	sarei venuto / a	mi sarei lavato / a
saresti andato / a	saresti venuto / a	ti saresti lavato / a
sarebbe andato / a	sarebbe venuto / a	si sarebbe lavato / a
saremmo andati / e	saremmo venuti / e	ci saremmo lavati / e
sareste andati / e	sareste venuti / e	vi sareste lavati / e
sarebbero andati / e	sarebbero venuti / e	si sarebbero lavati / e

Anm. Wenn das Hauptverb in der Vergangenheit steht, muss jeder untergeordnete Konditionalsatz auch in der Vergangenheit stehen.

Avrei voluto imparare il giapponese.	Ich hätte gerne Japanisch gelernt.
Lasciò detto che sarebbe tornato alle otto.	Er hinterließ eine Nachricht, dass er um acht wiederkommen würde.
A quanto dicono i giornali, la disoccupazione sarebbe cresciuta durante gli ultimi dieci anni.	Den Zeitungen nach ist die Arbeitslosigkeit in den letzten zehn Jahren gestiegen.

7 Aufforderungen und Befehle: der Imperativ

7a *Der vertraute Imperativ:* tu, noi, voi

Außer der **tu**-Form der Verben auf **-are** sind die Imperativformen der regelmäßigen Verben wie die des Präsens Indikativ.

tu-Form	*noi*-Form	*voi*-Form
parla	**parliamo**	**parlate**
vendi	**vendiamo**	**vendete**
dormi	**dormiamo**	**dormite**
finisci	**finiamo**	**finite**

Einige Verben sind in der **tu**- und manchmal in der **voi**-Form unregelmäßig.

andare	**va**	andate
avere	**abbi**	**abbiate**
dare	**da'**	date
dire	**di'**	dite
essere	**sii**	**siate**
fare	**fa**	fate
sapere	**sappi**	**sappiate**
stare	**sta**	state

Pronomen werden an die Imperativform angehängt.

Parla alla mamma!	Sprich mit Mama!
Andiamo in Italia!	Lass uns nach Italien fahren!
Trovate quei libri!	Findet die Bücher!
Fammi un piacere!	Tue mir einen Gefallen!
Digli che venga a casa mia.	Sage ihm, dass er zu meinem Haus kommen soll.

7b *Der Vertraute negative Imperativ*

Die vertraute negative **tu**-Form des Imperativs wird durch **non** vor dem Infinitiv gebildet. Pronomen werden an den Infinitiv angehängt, der das **-e** verliert.

Die negative **noi**- oder **voi**-Form wird mit einem **non** vor der entsprechenden vertrauten Imperativform gebildet.

Non vendere quella macchina.	Verkauf dieses Auto nicht.
Non parlargli!	Sprich nicht mit ihm!
Non andarci!	Geh nicht dahin!
Non finite l'articolo!	Beendet den Artikel nicht!

7c *Der formelle Imperativ:* Lei, Loro / Voi

Alle Höflichkeitsformen des Imperativs werden mit dem Konjunktiv Präsens von **Lei** oder **Loro** gebildet, nur die Höflichkeitsform **Voi** mit dem Indikativ. Unregelmäßigkeiten im Konjunktiv Präsens erscheinen natürlich auch in diesen Imperativformen [➤8].

Anm. • Die formelle Form **Loro** wird heute durch die weniger formelle **Voi**-Form ersetzt, die den Gebrauch des Konjunktivs vermeidet. Das formelle **Loro** ist zwar grammatisch richtig, wird auch in Geschäftsbriefen teilweise noch benutzt, klingt aber im modernen Sprachgebrauch eher komisch.

•Pronomen, mit Ausnahme von **loro** »zu ihnen«, stehen vor der Imperativform des Verbs.

Mi passi il sale, per favore.	Reichen Sie mir bitte das Salz.
Gli dia quella penna per favore.	Geben Sie ihm bitte den Kugelschreiber.
Mi mostri il libro che ha comprato.	Zeigen Sie mir das Buch, das Sie gekauft haben.
Finiscano adesso.	Machen Sie *(Pl.)* jetzt Schluss.

8 Ungewissheiten: der Konjunktiv

8a Konjunktiv Präsens

(i) Der Konjunktiv Präsens der regelmäßigen Verben wird mit den folgenden Endungen an den Infinitivstamm gebildet:

-are	**-i, -i, -i, -iamo, -iate, -ino**
-ere	**-a, -a, -a, -iamo, -iate, -ano**
-ire	**-a, -a, -a, -iamo, -iate, -ano** (Verben wie **dormire**)
-ire	**-isca, -isca, -isca, -iamo, -iate, -iscano** (wie **finire**)

parlare	*vendere*	*dormire*	*finire*
parl**i**	vend**a**	dorm**a**	fin**isca**
parl**i**	vend**a**	dorm**a**	fin**isca**
parl**i**	vend**a**	dorm**a**	fin**isca**
parl**iamo**	vend**iamo**	dorm**iamo**	fin**iamo**
parl**iate**	vend**iate**	dorm**iate**	fin**iate**
parl**ino**	vend**ano**	dorm**ano**	fin**iscano**

(ii) Der Konjunktiv der meisten unregelmäßigen Verben wird aus der 1. Person Singular des unregelmäßigen Präsens Indikativ gebildet.

andare	vada, vada, vada, andiamo, andiate, vadano
bere	beva, beva, beva, beviamo, beviate, bevano
dire	dica, dica, dica, diciamo, diciate, dicano
dovere	deva / debba, deva / debba, deva / debba, dobbiamo, dobbiate, devano / debbano
fare	faccia, faccia, faccia, facciamo, facciate, facciano
morire	muoia, muoia, muoia, moriamo, moriate, muoiano
potere	possa, possa, possa, possiamo, possiate, possano
rimanere	rimanga, rimanga, rimanga, rimaniamo, rimaniate, rimangano
scegliere	scelga, scelga, scelga, scegliamo, scegliate, scelgano
tenere	tenga, tenga, tenga, teniamo, teniate, tengano
tradurre	traduca, traduca, traduca, traduciamo, traduciate, traducano
uscire	esca, esca, esca, usciamo, usciate, escano
venire	venga, venga, venga, veniamo, veniate, vengano
volere	voglia, voglia, voglia, vogliamo, vogliate, vogliano

Der Konjunktiv Präsens einiger anderer unregelmäßiger Verben wird aus der **noi**-Form des Präsens Indikativ gebildet.

avere	abbia, abbia, abbia, abbiamo, abbiate, abbiano
dare	dia, dia, dia, diamo, diate, diano
essere	sia, sia, sia, siamo, siate, siano
sapere	sappia, sappia, sappia, sappiamo, sappiate, sappiano
stare	stia, stia, stia, stiamo, stiate, stiano

8b Konjunktiv Imperfekt

Der Konjunktiv Imperfekt der regelmäßigen Verben wird mit den folgenden Endungen gebildet, die an den Infinitivstamm gehängt werden:

-are	**-assi, -assi, -asse, -assimo, -aste, -assero**
-ere	**-essi, -essi, -esse, -essimo, -este, -essero**
-ire	**-issi, -issi, -isse, -issimo, -iste, -issero**

comprare	***vendere***	***finire***
compr**assi**	vend**essi**	fin**issi**
compr**assi**	vend**essi**	fin**issi**
compr**asse**	vend**esse**	fin**isse**
compr**assimo**	vend**essimo**	fin**issimo**
compr**aste**	vend**este**	fin**iste**
compr**assero**	vend**essero**	fin**issero**

Die folgenden Verben sind unregelmäßig:

dare	**dessi** usw.	**stare**	**stessi** usw.
essere	**fossi** usw.		

Alle Verben mit zusammengezogenen Infinitiven gehen im Konjunktiv Imperfekt auf ihre ursprüngliche Form zurück.

bere	**bevessi** usw.	**fare**	**facessi** usw.
dire	**dicessi** usw.		

Beachten Sie auch Verben mit **-durre** und **-arre**.

produrre	**producessi** usw.	**trarre**	**traessi** usw.

8c Zusammengesetzte Konjunktivformen

Diese werden durch die Verwendung der entsprechenden Konjunktivformen des Hilfsverb **avere** oder **essere** gebildet, gefolgt vom Partizip Perfekt des Hauptverbs.

(i) Konjunktiv Perfekt

Er wird mit dem Konjunktiv Präsens von **avere** oder **essere** und mit dem Vergangenheitspartizip des Verbs gebildet.

parlare	**abbia parlato** usw.
accorgersi	**mi sia accorto** usw.
capire	**abbia capito** usw.

(ii) Plusquamperfekt

Es wird mit dem Konjunktiv Imperfekt von **avere** oder **essere** und dem Konjunktiv Partizip des Verbs gebildet.

parlare	**avessi parlato** usw.
capire	**avessi capito** usw.
accorgersi	**mi fossi accorto** usw.

8d Konjunktivgebrauch

Der Konjunktiv wird benutzt:

- als höflicher Imperativ [➤7c].

Mi dia un piatto, per favore.	Geben Sie mir einen Teller, bitte.
Venga pure!	Kommen Sie bitte!

- in untergeordneten Nebensätzen, die mit **che** beginnen.

(i) um Befehle auszudrücken, die diesen Verben folgen:

dire	sagen
ordinare	befehlen
proibire	verbieten, untersagen

Ha ordinato che io venga con te.	Er hat befohlen, dass ich mit dir komme.
Digli che ci accompagni al teatro.	Sage ihm, dass er uns ins Theater begleiten soll.
Proibisco che tu esca stasera.	Ich verbiete dir, heute Abend auszugehen.

(ii) um einen Vorteil, einen Wunsc, oder das Bestehen auf etwas nach folgenden Verben auszudrücken:

aspettare	erwarten, warten	**attendere**	erwarten, warten
aspettarsi	glauben, erwarten	**augurarsi**	sich wünschen

desiderare	wünschen, mögen	**piacere**	mögen, gefallen
impedire	verhindern	**preferire**	vorziehen
insistere	bestehen	**sperare**	hoffen
lasciare	lassen	**suggerire**	vorschlagen
permettere	erlauben, gestatten	**volere**	mögen

Ha voluto che si parlasse inglese qui.	Er wollte, dass hier Englisch gesprochen wird.
Preferisce che tu rimanga in Italia.	Er zieht vor, dass du in Italien bleibst.
Non permetto che tu esca stasera!	Ich werde dir nicht erlauben, heute Abend auszugehen!
Impedì che visitassero la nonna.	Er hinderte sie daran, die Großmutter zu besuchen.

(iii) *um eine Meinung, Zweifel, Unkenntnis oder Verweigerung nach folgenden Verben auszudrücken:*

credere	glauben	**(non) dire**	(nicht) sagen
dubitare	bezweifeln	**negare**	bestreiten, verneinen
pensare	denken		
ritenere	überlegen, denken	**(non) sapere**	(nicht) wissen

Penso che Domenico abbia ragione.	Ich denke, dass Domenico Recht hat.
Dubito che Gianni venga stasera.	Ich bezweifele, dass Gianni heute Abend kommt.
Non dico che Antonia abbia ragione.	Ich sage nicht, dass Antonia Recht hat.
Non so se abbia molto denaro.	Ich weiß nicht, ob er viel Geld hat.
Nego che Gianni abbia rotto quella finestra.	Ich bestreite, dass Gianni das Fenster zerbrochen hat.
Non dico che non sia vero.	Ich sage nicht, dass es nicht wahr ist.

Anm. Wenn es keinen Zweifel gibt, kann man den Indikativ zusammen mit Verben benutzen, die eine positive Meinung ausdrücken.

Credo che Luigi potrà aiutarci.	Ich glaube/bin sicher, dass Luigi fähig sein wird, uns zu helfen.

(iv) *um Gefühle nach folgenden Verben auszudrücken:*

avere paura	Angst haben	**essere sconvolto**	aufgeregt sein
dispiacere	Leid tun, bedauern	**essere sorpreso**	erstaunt sein
essere arrabbiato	verärgert sein	**essere spiacente**	Leid tun
essere contento	erfreut sein	**essere triste**	traurig sein
essere deluso	enttäuscht sein	**meravigliarsi**	sich wundern
essere felice	froh sein	**rincrescere**	bedauern
essere infelice	unglücklich sein, verstimmt sein	**stupirsi**	überrascht sein
essere scontento	unglücklich sein, unzufrieden sein	**temere**	fürchten

Mi dispiace che Giovanni non ci accompagni.	Es tut mir Leid, dass Giovanni nicht mit (uns) kommt.
Sono contenta che tu sia venuta ad incontrarmi.	Ich freue mich, dass du gekommen bist, um mich zu treffen.
Mi meraviglio che tu sia riuscito ad aprirla.	Es wundert mich, dass du es aufmachen konntest.

Wenn das Subjekt in beiden Satzteilen gleich ist, zieht man eine Infinitivkonstruktion vor.

Sono contenta di incontrarti.	Ich freue mich, dich kennen zu lernen.

- nach vielen unpersönlichen Verben, auf die **che** folgt

accade	es passiert	**è peggio**	es ist schlechter
basta	es ist genug, es reicht	**è possibile**	es ist möglich
bisogna	es ist nötig	**è preferibile**	es ist besser
capita	es passiert	**è probabile**	es ist wahrscheinlich
conviene	es ist besser/ empfehlenswert	**è strano**	es ist komisch
è bene	es ist gut	**è un peccato**	es ist schade
è difficile	es ist schwierig	**è utile**	es ist nützlich
è facile	es ist einfach	**importa**	es ist wichtig
è impossibile	es ist unmöglich	**occorre**	es ist notwendig
è improbabile	es ist unwahrscheinlich		
è inutile	es ist zwecklos	**pare**	es scheint
è male	es ist schlecht	**può darsi**	es kann sein
è meglio	es ist besser	**sembra**	es (er)scheint
è naturale	es ist natürlich	**succede**	es passiert
è necessario	es ist nötig	**vale la pena**	es lohnt sich

Beachten Sie, dass die Verben hier im Präsens angegeben sind, aber sie können auch in anderen Zeitformen stehen.

Pare che abbia ragione.	Es scheint, dass er/sie Recht hat.
Bisogna che vadano subito a vedere Giuliana.	Es ist nötig, dass sie sofort gehen, um Giuliana zu sehen.
È meglio che esca adesso.	Es ist besser, dass er/sie jetzt ausgeht.
È un peccato che tu non sia qui.	Es ist schade, dass du nicht hier bist.
Sembrava che avesse già visto quel film.	Es schien, dass er/sie den Film schon gesehen hatte.
Non è possibile che Simone sia uscito a quest'ora.	Es ist nicht möglich, dass Simone zu dieser Zeit ausgegangen ist.

Beachten Sie, dass viele dieser unpersönlichen Ausdrücke mit Infinitiven weitergeführt werden.

È meglio uscire adesso.	Es ist besser, jetzt auszugehen.

- nach bestimmten Konjunktionen

a condizione che	unter der Bedingung, dass
a meno che (non)	es sei denn
a patto che	unter der Bedingung, dass
affinché	damit
benché	obwohl, wenn auch, obgleich
caso mai	soll/im Falle, dass
come se	als ob
finché non	bis
in maniera che	so dass
in / di modo che	so dass
malgrado	trotz des Falls, dass
nel caso che	falls
nonostante che	obwohl
per paura che (non)	aus Angst, dass
perché	so dass, in Folge dass, damit
prima che	bevor
purché	vorausgesetzt, dass
qualora	falls, wenn
quand'anche	auch wenn
salvo che (non)	außer, wenn/ wenn das nicht
se, quando	wenn, falls
sebbene	obwohl, selbst wenn
senza che	ohne, dass
seppure	obwohl
supponendo che	angenommen, dass

Telefonagli prima che esca.	Ruf ihn an, bevor er ausgeht.
Benché piova, voglio partire.	Obwohl es (gerade) regnet, möchte ich losgehen.
Caso mai faccia brutto tempo domani, possiamo andare al cinema.	Sollte das Wetter morgen schlecht sein, können wir ins Kino gehen.
Gli ho dato i soldi perché andasse al cinema.	Ich gab ihm etwas Geld, damit er ins Kino gehen konnte.

Anm. • **Perché** benutzt den Indikativ, wenn es »weil« bedeutet. **In modo che** und **in maniera che** benutzen ebenfalls den Indikativ, wenn sie »mit der Folge, dass« bedeuten (d.h. wenn es klar ist, dass die Handlung passiert ist).

• **Se** benutzt oft den Indikativ im Präsens und im Futur und wenn es »ob« bedeutet; aber es kann nie von einem Konjunktiv gefolgt werden. Wenn das Hauptverb im Konjunktiv Präsens oder Perfekt steht, muss das Verb des **se** Konjunktivsatzes je nach dem Sinn im Imperfekt oder im Konjunktiv Plusquamperfekt stehen.

Oggi la scuola è chiusa perché è festa nazionale.	Heute ist die Schule geschlossen, weil es ein nationaler Feiertag ist.
Se mi avesse parlato, avrei detto di sì.	Hätte er mit mir gesprochen, hätte ich ja gesagt.
Se andasse a trovare la nonna, sarei molto contenta.	Wenn sie ihre Großmutter besuchen würde, wäre ich sehr froh.

• in indirekten Darstellungen, die Zweifel ausdrücken, und in einigen indirekten Fragen. Das ist jedoch nicht bindend.

Si dice che il professore sia un uomo alto e bello.	Man sagt, dass der Lehrer ein großer und gutaussehender Mann ist.
Mi hanno chiesto come fossi venuto in Italia.	Sie fragten mich, wie ich nach Italien gekommen war.
Il capitano domandò dove andassero i ragazzi.	Der Kapitän fragte, wo die Jungen hingingen.
Mi domando perché Anna abbia parlato così.	Ich frage mich, warum Anna das gesagt hat.
Chi ha chiesto se Antonella potesse venire alla festa?	Wer fragte, ob Antonella zu der Feier kommen könne?

• nach unbestimmten Pronomen und Adjektiven.

chiunque	wer auch immer	**qualunque**	welche auch immer
comunque	wie auch immer	**qualunque cosa**	egal was
dovunque	woher, wo auch immer	**qualsiasi cosa**	was auch immer

Chiunque venga con me, deve essere disposto a guidare.	Wer (auch) immer mit mir kommt, muss bereit sein zu fahren.
Qualunque decisione prenda, fammela sapere domani.	Welche Entscheidung du (auch) immer triffst, lass sie mich morgen wissen.
Qualunque cosa io faccia, trovo sempre difficoltà.	Egal was ich mache, ich stoße immer auf Schwierigkeiten.

• nach einer Verneinung, einem Komparativ oder einem Superlativ in dem vorherigen Nebensatz.

Non c'è nessuno qui che sappia parlare tedesco.	Es ist niemand hier, der Deutsch (sprechen) kann.
Questa donna è più intelligente di quanto non sembri.	Diese Frau ist intelligenter als sie aussieht.
Giovanni è l'uomo più pigro che io abbia mai conosciuto.	Giovanni ist der faulste Mann, den ich jemals kennen gelernt habe.
Anna è l'unica persona che sia in grado di scrivere una tale lettera.	Anna ist die einzige Person, die fähig ist, so einen Brief zu schreiben.

Beachten Sie im zweiten Beispiel, dass das Wort **non** vor dem Verb stehen muss. Beachten Sie auch, dass die Wörter **primo**, **ultimo**, **unico** und **solo** in diesen Konstruktionen als Superlative betrachtet werden.

• in feststehenden Ausrufen.

Fossi pazzo!	Ich bin (doch) nicht verrückt!
Volesse il cielo!	So Gott will! (altmodisch)
Fosse possibile!	Wenn es nur möglich wäre!

8e Zeitenfolge mit dem Konjunktiv

Hier die üblichsten Zeitenfolgen:

(i) *Haupsätze im Präsens, im Futur oder im Perfekt Indikativ —*

untergeordnete Nebensätze im Präsens oder Konjunktiv Perfekt.

Spero che tu abbia ragione.	Ich hoffe, du hast Recht.
Mi ha chiesto come abbiano viaggiato.	Er fragte mich, wie sie gereist seien.

(ii) *Hauptsatz im Imperfekt, Perfekt, Trapassato Remoto, Plusquamperfekt Indikativ; im Konditional Präsens, Konditional Perfekt —*

untergeordneter Nebensatz im Konjunktiv Imperfekt oder Plusquamperfekt.

Pensavano che arrivasse alle otto.	Sie dachten, er würde um acht ankommen.
Bisognerebbe che lo studente cambiasse corso.	Es wäre nötig, dass der Schüler das Fach wechselt.
Impedì che venissero domani.	Er hinderte sie daran, morgen zu kommen.
Sperava che fossero partiti l'altro ieri.	Er hoffte, dass sie vorgestern weggefahren waren.

[Detailliertere Erklärung siehe ➤*Basiswissen Italienisch Grammatik*]

9 Die Leideform: das Passiv

9a *Das echte Passiv*

Eine Passivkonstruktion entsteht, wenn das Objekt eines Satzes zum Subjekt wird.

L'uomo ha costruito la casa.	Der Mann hat das Haus gebaut.
La casa è stata costruita dall' uomo.	Das Haus wurde von dem Mann gebaut.

Das Objekt des ersten Satzes, »das Haus«, ist zum Subjekt des zweiten geworden.

(i) *Passiv mit* ***essere***

Im Italienischen wird das Passiv gewöhnlich mit der entsprechenden Form des Verbs **essere** und dem Partizip Perfekt des Verbs gebildet. Im Folgenden sehen Sie die 1. Person Singular des Verbs **lodare** »loben« im Passiv [➤ **lodare 1** volle Konjugation des Passiv].

PRÄSENS
sono lodato/a

IMPERFEKT
ero lodato/a

PASSATO REMOTO
fui lodato/a

FUTUR I
sarò lodato/a

KONDITIONAL I
sarei lodato/a

KONJUNKTIV PRÄSENS
sia lodato/a

KONJUNKTIV IMPERFEKT
fossi lodato/a

PERFEKT
sono stato/a lodato/a

PLUSQUAMPERFEKT
ero stato/a lodato/a

TRAPASSATO REMOTO
fui stato/a lodato/a

FUTUR II
sarò stato/a lodato/a

KONDITIONAL II
sarei stato/a lodato/a

KONJUNKTIV PERFEKT
sia stato/a lodato/a

KONJUNKTIV PLUSQUAMPERFEKT
fossi stato/a lodato/a

Anm. Das Partizip Perfekt richtet sich in Geschlecht und Zahl nach dem Subjekt.

Il pranzo è servito.	Das Mittagessen ist (schon) serviert.
La cena è servita.	Das Abendessen ist (schon) serviert.
La finestra fu rotta ieri.	Das Fenster wurde gestern zerbrochen.
I ladri sono stati visti in città.	Die Diebe sind in der Stadt gesehen worden.

*(ii) Der Gebrauch von **venire***

Mit Verben, die eine Aktion ausdrücken, ersetzt **venire** sehr oft **essere** als Hilfsverb.

La porta era chiusa.	Die Tür war geschlossen. *(Zustand)*
La porta venne chiusa.	Die Tür wurde geschlossen. *(Aktion)*

Venire kann anstatt **essere** nur in einfachen Zeitformen benutzt werden, nicht in zusammengesetzten.

Io vengo lodato / io sono lodato.	Ich werde gelobt.
aber	
Sono stato lodato.	Ich bin gelobt worden.

Anm. Da **sono stato lodato** eine zusammengesetzte Zeitform ist, kann **venire** nicht benutzt werden.

*(iii) Der Gebrauch von **andare***

Mit Verben, die Verlust, Verschwendung und Zerstörung ausdrücken, kann **andare** benutzt werden, um das Passiv zu bilden.

Una buona parola non va mai sprecata.	Ein gutes Wort geht nie verloren.
Andarono perduti dei documenti importantissimi.	Sehr wichtige Papiere gingen verloren.

Häufiger wird **andare** jedoch benutzt, um Verpflichtung auszudrücken.

Quella sedia va messa nell'angolo.	Der Stuhl soll in die Ecke gestellt werden.
Costruirò la scuola come va costruita.	Ich werde die Schule bauen, wie sie gebaut werden soll.

9b Alternativen zum Passiv

Es gibt verschiedene Möglichkeiten, das Passiv zu vermeiden.

• Man benutzt ein reflexives Verb.

Come si scrive il tuo nome?	Wie schreibt man deinen Namen?

• Man benutzt das unbestimmte Pronomen **si.**

Si dice che sia fuggito.	Man sagt, dass er geflohen ist.

• Man benutzt die 3. Person Plural des Verbs.

Dicono che la bottega sia aperta oggi.	Man sagt, dass das Geschäft heute geöffnet ist.

10 Reflexive Verben

Eine allgemeine Erklärung der reflexiven Verben finden Sie im Abschnitt 2f. Viele Verben lassen sich reflexiv und auch als gewöhnliche transitive Verben benutzen.

10a *Reflexivpronomen*

Alle Reflexivpronomen können Sie hier im Präsens des reflexiven Verbs **lavarsi** »sich waschen/waschen lassen« sehen.

mi lavo	ich wasche mich
ti lavi	du wäschst dich
si lava	er/sie/es wäscht sich Sie waschen sich
ci laviamo	wir waschen uns
vi lavate	ihr wascht euch
si lavano	sie waschen sich

Anm. Die Pronomen können vor einem Vokal zu **m'**, **t'**, **s'** gekürzt werden, dies ist jedoch nicht obligatorisch.

10b *Stellung der Reflexivpronomen*

Reflexivpronomen folgen den gleichen Regeln wie andere Pronomen:

• Sie stehen vor dem Verb bei allen Zeitformen des Indikativs und Konjunktivs.

• Sie stehen nach dem Verb in Infinitivkonstruktion und in den **tu**-, **noi**- und **voi**-Formen des Imperativs.

Mi alzo alle sette ogni mattina.	Ich stehe jeden Morgen um sieben auf.
Bisogna alzarsi quando entra il maestro.	Man muss aufstehen, wenn der Lehrer hereinkommt.
Siediti qui accanto a me!	Setz dich hier neben mich (hin)!
Sedetevi, ragazzi!	Setzt euch hin, Leute!

10c *Reflexive Verben und* ne

Manche Verben sind nicht nur reflexiv, sondern sie benutzen auch **ne** — z.B.:

andarsene »weggehen«, »verlassen«

me	**ne**	**vado**
te	**ne**	**vai**
se	**ne**	**va**
ce	**ne**	**andiamo**
ve	**ne**	**andate**
se	**ne**	**vanno**

Beachten Sie, wie aus dem **-i** des Reflexivpronomen ein **-e** wird, wenn ein **ne** folgt.

Verben mit **ne** werden sehr oft umgangssprachlich benutzt.

scapparsene sich wegschleichen **starsene seduto / a** sitzen

Sono stanca, me ne vado adesso!	Ich bin müde, jetzt gehe ich!
Se ne sta seduta senza aiutare Maria.	Sie sitzt dort, ohne Maria zu helfen.

10d Andere Anwendungen des Reflexivums

(i) Reflexive Verbformen werden im Italienischen manchmal benutzt, wenn man im Deutschen das Possessivpronomen benutzt.

Si lavano le mani.	Sie waschen sich die Hände.
Vi asciugate i capelli.	Ihr trocknet eure Haare.

(ii) Die Pluralformen reflexiver Verben können benutzt werden, um Handlungen »aneinander« zu beschreiben.

Si amano tanto.	Sie lieben einander so sehr.
Si scrivono ogni giorno.	Sie schreiben einander jeden Tag.

(iii) Eine Reihe idiomatischer Ausdrücke werden mit dem reflexiven Verb und dem weiblichen Pronomen **la** gebildet:

Quel professore se la prende con tutti.	Der Lehrer streitet sich mit allen.
Ce la godiamo sempre qui alla spiaggia.	Wir fühlen uns hier am Strand immer wohl.

11 Die verschiedenen italienischen Verbgruppen

11a *Vorhersagbarkeit*

In jeder Zeitform gibt es sechs verschiedene Verbformen, von denen jede einer bestimmten Person entspricht:

1. Person Singular	**io**	ich
2. Person Singular	**tu**	du
3. Person Singular	**lui/lei**	er/sie
	Lei	Sie
1. Person Plural	**noi**	wir
2. Person Plural	**voi/Voi**	ihr/Sie
3. Person Plural	**loro**	sie
	Loro	Sie

Anm. »Er«, »sie« und »Sie« (Sing.) haben die gleiche Verbform. **Loro** wird heutzutage kaum benutzt und oft durch **Voi** ersetzt.

11b *Regelmäßige Verben*

Bei regelmäßigen Verben kann man alle Zeitformen aus der Schreibweise des Infinitivs ableiten. Die Infinitive enden mit **-are**, **-ere** und **-ire**. Verben, bei denen einige dieser Formen nicht abgeleitet werden können, sind unregelmäßig. Viele häufig vorkommende Verben mit **-ere** sind unregelmäßig, aber oft nur im Partizip Perfekt / Passato Remoto. Manche haben auch einen unregelmäßigen, gekürzten Futurstamm und eine unregelmäßige Konjunktiv Präsens- und formale Imperativform.

11c *Verben mit Veränderungen der Schreibweise*

Bei manchen Verben ändert sich in bestimmten Zeitformen die Schreibweise.

(i) Bei Verben, die mit **-care** und **-gare** enden, fügt man ein **h** hinter dem **c** und **g** ein, wenn ein **e** or **i** folgt.

dimenticare	**dimentichi, dimentichiamo, dimenticherò** usw.
pregare	**preghi, preghiamo, pregherò** usw.

(ii) Bei Verben die mit **-ciare** und **-giare** enden, lässt man das **i** vor einem anderen **i** oder einem **e** weg.

lasciare	**lasci, lascerò** usw.
mangiare	**mangi, mangerò** usw.
viaggiare	**viaggi, viaggerò** usw.

(iii) Bei anderen Verben auf **-iare** mit unbetontem **i** in der 1. Person Singular lässt man das **i** vor einem anderen **i** weg.

fischiare	**fischi, fischiamo** usw.
studiare	**studi, studiamo** usw.
imbrogliare	**imbrogli, imbrogliamo** usw.

(iv) Verben mit **-iare**, mit betontem **i** in der 1. Person Singular, behalten das **i** vor einem anderen **i**, wenn es betont ist.

rinviare	**rinvii,** aber **rinviamo** usw.
sciare	**scii,** aber **sciamo** usw.

(v) Verben die mit **-scere** enden, fügen im Partizip Perfekt ein **i** vor dem **u** ein.

conoscere	**conosciuto,** aber **conoscono** usw.
mescere	**mesciuto,** aber **mescono** usw.
pascere	**pasciuto,** aber **pascono** usw.

(vi) Manche Verben ändern ihre Stammvokale mit bestimmten Personen im Präsens, um die Aussprache zu erleichtern.

sedersi	**mi siedo, ti siedi, si siede,** ci sediamo, vi sedete, **si siedono**
muoversi	mi muovo, ti muovi, si muove, **ci moviamo, vi movete,** si muovono

11d Zusammengesetzte Verben

Präfixe (=Vorsilben) können jedem Verb vorangestellt werden, so lange dadurch eine sinnvolle Aussage entsteht.

(i) Die folgenden sind die häufigsten Präfixe:

- **ri-** kann benutzt werden um Wiederholung anzudeuten.

cominciare	anfangen	**ricominciare**	wieder anfangen
fare	tun	**rifare**	wieder tun
leggere	lesen	**rileggere**	wieder lesen

• **s-** kann manchmal hinzugefügt werden, um die entgegengesetzte Bedeutung zu erhalten.

chiudere	schließen	**schiudere**	öffnen
coprire	zudecken	**scoprire**	aufdecken
gelare	einfrieren	**sgelare**	auftauen

• **mal-** gibt dem Verb eine negative Bedeutung.

trattare	behandeln	**maltrattare**	misshandeln
intendere	verstehen	**malintendere**	missverstehen

(ii) Manche häufig vorkommenden Grundverben besitzen mehrere Präfixe, es entstehen sogenannte zusammengesetzte Verben:

• Das Verb **porre** »legen«, »stellen« hat viele solche Formen.

comporre	aufsetzen	**posporre**	nachstellen
decomporre	zerlegen	**presupporre**	voraussetzen
disporre	aufstellen	**proporre**	vorschlagen
imporre	auferlegen	**supporre**	annehmen
opporre	entgegenstellen		

• Das Verb **tenere** »halten« hat viele zusammengesetzte Formen, die den deutschen Formen mit -halten entsprechen.

contenere	enthalten, beinhalten	**ritenere**	behalten
detenere	aufhalten, festhalten	**sostenere**	aushalten
mantenere	erhalten	**trattenere**	aufhalten

• Ähnlich ist es mit **venire** »kommen«, das ebenfalls mehrere zusammengesetzte Verben bildet.

avvenire	passieren	**provenire**	kommen aus, stammen aus
convenire	abmachen, auskommen		
divenire	werden	**sopravvenire**	ankommen
intervenire	dazwischen kommen	**svenire**	ohnmächtig werden

(iii) Schließlich gibt es einige Verben, die auf **-durre** enden.

condurre	führen, fahren	**ridurre**	verringern
dedurre	folgern	**riprodurre**	reproduzieren
indurre	veranlassen	**sedurre**	verführen
introdurre	vorstellen	**tradurre**	übersetzen
produrre	erzeugen		

B

MODELLVERBEN

Index der Modellverben

Das italienische Konjugationssystem

Regelmäßige Modellverben

Regelmäßige Verben

Verben mit veralteten Infinitiven

Veränderungen der Schreibweise

Unregelmäßige Verben

Index der Modellverben

* vor einem Verb zeigt, dass dieses Verb **essere** benutzt.

† vor einem Verb zeigt, dass dieses Verb **essere** benutzt, wenn es intransitiv ist, aber **avere**, wenn es transitiv ist.

(unp.) Kennzeichnet ein normalerweise unpersönliches Verb.

DAS ITALIENISCHE KONJUGATIONSSYSTEM

Regelmäßige Modellverben		*Nummer*
lodare	loben	1
***entrare**	hereinkommen	2
Regelmäßige Verben		
parlare	sprechen	3
vendere	verkaufen	4
dormire	schlafen	5
finire	beenden	6
***lavarsi**	sich waschen	7
Verben mit veralteten Infinitiven		
bere	trinken	8
dire	sagen	9
fare	tun	10
Verben mit Veränderungen der Schreibweise		
dimenticare	vergessen	11
mangiare	essen	12
fischiare	pfeifen	13
***sedersi**	sich hinsetzen	14
muovere	bewegen	15
nuocere	schaden, verletzen	16
Unregelmäßige Verben		
accendere	anmachen, anzünden	17
affiggere	aufhängen, befestigen	18
affliggere	belasten, leiden	19
alludere	anspielen	20
***andare**	gehen	21
annettere	anschließen, beitragen	22

***apparire**	erscheinen	23
aprire	öffnen	24
assistere	helfen	25
assumere	annehmen	26
avere	haben	27
***cadere**	fallen	28
chiedere	fragen, verlangen	29
chiudere	schließen	30
cogliere	pflücken	31
comprimere	verdichten	32
concedere	gewähren	33
conoscere	jdn./etw. kennen lernen	34
†correre	laufen	35
crescere	wachsen	36
cuocere	kochen	37
dare	geben	38
decidere	entscheiden	39
dirigere	anweisen	40
discutere	diskutieren	41
distinguere	unterscheiden	42
dividere	teilen	43
***dolere**	schmerzen	44
†dovere	müssen	45
espellere	ausweisen	46
esplodere	explodieren	47
***essere**	sein	48
***evadere**	entkommen	49
fondere	schmelzen	50
***giacere**	liegen	51
***giungere**	ankommen	52
leggere	lesen	53
mettere	legen, stellen	54
mordere	beißen	55
***morire**	sterben	56
***nascere**	geboren sein	57
***parere**	erscheinen	58
perdere	verlieren	59
persuadere	überzeugen	60
***piacere**	gefallen	61
piangere	weinen	62
†piovere (*unp.*)	regnen	63
porre	stellen, tun	64
†potere	können	65
prendere	nehmen	66
proteggere	schützen	67
pungere	stechen	68
radere	rasieren, streifen	69
reggere	tragen, halten	70
rendere	zurückgeben, leisten	71
ridere	lachen	72
***rimanere**	bleiben	73
risolvere	lösen	74
rispondere	antworten	75
rompere	brechen	76
†salire	hinaufgehen, klettern	77
sapere	wissen (eine Sache), können	78
†scendere	herunterkommen	79
scorgere	bemerken, sehen	80
scrivere	schreiben	81
scuotere	schütteln	82
***solere**	gewöhnt sein	83
spargere	verstreuen	84
spegnere	ausmachen	85
spingere	schieben, drücken	86
***stare**	bleiben, stehen, sein	87
stringere	drücken	88
struggere	schmelzen	89
tacere	schweigen	90
tendere	ausstrecken	91
tenere	halten, behalten	92
tingere	färben, tönen	93
torcere	drehen	94
tradurre	übersetzen	95
trarre	ziehen	96
uccidere	umbringen, töten	97
udire	hören	98
***uscire**	herausgehen	99
***valere**	wert sein	100
vedere	sehen	101
***venire**	kommen	102
vincere	gewinnen, siegen	103
†vivere	leben	104
†volere	mögen, wollen	105
volgere	drehen	106

AKTIV

Beispiel für Verben, die in zusammengesetzten Zeitformen **avere** benutzen.

GERUNDIUM	***PARTIZIP PERFEKT***
lodando	lodato

PRÄSENS	***PERFEKT***
lodo	ho lodato
lodi	hai lodato
loda	ha lodato
lodiamo	abbiamo lodato
lodate	avete lodato
lodano	hanno lodato
VERLAUFSFORM PRÄSENS	***VERLAUFSFORM IMPERFEKT***
sto lodando	stavo lodando
stai lodando	stavi lodando
sta lodando	stava lodando
stiamo lodando	stavamo lodando
state lodando	stavate lodando
stanno lodando	stavano lodando
IMPERFEKT	***PASSATO REMOTO***
lodavo	lodai
lodavi	lodasti
lodava	lodò
lodavamo	lodammo
lodavate	lodaste
lodavano	lodarono
PLUSQUAMPERFEKT	***TRAPASSATO REMOTO***
avevo lodato	ebbi lodato
avevi lodato	avesti lodato
aveva lodato	ebbe lodato
avevamo lodato	avemmo lodato
avevate lodato	aveste lodato
avevano lodato	ebbero lodato

IMPERATIV

loda (tu) lodi (Lei) lodiamo (noi) lodate (voi) lodino (Loro)

FUTUR I

loderò
loderai
loderà
loderemo
loderete
loderanno

FUTUR II

avrò lodato
avrai lodato
avrà lodato
avremo lodato
avrete lodato
avranno lodato

KONDITIONAL I

loderei
loderesti
loderebbe
loderemmo
lodereste
loderebbero

KONDITIONAL II

avrei lodato
avresti lodato
avrebbe lodato
avremmo lodato
avreste lodato
avrebbero lodato

KONJUNKTIV PRÄSENS

lodi
lodi
lodi
lodiamo
lodiate
lodino

KONJUNKTIV PERFEKT

abbia lodato
abbia lodato
abbia lodato
abbiamo lodato
abbiate lodato
abbiano lodato

KONJUNKTIV IMPERFEKT

lodassi
lodassi
lodasse
lodassimo
lodaste
lodassero

KONJUNKTIV PLUSQUAMPERFEKT

avessi lodato
avessi lodato
avesse lodato
avessimo lodato
aveste lodato
avessero lodato

PASSIV

Andere Arten das Passiv auszudrücken [➤9b *Das italienische Verbsystem*].

PRÄSENS	**PERFEKT**
sono lodato / a	sono stato / a lodato / a
sei lodato / a	sei stato / a lodato / a
è lodato / a	è stato / a lodato / a
siamo lodati / e	siamo stati / e lodati / e
siete lodati / e	siete stati / e lodati / e
sono lodati / e	sono stati / e lodati / e

IMPERFEKT	**PASSATO REMOTO**
ero lodato / a	fui lodato / a
eri lodato / a	fosti lodato / a
era lodato / a	fu lodato / a
eravamo lodati / e	fummo lodati / e
eravate lodati / e	foste lodati / e
erano lodati / e	furono lodati / e

PLUSQUAMPERFEKT	**TRAPASSATO REMOTO**
ero stato / a lodato / a	fui stato / a lodato / a
eri stato / a lodato / a	fosti stato / a lodato / a
era stato / a lodato / a	fu stato / a lodato / a
eravamo stati / e lodati / e	fummo stati / e lodati / e
eravate stati / e lodati / e	foste stati / e lodati / e
erano stati / e lodati / e	furono stati / e lodati / e

Anm. ➤Erklärungen zu den Zeitformen finden Sie im Kapitel *Das italienische Verbsystem*. Es ist wichtig, dass alle Formen den Stamm **lod-** haben, der die Wortbedeutung enthält. Viele Zeitformen sind einfache Formen, bei denen eine Endung an den Stamm angefügt wird. Die zusammengesetzten Zeitformen werden mit einem Hilfsverb in der entsprechenden Zeitform und der richtigen Person und dem Gerundium oder Partizip Perfekt des Hauptverbs gebildet.

FUTUR I	*FUTUR II*
sarò lodato / a	sarò stato / a lodato / a
sarai lodato / a	sarai stato / a lodato / a
sarà lodato / a	sarà stato / a lodato / a
saremo lodati / e	saremo stati / e lodati / e
sarete lodati / e	sarete stati / e lodati / e
saranno lodati / e	saranno stati / e lodati / e

KONDITIONAL I	*KONDITIONAL II*
sarei lodato / a	sarei stato / a lodato / a
saresti lodato / a	saresti stato / a lodato / a
sarebbe lodato / a	sarebbe stato / a lodato / a
saremmo lodati / e	saremmo stati / e lodati / e
sareste lodati / e	sareste stati / e lodati / e
sarebbero lodati / e	sarebbero stati / e lodati / e

KONJUNKTIV PRÄSENS	*KONJUNKTIV PERFEKT*
sia lodato / a	sia stato / a lodato / a
sia lodato / a	sia stato / a lodato / a
sia lodato / a	sia stato / a lodato / a
siamo lodati / e	siamo stati / e lodati / e
siate lodati / e	siate stati / e lodati / e
siano lodati / e	siano stati / e lodati / e

KONJUNKTIV IMPERFEKT	*KONJUNKTIV PLUSQUAMPERFEKT*
fossi lodato / a	fossi stato / a lodato / a
fossi lodato / a	fossi stato / a lodato / a
fosse lodato / a	fosse stato / a lodato / a
fossimo lodati / e	fossimo stati / e lodati / e
foste lodati / e	foste stati / e lodati / e
fossero lodati / e	fossero stati / e lodati / e

Denken Sie daran, dass Pronomen im Nominativ (**io, tu** usw.) normalerweise nicht benutzt werden, da die Verwendungen sowohl in der Schriftsprache als auch in der gesprochenen Sprache klar und eindeutig sind. Man benutzt sie nur zur Betonung, zur Klärung einer Situation oder um Kontraste deutlich zu machen.

Andere Arten das Passiv auszudrücken unter ➤9b *Das italienische Verbsystem.*

Beispiele für Verben, die in zusammengesetzten Zeitformen **essere** benutzen.

GERUNDIUM	***PARTIZIP PERFEKT***
entrando	entrato

PRÄSENS	***PERFEKT***
entro	sono entrato / a
entri	sei entrato / a
entra	è entrato / a
entriamo	siamo entrati / e
entrate	siete entrati / e
entrano	sono entrati / e

VERLAUFSFORM PRÄSENS	***VERLAUFSFORM IMPERFEKT***
sto entrando	stavo entrando
stai entrando	stavi entrando
sta entrando	stava entrando
stiamo entrando	stavamo entrando
state entrando	stavate entrando
stanno entrando	stavano entrando

IMPERFEKT	***PASSATO REMOTO***
entravo	entrai
entravi	entrasti
entrava	entrò
entravamo	entrammo
entravate	entraste
entravano	entrarono

PLUSQUAMPERFEKT	***TRAPASSATO REMOTO***
ero entrato / a	fui entrato / a
eri entrato / a	fosti entrato / a
era entrato / a	fu entrato / a
eravamo entrati / e	fummo entrati / e
eravate entrati / e	foste entrati / e
erano entrati / e	furono entrati / e

Anm. 1) Verben, die **essere** benutzen, sind in allen Anmerkungen auf den Modellverbseiten und im Verbregister mit einem * versehen.
2) In allen zusammengesetzten Zeitformen mit **essere** muss der Genus (=das Geschlecht) von **essere** mit dem Partizip Perfekt — maskulinum Singular (**-o**), femininum Singular (**-a**), femininum Plural (**-e**), oder maskulinum Plural (**-i**) — übereinstimmen.

IMPERATIV
entra (tu) entri (Lei) entriamo (noi) entrate (voi) entrino (Loro)

FUTUR I	***FUTUR II***
entrerò	sarò entrato / a
entrerai	sarai entrato / a
entrerà	sarà entrato / a
entreremo	saremo entrati / e
entrerete	sarete entrati / e
entreranno	saranno entrati / e
KONDITIONAL I	***KONDITIONAL II***
entrerei	sarei entrato / a
entreresti	saresti entrato / a
entrerebbe	sarebbe entrato / a
entreremmo	saremmo entrati / e
entrereste	sareste entrati / e
entrerebbero	sarebbero entrati / e
KONJUNKTIV PRÄSENS	***KONJUNKTIV PERFEKT***
entri	sia entrato / a
entri	sia entrato / a
entri	sia entrato / a
entriamo	siamo entrati / e
entriate	siate entrati / e
entrino	siano entrati / e
KONJUNKTIV IMPERFEKT	***KONJUNKTIV PLUSQUAMPERFEKT***
entrassi	fossi entrato / a
entrassi	fossi entrato / a
entrasse	fosse entrato / a
entrassimo	fossimo entrati / e
entraste	foste entrati / e
entrassero	fossero entrati / e

Dubito che Gianna *sia* ancora *entrata.* — Ich bezweifele, dass Gianna schon *hereingekommen ist.*

Le ragazze *sono entrate* in macchina. — Die Mädchen *sind* in den Wagen *gestiegen.*

Erste Konjugation, regelmäßiges Verb auf **-are**

GERUNDIUM	***PARTIZIP PERFEKT***
parlando	parlato

PRÄSENS	***PERFEKT***
parlo	ho parlato
parli	hai parlato
parla	ha parlato
parliamo	abbiamo parlato
parlate	avete parlato
parlano	hanno parlato
VERLAUFSFORM PRÄSENS	***VERLAUFSFORM IMPERFEKT***
sto parlando	stavo parlando
IMPERFEKT	***PASSATO REMOTO***
parlavo	parlai
parlavi	parlasti
parlava	parlò
parlavamo	parlammo
parlavate	parlaste
parlavano	parlarono

Ähnliche Verben

accompagnare	begleiten	**guardare**	schauen, aufpassen
aiutare	helfen	**lavare**	waschen
***arrivare**	ankommen	**lavorare**	arbeiten
chiamare	rufen	**portare**	tragen, anhaben
***entrare**	hineingehen	**trovare**	finden

Anm. Die Gruppe der regelmäßigen Verben auf **-are** ist sehr groß. Daher wird hier nur eine kleine Auswahl der am meisten benutzten Verben dieser Gruppe angegeben. Im Verbregister sind die Hauptbedeutungen für jedes Verb genannt. Einige können auch in der reflexiven Form vorkommen, z.B. **lavare** »waschen«, **lavarsi** »sich waschen«.

Die einzigen unregelmäßigen Verben auf **-are** sind **andare, dare, fare, stare**. Diese werden im Kapitel der unregelmäßigen Verben behandelt.

IMPERATIV
parla (tu) parli (Lei) parliamo (noi) parlate (voi) parlino (Loro)

PLUSQUAMPERFEKT	***TRAPASSATO REMOTO***
avevo parlato	ebbi parlato
FUTUR I	***FUTUR II***
parlerò	avrò parlato
KONDITIONAL I	***KONDITIONAL II***
parlerei	avrei parlato
KONJUNKTIV PRÄSENS	***KONJUNKTIV PERFEKT***
parli	abbia parlato
KONJUNKTIV IMPERFEKT	***KONJUNKTIV PLUSQUAMPERFEKT***
parlassi	avessi parlato

— Con chi *stai parlando?*	— Mit wem *sprichst* du (gerade)?
— *Stavo parlando* con Gianni. Adesso *sto parlando* con Antonia.	— Ich *habe* (gerade) mit Gianni *gesprochen*. Jetzt *spreche* ich (gerade) mit Antonia.
— *Hai parlato* con Giuseppe?	— *Hast* du mit Giuseppe *gesprochen*?
— No, ma gli *parlerò* domani.	— Nein, aber ich *werde* morgen mit ihm *sprechen*.
— Dubito che Giuseppe *abbia parlato* con tuo fratello.	— Ich bezweifele, dass Giuseppe mit deinem Bruder *gesprochen hat*.
— Guarda, *porta* una valigia molto pesante.	— Sieh mal, er trägt einen sehr schweren Koffer.
— Lo *chiamerò* ... Ti possiamo *aiutare?*	— Ich *werde* ihn *rufen*. ... Können wir dir *helfen*?
— Sì, grazie, mi *accompagnerete* a casa?	— Ja, bitte, *werdet* ihr mich nach Hause *begleiten*?

Zweite Konjugation, regelmäßiges Verb auf **-ere**

GERUNDIUM	***PARTIZIP PERFEKT***
vendendo	venduto

PRÄSENS	***PERFEKT***
vendo	ho venduto
vendi	hai venduto
vende	ha venduto
vendiamo	abbiamo venduto
vendete	avete venduto
vendono	hanno venduto

KONJUNKTIV PRÄSENS	***KONJUNKTIV IMPERFEKT***
sto vendendo	stavo vendendo

IMPERFEKT	***PASSATO REMOTO***
vendevo	vendei / vendetti
vendevi	vendesti
vendeva	vendé / vendette
vendevamo	vendemmo
vendevate	vendeste
vendevano	venderono / vendettero

Ähnliche Verben

Die folgenden Verben auf **-ere** sind regelmäßig und folgen dem Muster von **vendere**.

battere	schlagen	**ripetere**	wiederholen
credere	glauben	**temere**	fürchten
ricevere	erhalten		

Anm. Viele Verben der **-ere** Konjugation sind unregelmäßig, oft im Partizip Perfekt und Passato Remoto, oder sie sind orthografischen Veränderungen unterworfen. Die drei Verben **bere, dire, fare,** [komplett unter ➤8, 9, 10 zu finden], gehören auch zu dieser Konjugation.

IMPERATIV
vendi (tu) venda(Lei) vendamo (noi) vendete (voi) vendano (Loro)

PLUSQUAMPERFEKT
avevo venduto

TRAPASSATO REMOTO
ebbi venduto

FUTUR I
venderò

FUTUR II
avrò venduto

KONDITIONAL I
venderei

KONDITIONAL II
avrei venduto

KONJUNKTIV PRÄSENS
venda
venda
venda
vendiamo
vendiate
vendano

KONJUNKTIV PERFEKT
abbia venduto

KONJUNKTIV IMPERFEKT
vendessi
vendessi
vendesse
vendessimo
vendeste
vendessero

KONJUNKTIV PLUSQUAMPERFEKT
avessi venduto

Außerdem können viele **-ere** Verben eine reflexive und eine nicht reflexive Form haben.

Achten Sie darauf, dass die folgenden Präsensendungen den Endungen der Verben auf **-are** gleichen (nicht aber im Konjunktiv):

- die 1. Person Singular und Plural
- die 2. Person Singular

Dritte Konjugation, regelmäßiges Verb auf **-ire**

GERUNDIUM	***PARTIZIP PERFEKT***
dormendo	dormito

PRÄSENS
dormo
dormi
dorme
dormiamo
dormite
dormono

PERFEKT
ho dormito
hai dormito
ha dormito
abbiamo dormito
avete dormito
hanno dormito

VERLAUFSFORM PRÄSENS
sto dormendo

VERLAUFSFORM IMPERFEKT
stavo dormendo

IMPERFEKT
dormivo
dormivi
dormiva
dormivamo
dormivate
dormivano

PASSATO REMOTO
dormii
dormisti
dormì
dormimmo
dormiste
dormirono

PLUSQUAMPERFEKT
avevo dormito

TRAPASSATO REMOTO
ebbi dormito

Ähnliche Verben

Manche Verben auf **-ire** werden konjugiert wie **dormire,** andere wie **finire** [➤6]. Einige sind unregelmäßig und sind im Verbregister aufgeführt.

Die am häufigsten benutzten Verben wie **dormire** sind:

bollire	kochen	***pentirsi**	bereuen
consentire	zustimmen, erlauben	**seguire**	folgen
***divertirsi**	sich amüsieren	**sentire**	fühlen, hören
†fuggire	fliehen	**servire**	bedienen
***partire**	abreisen, fahren	**soffrire**	leiden

Anm. 1) Das Gerundium und die folgenden Endungen des Präsens gleichen denen der Verben auf **-ere**:

IMPERATIV
dormi (tu) dorma (Lei) dormiamo (noi) dormite (voi) dormano (Loro)

FUTUR I
dormirò

FUTUR II
avrò dormito

KONDITIONAL I
dormirei

KONDITIONAL II
avrei dormito

KONJUNKTIV PRÄSENS
dorma
dorma
dorma
dormiamo
dormiate
dormano

KONJUNKTIV PERFEKT
abbia dormito

KONJUNKTIV IMPERFEKT
dormissi
dormissi
dormisse
dormissimo
dormiste
dormissero

KONJUNKTIV PLUSQUAMPERFEKT
avessi dormito

- die 1. Person Singular und Plural
- die 2. Person Singular
- die 3. Person Singular und Plural

2) Das Verb **riempire** »füllen« folgt dem Muster von **dormire**. Die einzigen Unterschiede sind das Gerundium **riempiendo** und das Präsens, in dem ein **i** vor den Endungen der 1. und 3. Person Singular und der 3. Person Plural eingefügt wird: riemp**i**o, riempi, riemp**i**e, riempiamo, riempite, riemp**i**ono.

—Ti *senti* meglio oggi?	—*Fühlst* du *dich* heute besser?
—Si, *ho dormito* molto bene stanotte.	—Ja, ich *habe* letzte Nacht sehr gut *geschlafen*.
***Riempie* le tasche di caramelle.**	*Er füllt* seine Taschen mit Bonbons.

Dritte Konjugation, regelmäßiges Verb auf **-ire** mit eingefügtem **-isc-**

GERUNDIUM	***PARTIZIP PERFEKT***
finendo	finito
PRÄSENS	***PERFEKT***
fin**isc**o	ho finito
fin**isc**i	hai finito
fin**isc**e	ha finito
finiamo	abbiamo finito
finite	avete finito
fin**isc**ono	hanno finito
VERLAUFSFORM PRÄSENS	***VERLAUFSFORM IMPERFEKT***
sto finendo	stavo finendo
IMPERFEKT	***PASSATO REMOTO***
finivo	finii
finivi	finisti
finiva	finí
finivamo	finimmo
finivate	finisti
finivano	finirono

Ähnliche Verben

Manche Verben auf **-ire** fügen **-isc-** zwischen dem Stamm und der Endung im Singular und in der 3. Person Plural des Präsens und Konjunktiv Präsens ein. Diese sind im Verbregister mit 6 gekennzeichnet.

Manche Verben auf **-ire** können den Formen von **dormire** oder **finire** folgen. Die häufigsten sind:

applaudire	applaudieren	**preferire**	vorziehen
assorbire	saugen	**smentire**	abstreiten
capire	verstehen, erkennen	**spedire**	senden, aufgeben
inghiottire	schlucken	**suggerire**	empfehlen
mentire	lügen	**tossire**	husten
nutrire	nähren		

IMPERATIV
finisci (tu) finisca (Lei) finiamo (noi) finite (voi) finiscano (Loro)

PLUSQUAMPERFEKT
avevo finito

TRAPASSATO REMOTO
ebbi finito

FUTUR I
finirò

FUTUR II
avrò finito

KONDITIONAL I
finirei

KONDITIONAL II
avrei finito

KONJUNKTIV PRÄSENS
fin**isc**a
fin**isc**a
fin**isc**a
finiamo
finiate
fin**isc**ano

KONJUNKTIV PERFEKT
abbia finito

KONJUNKTIV IMPERFEKT
finissi
finissi
finisse
finissimo
finiste
finissero

KONJUNKTIV PLUSQUAMPERFEKT
avessi finito

***Finisco* i compiti e usciamo.**	Ich *beende* meine Hausarbeiten, und wir gehen aus.
— *Capisci* quando parla il tuo corrispondente?	— *Verstehst* du deinen Brieffreund, wenn er spricht?
— Sì, ma *preferisco* quando mi *spedisce* una lettera.	— Ja, aber ich *ziehe* es *vor*, wenn er mir einen Brief *schickt.*
— Il mio corrispondente *ha suggerito* un buon dizionario.	— Mein Brieffreund *hat* ein gutes Wörterbuch *empfohlen.*
— *Preferirei* un buon traduttore.	— Ich *würde* einen guten Übersetzer *vorziehen.*

Reflexives, regelmäßiges Verb auf **-are**

GERUNDIUM	***PARTIZIP PERFEKT***
lavandosi	lavato

PRÄSENS	***PERFEKT***
mi lavo	mi sono lavato / a
ti lavi	ti sei lavato / a
si lava	si è lavato / a
ci laviamo	ci siamo lavati / e
vi lavate	vi siete lavati / e
si lavano	si sono lavati / e
VERLAUFSFORM PRÄSENS	***VERLAUFSFORM IMPERFEKT***
mi sto lavando	mi stavo lavando
IMPERFEKT	***PASSATO REMOTO***
mi lavavo	mi lavai

Anm. Reflexive Verben können entweder **-arsi**, **-ersi** oder **-irsi** Verben sein. Als solche folgen sie der Konjugation der entsprechenden nicht reflexiven Verben — d.h. Verben auf **-are**, **-ere** oder **-ire** — entweder regelmäßig oder unregelmäßig.

In allen Fällen werden die Pronomen **mi**, **ti**, **si**, **ci**, **vi**, **si**, gebraucht. Vor einem Vokal können sie zu **m'**, **t'**, **s'**, **c'**, **v'**, **s'** verkürzt werden. Vor einem anderen Pronomen wechseln sie zu: **me**, **te**, **se**, **ce**, **ve**, **se**.

Diese Pronomen stehen normalerweise vor dem Verb. Jedoch folgen sie dem Verb in den folgenden Fällen:

- in den Imperativformen mit **tu**, **noi** und **voi/Voi**
- mit dem Partizip Perfekt
- mit dem Infinitiv
- mit dem Gerundium

Beachten Sie, dass alle reflexiven Verben **essere** in den zusammengesetzten Zeitformen benutzten.

IMPERATIV
lavati (tu) si lavi (Lei) laviamoci (noi) lavatevi (voi) si lavino (Loro)

PLUSQUAMPERFEKT
mi ero lavato / a

TRAPASSATO REMOTO
mi fui lavato / a

FUTUR I
mi laverò

FUTUR II
mi sarò lavato / a

KONDITIONAL I
mi laverei

KONDITIONAL II
mi sarei lavato / a

KONJUNKTIV PRÄSENS
mi lavi

KONJUNKTIV PERFEKT
mi sia lavato / a

KONJUNKTIV IMPERFEKT
mi lavassi

KONJUNKTIV PLUSQUAMPERFEKT
mi fossi lavato / a

Ähnliche Verben

Einige der am häufigsten vorkommenden reflexiven Verben:

***abbronzarsi**	sich bräunen	***interessarsi a / di**	sich interessieren
***abituarsi**	sich angewöhnen	***perdersi**	sich verlaufen
***accomodarsi**	sich hinsetzen	***pettinarsi**	sich kämmen
***alzarsi**	aufstehen	***preoccuparsi**	sich sorgen
***arrabbiarsi**	sich ärgern	***sbrigarsi**	sich beeilen
***avvicinarsi a**	herantreten	***scusarsi**	sich entschuldigen
***chiamarsi**	heißen	***sentirsi**	sich fühlen
***divertirsi**	sich amüsieren	***svegliarsi**	aufwachen
***fermarsi**	halten	***vergognarsi**	sich schämen
***incontrarsi**	sich begegnen	***vestirsi**	sich anziehen

— *Svegliati,* Paolo, sono già le sette!
— Non voglio *alzarmi!*
— *Vergognati, lavati* e *vestiti* subito!
— *Mi alzerò* alle sette e mezzo.

— *Wach auf,* Paolo, es ist schon sieben Uhr.
— Ich möchte nicht *aufstehen.*
— Du *solltest* dich *schämen, wasch dich,* und *zieh dich* sofort an!
— Ich *werde* um halb acht *aufstehen.*

Der veraltete Infinitiv **bevere**

GERUNDIUM	*PARTIZIP PERFEKT*
bevendo	bevuto

IMPERATIV
bevi (tu) beva (Lei) beviamo (noi) bevete (voi) bevano (Loro)

PRÄSENS
bevo

PRESENT PERFECT
ho bevuto

VERLAUFSFORM PRÄSENS
sto bevendo

VERLAUFSFORM IMPERFEKT
stavo bevendo

IMPERFEKT
bevevo

PASSATO REMOTO
bevvi / bevetti / bevei
bevesti
bevve
bevemmo
beveste
bevvero

PLUSQUAMPERFEKT
avevo bevuto

TRAPASSATO REMOTO
ebbi bevuto

FUTUR I
berrò

FUTUR II
avrò bevuto

KONDITIONAL I
berrei

KONDITIONAL II
avrei bevuto

KONJUNKTIV PRÄSENS
beva

KONJUNKTIV PERFEKT
abbia bevuto

KONJUNKTIV IMPERFEKT
bevessi

KONJUNKTIV PLUSQUAMPERFEKT
avessi bevuto

Anm. Bemerkungen über Verben mit veralteten Infinitive: ➤10 **fare**

Der veraltete Infinitiv **dicere**

GERUNDIUM
dicendo

PARTIZIP PERFEKT
detto

IMPERATIV
di' (tu) dica (Lei) diciamo (noi) **dite** (voi) dicano (Loro)

PRÄSENS
dico
dici
dice
diciamo
dite
dicono

PERFEKT
ho detto

VERLAUFSFORM PRÄSENS
sto dicendo

VERLAUFSFORM IMPERFEKT
stavo dicendo

IMPERFEKT
dicevo

PASSATO REMOTO
dissi
dicesti
disse
dicemmo
diceste
dissero

PLUSQUAMPERFEKT
avevo detto

TRAPASSATO REMOTO
ebbi detto

FUTUR I
dirò

FUTUR II
avrò detto

KONDITIONAL I
direi

KONDITIONAL II
avrei detto

KONJUNKTIV PRÄSENS
dica

KONJUNKTIV PERFEKT
abbia detto

KONJUNKTIV IMPERFEKT
dicessi

KONJUNKTIV PLUSQUAMPERFEKT
avessi detto

Der veraltete Infinitiv **facere**

GERUNDIUM	*PARTIZIP PERFEKT*
facendo	**fatto**

PRÄSENS
faccio
fai
fa
facciamo
fate
fanno

PERFEKT
ho fatto

VERLAUFSFORM PRÄSENS
sto facendo

VERLAUFSFORM IMPERFEKT
stavo facendo

IMPERFEKT
facevo

PASSATO REMOTO
feci
facesti
fece
facemmo
faceste
fecero

Ähnliche Verben

contraffare	fälschen
disfare	aufmachen, auspacken
soddisfare	befriedigen

Anm. Diese drei Verben (**bere** 8, **dire** 9 und **fare** 10) sind Ausnahmen. Wie Sie oben sehen, geht der Stamm manchmal auf den veralteten Infinitiv zurück; in einigen Formen jedoch nicht, daher sind diese kürzer.

— Dimmi, cosa *hai fatto* ieri sera!	— Sag mir, was du gestern Abend *getan hast*!
— *Ho detto* a Stefano di venire a trovarmi.	— Ich *habe* Stefano *gesagt*, dass er mich besuchen soll.
— E cosa *avete fatto?*	— Und was *habt* ihr *gemacht?*
— *Abbiamo bevuto* una birra.	— Wir *haben* ein Bier getrunken.

IMPERATIV
fai / fa' (tu) faccia (Lei) facciamo (noi) **fate** (voi) facciano (Loro)

PLUSQUAMPERFEKT
avevo fatto

TRAPASSATO REMOTO
ebbi fatto

FUTUR I
farò

FUTUR II
avrò fatto

KONDITIONAL I
farei

KONDITIONAL II
avrei fatto

KONJUNKTIV PRÄSENS
faccia
faccia
faccia
facciamo
facciate
facciano

KONJUNKTIV PERFEKT
abbia fatto

KONJUNKTIV IMPERFEKT
facessi

KONJUNKTIV PLUSQUAMPERFEKT
avessi fatto

Um zu sagen, dass Sie etwas machen lassen, benutzen Sie **fare** und den Infinitiv. Beachten Sie den Gebrauch von **fare** in den folgenden Beispielen:

***Ho fatto* riparare la macchina.**	Ich *habe* mein Auto reparieren *lassen.*
***Hai fatto* tradurre quella lettera?**	*Hast* du den Brief übersetzen *lassen*?
Gianni mi *ha fatto* aspettare un'ora!	Gianni *hat* mich eine Stunde warten *lassen*!
***Fammi* vedere!**	*Lass mich* sehen!
Le *faccio* entrare?	*Soll* ich sie herein*lassen*?

Verben die auf **-care / -gare** enden

GERUNDIUM	***PARTIZIP PERFEKT***
dimenticando	dimenticato

PRÄSENS
dimentico
dimentic**hi**
dimentica
dimentic**hiamo**
dimenticate
dimenticano

PERFEKT
ho dimenticato

VERLAUFSFORM PRÄSENS
sto dimenticando

VERLAUFSFORM IMPERFEKT
stavo dimenticando

IMPERFEKT
dimenticavo

PASSATO REMOTO
dimenticai

Ähnliche Verben

cercare	suchen, nachsehen	**pagare**	bezahlen
leccare	lecken	**pregare**	beten

Anm. Bei Verben, die mit **-care** oder **-gare** enden, fügt man ein **h** nach dem **c** und dem **g** ein, wenn diese Buchstaben von **e** oder **i** gefolgt sind. In jeder anderen Beziehung sind diese Verben regelmäßig.

IMPERATIV

dimentica (tu)	dimentic**hi** (Lei)	dimentic**hiamo** (noi)
dimenticate (voi)	dimentic**hino** (Loro)	

PLUSQUAMPERFEKT
avevo dimenticato

TRAPASSATO REMOTO
ebbi dimenticato

FUTUR I
dimentic**herò**

FUTUR II
avrò dimenticato

KONDITIONAL I
dimentic**herei**

KONDITIONAL II
avrei dimenticato

KONJUNKTIV PRÄSENS
dimentic**hi**

KONJUNKTIV PERFEKT
abbia dimenticato

KONJUNKTIV IMPERFEKT
dimenticassi

KONJUNKTIV PLUSQUAMPERFEKT
avessi dimenticato

***Ho dimenticato* dove ho messo la penna.**	Ich *habe vergessen,* wo ich meinen Kugelschreiber hingelegt habe.
***Ho cercato* dappertutto.**	Ich *habe* überall *gesucht.*
Chi mi *pagherà* una nuova se l'ho persa?	Wer *wird* für einen Neuen *bezahlen,* wenn ich ihn verloren habe?
Adesso *pregherò*.	Jetzt *werde* ich *beten.*

Verben die auf **-ciare / -giare** enden

GERUNDIUM	*PARTIZIP PERFEKT*
mangiando	mangiato

PRÄSENS

mangio
mang**i**
mangia
mang**iamo**
mangiate
mangiano

PERFEKT

ho mangiato

VERLAUFSFORM PRÄSENS

sto mangiando

VERLAUFSFORM IMPERFEKT

stavo mangiando

IMPERFEKT

mangiavo

PASSATO REMOTO

mangiai

Ähnliche Verben

cominciare	anfangen, beginnen	**pronunciare**	aussprechen
lasciare	verlassen, lassen	**viaggiare**	reisen, fahren

Anm. Verben, die mit **-ciare** oder **-giare** enden, lassen das **i** vor einem anderen **i** oder einem **e** weg.

IMPERATIV
mangia (tu)   mang**i** (Lei)   mang**iamo** (noi)   mangiate (voi)   mang**ino** (Loro)

PLUSQUAMPERFEKT
avevo mangiato

TRAPASSATO REMOTO
ebbi mangiato

FUTUR I
mang**erò**

FUTUR II
avrò mangiato

KONDITIONAL I
mang**erei**

KONDITIONAL II
avrei mangiato

KONJUNKTIV PRÄSENS
mang**i**

KONJUNKTIV PERFEKT
abbia mangiato

KONJUNKTIV IMPERFEKT
mangiassi

KONJUNKTIV PLUSQUAMPERFEKT
avessi mangiato

— *Vai* spesso in Italia?
— Sì, so che ci *mangerò* molto bene.
— *Lasci* i figli a casa?
— No, *viaggiamo* tutti insieme.

Reist du oft nach Italien?
— Ja, ich weiß, dass ich da sehr gut *essen kann.*
— *Lässt* du deine Kinder zu Hause?
— Nein, wir *reisen* alle zusammen.

Verben die auf **-iare** enden

GERUNDIUM	***PARTIZIP PERFEKT***
fischiando	fischiato

PRÄSENS
fischio
fisch**i**
fischia
fisch**iamo**
fischiate
fischiano

PERFEKT
ho fischiato

VERLAUFSFORM PRÄSENS
sto fischiando

VERLAUFSFORM IMPERFEKT
stavo fischiando

IMPERFEKT
fischiavo

PASSATO REMOTO
fischiai

Ähnliches Verb

pigliare nehmen, fangen

Anm. Verben auf **-iare** lassen das **i** vor einem anderen **i** weg.

IMPERATIV

fischia (tu) fischi (Lei) fischiamo (noi) fischiate (voi) fischino (Loro)

PLUSQUAMPERFEKT

avevo fischiato

TRAPASSATO REMOTO

ebbi fischiato

FUTUR I

fischierò

FUTUR II

avrò fischiato

KONDITIONAL I

fischierei

KONDITIONAL II

avrei fischiato

KONJUNKTIV PRÄSENS

fischi

KONJUNKTIV PERFEKT

abbia fischiato

KONJUNKTIV IMPERFEKT

fischiassi

KONJUNKTIV PLUSQUAMPERFEKT

avessi fischiato

Perché *fischi?*	Warum pfeifst du?
Chi dorme non *piglia* pesci. (*Proverbio*)	Der frühe Vogel fängt den Wurm. (*wörtl.* Wer schläft fängt keinen Fisch.) (*Sprichwort*)

Verben auf **-ersi** mit einer Vokaländerung im Präsens und Konjunktiv Präsens.

GERUNDIUM	*PARTIZIP PERFEKT*
sedendosi	seduto

PRÄSENS	*PERFEKT*
mi siedo / seggo	mi sono seduto / a
ti siedi	
si siede	
ci sediamo	
vi sedete	
si siedono / seggono	
VERLAUFSFORM PRÄSENS	*VERLAUFSFORM IMPERFEKT*
mi sto sedendo	mi stavo sedendo
IMPERFEKT	*PASSATO REMOTO*
mi sedevo	mi sedei / sedetti

Ähnliche Verben

possedere besitzen, haben
sedere setzen, sitzen

Anm. Unregelmäßigkeiten treten nur auf:

- im Präsens und Konjunktiv Präsens

IMPERATIV
siediti (tu) **si sieda** (Lei) sediamoci (noi) sedetevi (voi) **si siedano** (Loro)

PLUSQUAMPERFEKT
mi ero seduto / a

TRAPASSATO REMOTO
mi fui seduto / a

FUTUR I
mi sederò

FUTUR II
mi sarò seduto / a

KONDITIONAL I
mi sederei

KONDITIONAL II
mi sarei seduto / a

KONJUNKTIV PRÄSENS
mi sieda / segga
ti sieda / segga
si sieda / segga
ci sediamo
vi sediate
si siedano / seggano

KONJUNKTIV PERFEKT
mi sia seduto / a

KONJUNKTIV IMPERFEKT
mi sedessi

KONJUNKTIV PLUSQUAMPERFEKT
mi fossi seduto / a

— *Siediti* qui accanto a me!
— No, grazie, non *mi siedo*, ho fretta.
— Mi dispiace che non *ti sieda*, ho tanto da dirti.

— *Setz* dich hier neben mich!
— Nein danke, ich *werde* mich nicht *setzen*, ich habe es eilig.
— Es tut mir Leid, dass du dich nicht *setzen willst*, ich habe dir viel zu erzählen.

***Possiede* una memoria prodigiosa.**

Er *hat* ein außergewöhnliches Gedächtnis.

Giovanni *sedeva* in una poltrona vicino alla finestra.

Giovanni *saß* in einem Sessel am Fenster.

Verben auf **-ere** mit einer Vokaländerung im Präsens, Passato Remoto und Konjunktiv Präsens.

GERUNDIUM	***PARTIZIP PERFEKT***
muovendo	**mosso**

PRÄSENS
muovo
muovi
muove
moviamo
movete
muovono

PERFEKT
ho mosso

VERLAUFSFORM PRÄSENS
sto muovendo

VERLAUFSFORM IMPERFEKT
stavo muovendo

IMPERFEKT
muovevo

PASSATO REMOTO
mossi
movesti
mosse
movemmo
moveste
mossero

Ähnliche Verben

commuovere	berühren, bewegen
promuovere	befördern, bestehen (Prüfungen)
smuovere	verrücken, abraten

Anm. Einige Verben ändern ihre Vokale wie **muovere**. Diese sind im Verbregister mit 15 gekennzeichnet.

IMPERATIV
muovi (tu) muova (Lei) **moviamo** (noi) **movete** (voi) muovano (Loro)

PLUSQUAMPERFEKT
avevo mosso

TRAPASSATO REMOTO
ebbi mosso

FUTUR I
muoverò

FUTUR II
avrò mosso

KONDITIONAL I
muoverei

KONDITIONAL II
avrei mosso

KONJUNKTIV PRÄSENS
muova
muova
muova
moviamo
moviate
muovano

KONJUNKTIV PERFEKT
abbia mosso

KONJUNKTIV IMPERFEKT
muovessi

KONJUNKTIV PLUSQUAMPERFEKT
avessi mosso

Ci *moviamo?*	*Sollen* wir *gehen?*
Nessuno *si è mosso.*	Keiner *hat sich bewegt.*
***Mosse* la sedia.**	*Er bewegte* den Stuhl.
Era* veramente *commossa.	Sie *war* wirklich *bewegt.*
Non *fu promosso* quest'anno.	Er blieb dieses Jahr sitzen. (*wörtl.* Er *bestand* dieses Jahr nicht.)
***Promosse* il nuovo progetto.**	Er *förderte* das neue Projekt.
Se Stefano ha deciso è difficile *smuoverlo.*	Wenn Stefano sich entschieden hat, ist es schwierig ihm *abzuraten.*

Verben auf **-ere** mit einer Vokaländerung im Präsens, Passato Remoto und Konjunktiv Präsens

GERUNDIUM
nocendo / nuocendo

PARTIZIP PERFEKT
nociuto / nuociuto

PRÄSENS
noccio / nuoccio
nuoci
nuoce
nociamo / nuociamo
nocete / nuocete
nocciono / nuocciono

PERFEKT
ho nociuto / nuociuto

VERLAUFSFORM PRÄSENS
sto nuocendo

VERLAUFSFORM IMPERFEKT
stavo nuocendo

IMPERFEKT
nocevo / nuocevo

PASSATO Remoto
nocqui
nocesti / nuocesti
nocque
nocemmo
noceste
nocquero

IMPERATIV
nuoci (tu) **noccia** (Lei) **nociamo** (noi) **nocete** (voi) **nocciano** (Loro)

PLUSQUAMPERFEKT
avevo nociuto / nuociuto

TRAPASSATO REMOTO
ebbi nociuto / nuociuto

FUTUR I
nocerò / nuocerò

FUTUR II
avrò nociuto / nuociuto

KONDITIONAL I
nocerei / nuocerei

KONDITIONAL II
avrei nociuto / nuociuto

KONJUNKTIV PRÄSENS
noccia / nuoccia
noccia
noccia
nociamo
nociate
nocciano

KONJUNKTIV PERFEKT
abbia nociuto / nuociuto

KONJUNKTIV IMPERFEKT
nocessi / nuocessi

KONJUNKTIV PLUSQUAMPERFEKT
avessi nociuto / nuociuto

Dubito che il gelato noccia al bambino.	Ich glaube nicht, dass das Eis schlecht für das Kind sein wird.
Non gli *nocerei.*	Ich *würde* ihm nichts *zuleide tun.*
Non *nuocerà* ripeterglielo.	Es *würde* nicht *schaden*, es ihm nochmal zu sagen.

Verben auf **-endere**

GERUNDIUM accendendo	***PARTIZIP PERFEKT*** **acceso**
PRÄSENS accendo	***PERFEKT*** ho acceso
VERLAUFSFORM PRÄSENS sto accendendo	***VERLAUFSFORM IMPERFEKT*** stavo accendendo
IMPERFEKT accendevo	***PASSATO REMOTO*** **accesi** accendesti **accese** accendemmo accendeste **accesero**

Ähnliche Verben

appendere	hängen	**offendere**	beleidigen
difendere	verteidigen	**sospendere**	einstellen
dipendere	abhängig sein	**spendere**	ausgeben
intendere	beabsichtigen		

Prendere, rendere, scendere und deren Zeitformen unter ➤Modellverben 66, 71 und 79

Anm. Unregelmäßigkeiten treten nur auf:

- im Passato Remoto
- im Partizip Perfekt

IMPERATIV

accendi (tu)	accenda (Lei)	accendiamo (noi)
accendete (voi)	accendano (Loro)	

PLUSQUAMPERFEKT
avevo acceso

TRAPASSATO REMOTO
ebbi acceso

FUTUR I
accenderò

FUTUR II
avrò acceso

KONDITIONAL I
accenderei

KONDITIONAL II
avrei acceso

KONJUNKTIV PRÄSENS
accenda

KONJUNKTIV PERFEKT
abbia acceso

KONJUNKTIV IMPERFEKT
accendessi

KONJUNKTIV PLUSQUAMPERFEKT
avessi acceso

***Accese* la luce.**	Er *machte* das Licht *an.*
***Hai acceso* il gas?**	*Hast* du das Gas *aufgedreht?*
***Difesero* la patria dal nemico.**	Sie *verteidigten* ihr Land gegen die Feinde.
Sa *difendere* la sua opinione.	Er kann seine Meinung *verteidigen.*
***Ho difeso* la causa del ragazzo ferito.**	Ich *habe* mich in dem Fall des verletzten Jungen *eingesetzt.*
Non credo che *abbiano difeso* la città.	Ich denke nicht, dass sie die Stadt *verteidigt haben.*
***Ho speso* 50.000 lire oggi.**	Ich *habe* heute 50.000 Lire *aus-gegeben.*
***Spese* 80.000 lire per quella collana.**	Er *gab* 80.000 Lire für die Hals-kette *aus.*

GERUNDIUM	***PARTIZIP PERFEKT***
affiggendo	**affisso**
PRÄSENS	***PERFEKT***
affiggo	ho affisso
VERLAUFSFORM PRÄSENS	***VERLAUFSFORM IMPERFEKT***
sto affiggendo	stavo affiggendo
IMPERFEKT	***PASSATO REMOTO***
affiggevo	**affissi** affiggesti **affisse** affiggemmo affiggeste **affissero**

Anm. Unregelmäßigkeiten treten nur auf:

- im Passato Remoto
- im Partizip Perfekt

IMPERATIV
affiggi (tu) affigga (Lei) affiggiamo (noi) affiggete (voi) affiggano (Loro)

PLUSQUAMPERFEKT
avevo affisso

TRAPASSATO REMOTO
ebbi affisso

FUTUR I
affiggerò

FUTUR II
avrò affisso

KONDITIONAL I
affiggerei

KONDITIONAL II
avrei affisso

KONJUNKTIV PRÄSENS
affigga

KONJUNKTIV PERFEKT
abbia affisso

KONJUNKTIV IMPERFEKT
affiggessi

KONJUNKTIV PLUSQUAMPERFEKT
avessi affisso

***Affisse* lo sguardo sullo schermo.**	Er *richtete* seinen Blick fest auf den Bildschirm.
Cosa ha *affisso?*	Was *hat* er *aufgehängt?*
— *Affiggo* il poster qui?	— *Soll* ich das Poster hier *aufhängen*?
— Lo *affiggerei* laggiù.	— Ich *würde* es da unten *aufhängen.*

GERUNDIUM	***PARTIZIP PERFEKT***
affliggendo	**afflitto**

PRÄSENS
affliggo

PERFEKT
ho afflitto

VERLAUFSFORM PRÄSENS
sto affliggendo

VERLAUFSFORM IMPERFEKT
stavo affliggendo

IMPERFEKT
affliggevo

PASSATO REMOTO
afflissi
affliggesti
afflisse
affliggemmo
affliggeste
afflissero

Ähnliche Verben

friggere	braten	**soffriggere**	leicht braten
infliggere	zufügen	**trafiggere**	durchgehen, durchstechen
sconfiggere	besiegen		

Anm. Unregelmäßigkeiten treten nur auf:

- im Passato Remoto
- im Partizip Perfekt

IMPERATIV
affliggi (tu) affliggiamo (noi) affliggete (voi) affligga (Lei) affliggano (Loro)

PLUSQUAMPERFEKT
avevo afflitto

TRAPASSATO REMOTO
ebbi afflitto

FUTUR I
affliggerò

FUTUR II
avrò afflitto

KONDITIONAL I
affliggerei

KONDITIONAL II
avrei afflitto

KONJUNKTIV PRÄSENS
affligga

KONJUNKTIV PERFEKT
abbia afflitto

KONJUNKTIV IMPERFEKT
affliggessi

KONJUNKTIV PLUSQUAMPERFEKT
avessi afflitto

Dubito che *sia afflitto* dai reumatismi.	Ich bezweifele, dass er an Rheuma *leidet.*
***Sono afflitta* dalla sinusite.**	Ich *leide* an Sinusitis.
***Inflisse* una pena al colpevole.**	Er *bestrafte* den Schuldigen.
Gli *ha inflitto* un colpo.	Er *hat* ihm einen Schlag *versetzt.*
***Ho soffritto* l'olio nella padella.**	Ich *habe* das Öl leicht in der Pfanne *erhitzt.*
Le parole le *trafissero* il cuore.	Die Worte *durchbohrten* ihr das Herz.

GERUNDIUM	***PARTIZIP PERFEKT***
alludendo	**alluso**

PRÄSENS
alludo

PERFEKT
ho alluso

VERLAUFSFORM PRÄSENS
sto alludendo

VERLAUFSFORM IMPERFEKT
stavo alludendo

IMPERFEKT
alludevo

PASSATO REMOTO
allusi
alludesti
alluse
alludemmo
alludeste
allusero

Ähnliche Verben

accludere	einschließen, befestigen	**eludere**	entziehen, ausweichen
concludere	beenden, erreichen	**escludere**	ausschließen
deludere	enttäuschen, frustrieren	**illudere**	täuschen, irreführen
disilludere	desillusionieren	**includere**	einschließen

Anm. Unregelmäßigkeiten treten nur auf:

- im Passato Remoto
- im Partizip Perfekt

IMPERATIV
alludi (tu) alluda (Lei) alludiamo (noi) alludete (voi) alludano (Loro)

PLUSQUAMFERFEKT
avevo alluso

TRAPASSATO REMOTO
ebbi alluso

FUTUR I
alluderò

FUTUR II
avrò alluso

KONDITIONAL I
alluderei

KONDITIONAL II
avrei alluso

KONJUNKTIV PRÄSENS
alluda

KONJUNKTIV PERFEKT
abbia alluso

KONJUNKTIV IMPERFEKT
alludessi

KONJUNKTIV PLUSQUAMPERFEKT
avessi alluso

***Si alludeva* a questo durante la discussione ieri.**	Dieses *wurde* während der Unterhaltung gestern *angedeutet.*
***Accludiamo* un listino prezzi.**	Wir *legen* eine Preisliste bei.
***Inclusi* Giovanni nel numero degli invitati.**	Ich *setzte* Giovanni auf die Gästeliste.
***Ho escluso* alcuni nomi.**	Ich *schloss* manche Namen *aus.*
***Fu escluso* dall'elenco.**	Er *wurde* von der Liste *ausgeschlossen.*
Non *abbiamo concluso* niente oggi.	Wir *haben* heute nichts *erreicht.*
La faccenda *fu conclusa.*	Die Angelegenheit *wurde beendet.*

GERUNDIUM	***PARTIZIP PERFEKT***
andando	andato
PRÄSENS	***PERFEKT***
vado	sono andato / a
vai	sei andato / a
va	è andato / a
andiamo	siamo andati / e
andate	siete andati / e
vanno	sono andati / e
VERLAUFSFORM PRÄSENS	***VERLAUFSFORM IMPERFEKT***
sto andando	stavo andando
IMPERFEKT	***PASSATO REMOTO***
andavo	andai

Anm. **andare** ist das einzige Verb dieses Typs. Unregelmäßigkeiten treten nur auf:

- im Präsens und Konjunktiv Präsens
- im Futurstamm

IMPERATIV
vai / va' (tu) **vada** (Lei) andiamo (noi) andate (voi) **vadano** (Loro)

PLUSQUAMPERFECT
ero andato/a

TRAPASSATO REMOTO
fui andato / a

FUTUR I
andrò

FUTUR II
sarò andato / a

KONDITIONAL I
andrei

KONDITIONAL II
sarei andato / a

KONJUNKTIV PRÄSENS
vada
vada
vada
andiamo
andiate
vadano

KONJUNKTIV PERFEKT
sia andato / a

KONJUNKTIV IMPERFEKT
andassi

KONJUNKTIV PLUSQUAMPERFEKT
fossi andato / a

— *Vado* in città, vuoi venire anchc tu?	— Ich *gehe* in die Stadt, möchtest du mltkommen?
— Grazie no, *sono* già *andata* ieri.	— Nein danke, ich *bin* schon gestern gegangen.
— *Va', andiamoci* insieme.	— Na komm, *lass* uns zusammen *gehen.*
— Certo è un peccato che *tu vada* da sola.	— Es ist schade, dass du alleine *gehst.*
— Penso che Gianna *sia andata* oggi in città.	— Ich denke, dass Gianna heute in die Stadt *gegangen ist.*
— Sarà *andata* senz'altro al mercato.	— Sie *muss* zum Markt *gegangen sein.*

GERUNDIUM	*PARTIZIP PERFEKT*
annettendo	**annesso**

PRÄSENS
annetto

PERFEKT
ho annesso

VERLAUFSFORM PRÄSENS
sto annettendo

VERLAUFSFORM IMPERFEKT
stavo annettendo

IMPERFEKT
annettevo

PASSATO REMOTO
annettei / **annessi**
annettesti
annetté / **annesse**
annettemmo
annetteste
annetterono / **annessero**

Ähnliches Verb

connettere verbinden

Anm. Unregelmäßigkeiten treten nur auf:

- im Passato Remoto
- im Partizip Perfekt

IMPERATIV
annetti (tu) annetta (Lei) annettiamo (noi) annettete (voi) annettano (Loro)

PLUSQUAMPERFEKT
avevo annesso

TRAPASSATO REMOTO
ebbi annesso

FUTUR I
annetterò

FUTUR II
avrò annesso

KONDITIONAL I
annetterei

KONDITIONAL II
avrei annesso

KONJUNKTIV PRÄSENS
annetta

KONJUNKTIV PERFEKT
abbia annesso

KONJUNKTIV IMPERFEKT
annettessi

KONJUNKTIV PLUSQUAMPERFEKT
avessi annesso

***Annettiamo* un pieghevole.**	Wir *fügen* eine Broschüre *bei.*
Questi fatti *sono* strettamente *connessi.*	Diese Tatsachen sind eng *verbunden.*
Giovanni *connesse* i due fili.	Giovanni *verband* die zwei Drähte.

GERUNDIUM	***PARTIZIP PERFEKT***
apparendo	**apparso**

PRÄSENS
appaio / apparisco
appari / apparisci
appare / apparisce
appariamo
apparite
appaiono / appariscono

PERFEKT
sono apparso / a

VERLAUFSFORM PRÄSENS
sto apparendo

VERLAUFSFORM IMPERFEKT
stavo apparendo

IMPERFEKT
apparivo

PASSATO REMOTO
apparvi / apparii / apparsi
apparisti
apparve / apparí / apparse
apparimmo
appariste
apparvero / apparirono / apparsero

Ähnliche Verben

***comparire**	erscheinen
***scomparire**	verschwinden, sterben
***trasparire**	durchscheinen

Anm. Das Verb **apparire** folgt einem ähnlichen Muster wie das Verb **finire**, aber es ist unregelmäßig im Partizip Perfekt und Passato Remoto, und die Schreibweise ändert sich teilweise im Präsens und Konjunktiv Präsens.

IMPERATIV
apparisci / **appari** (tu) apparisca / **appaia** (Lei) appariamo (noi)
apparite (voi) appariscano / **appaiano** (Loro)

PLUSQUAMPERFEKT
ero apparso / a

TRAPASSATO REMOTO
fui apparso / a

FUTUR I
apparirò

FUTUR II
sarò apparso / a

KONDITIONAL I
apparirei

KONDITIONAL II
sarei apparso / a

KONJUNKTIV PRÄSENS
appaia / apparisca
appaia / apparisca
appaia / apparisca
appariamo
appariate
appaiano / appariscano

KONJUNKTIV PERFEKT
sia apparso / a

KONJUNKTIV IMPERFEKT
apparissi

KONJUNKTIV PLUSQUAMPERFEKT
fossi apparso / a

Gli studenti *appaiono* intelligenti.	Die Studenten *scheinen* intelligent zu sein.
Dubito che i cantanti *appaiano* in televisione questa sera.	Ich bezweifele, dass die Sänger heute Abend im Fernsehen *auftreten werden.*
***Apparvero* alla riunione.**	Sie *erschienen* bei dem Treffen.
Giovanni *è scomparso* due giorni fa.	Giovanni *verschwand/starb vor* zwei Tagen.
La luce *traspariva* dalla finestra.	Das Licht *schien* durch das Fenster.

GERUNDIUM	***PARTIZIP PERFEKT***
aprendo	**aperto**

PRÄSENS	***PERFEKT***
apro	ho aperto
VERLAUFSFORM PRÄSENS	***VERLAUFSFORM IMPERFEKT***
sto aprendo	stavo aprendo
IMPERFEKT	***PASSATO REMOTO***
aprivo	aprii / **apersi** apristi aprí / **aperse** aprimmo apriste aprirono / **apersero**

Ähnliche Verben

coprire	decken	**scoprire**	entdecken, aufdecken
offrire	anbieten	**soffrire**	leiden
ricoprire	bedecken		

Anm. **aprire** und ähnliche Verben folgen dem Muster von **dormire** außer im unregelmäßigen Partizip Perfekt und in optionalen Passato Remoto Formen.

IMPERATIV
apri (tu) apra (Lei) apriamo (noi) aprite (voi) aprano (Loro)

PLUSQUAMPERFEKT
avevo aperto

TRAPASSATO REMOTO
ebbi aperto

FUTUR I
aprirò

FUTUR II
avrò aperto

KONDITIONAL I
aprirei

KONDITIONAL II
avrei aperto

KONJUNKTIV PRÄSENS
apra

KONJUNKTIV PERFEKT
abbia aperto

KONJUNKTIV IMPERFEKT
aprissi

KONJUNKTIV PLUSQUAMPERFEKT
avessi aperto

— *Apri* la finestra, per piacere.	— *Öffne* das Fenster, bitte.
— Perché? *Ho* già *aperto* la porta.	— Warum? Ich *habe* schon die Tür *geöffnet*.
— *Copri* il bambino, per piacere.	— *Deck* das Baby zu, bitte.
***Hai scoperto* l'America!**	Ach, bist du aber schlau! (*wörtl.* Du hast Amerika *entdeckt*.)
La neve *ricopriva* la cima delle montagne.	Der Schnee *bedeckte* die Bergspitzen.
Quell'uomo *ha sofferto* tanto.	Der Mann *hat* so viel *gelitten*.
— Gianni ti *ha offerto* da mangiare?	— *Hat* Gianni dir etwas zu Essen *angeboten*?
— Penso che mi *abbia offerto* da mangiare.	— Ich denke, dass er mir etwas zu Essen *angeboten hat*.
— Beh, *io* ti *offrirei* da mangiare e da bere.	— Na ja, ich *würde* dir etwas zu Essen und zu Trinken *anbieten*.

Verben mit unregelmäßigem Partizip Perfekt

GERUNDIUM	*PARTIZIP PERFEKT*
assistendo	**assistito**

PRÄSENS
assisto

PERFEKT
ho assistito

VERLAUFSFORM PRÄSENS
sto assistendo

VERLAUFSFORM IMPERFEKT
stavo assistendo

IMPERFEKT
assistevo

PASSATO REMOTO
assistetti / **assistei**
assistesti
assistette / **assisté**
assistemmo
assisteste
assistettero / **assisterono**

Ähnliche Verben

25A Alle Verben die auf **-istere** enden

***consistere di/in**	bestehen aus	**insistere su**	bestehen auf
esistere	existieren		

Anm. Unregelmäßigkeiten treten nur im Partizip Perfekt und im Passato Remoto auf.

25B Neben den Verben mit **-istere** Endungen gibt es viele andere Verben, die nur im Partizip Perfekt unregelmäßig sind. Diese Verben sind mit **25B** im Verbregister gekennzeichnet.

devolvere	**(devoluto)**	zuwenden, übertragen
esigere	**(esatto)**	verlangen, brauchen
evolvere	**(evoluto)**	entwickeln
flettere	**(flesso)**	biegen
redigere	**(redatto)**	schreiben, zusammenstellen
riflettere	**(riflesso)**	reflektieren
seppellire	**(sepolto)**	begraben [➤6 **finire**]
spandere	**(spanto)**	verteilen, verschütten

IMPERATIV
assisti (tu) assista (Lei) assistiamo (noi) assistete (voi) assistano (Loro)

PLUSQUAMPERFEKT
avevo assistito

TRAPASSATO REMOTO
ebbi assistito

FUTUR I
assisterò

FUTUR II
avrò assistito

KONDITIONAL I
assisterei

KONDITIONAL II
avrei assistito

KONJUNKTIV PRÄSENS
assista

KONJUNKTIV PERFEKT
abbia assistito

KONJUNKTIV IMPERFEKT
assistessi

KONJUNKTIV PLUSQUAMPERFEKT
avessi assistito

***Vi assisterò* come posso.**	Ich *werde* euch *helfen* so gut ich kann.
Giovanni *ha assistito ad* una partita di calcio.	Giovanni *hat* ein Fußballspiel *gesehen*.
Di* che cosa *è consistito?	Woraus *hat* es *bestanden?*
***Insisti* perché lei venga!**	*Besteh* darauf, dass sie kommt!
***Ho insistito sulla* necessità di leggere il libro prima di vedere il film.**	Ich *habe* auf der Notwendigkeit bestanden, erst das Buch zu lesen und dann den Film zu sehen.

GERUNDIUM
assumendo

PARTIZIP PERFEKT
assunto

PRÄSENS
ho assunto

PRÄSENS PERFEKT
assumo

VERLAUFSFORM PRÄSENS
sto assumendo

VERLAUFSFORM IMPERFEKT
stavo assumendo

IMPERFEKT
assumevo

PASSATO REMOTO
assunsi
assumesti
assunse
assumemmo
assumeste
assunsero

Ähnliche Verben

desumere	schließen, folgern, annehmen
presumere	annehmen, vermuten

Anm. Unregelmäßigkeiten treten nur auf:

- im Passato Remoto
- im Partizip Perfekt

IMPERATIV
assumi (tu) assuma (Lei) assumiamo (noi) assumete (voi) assumino (Loro)

PLUSQUAMPERFEKT
avevo assunto

TRAPASSATO REMOTO
ebbi assunto

FUTUR I
assumerò

FUTUR II
avrò assunto

KONDITIONAL I
assumerei

KONDITIONAL II
avrei assunto

KONJUNKTIV PRÄSENS
assuma

KONJUNKTIV PERFEKT
abbia assunto

KONJUNKTIV IMPERFEKT
assumessi

KONJUNKTIV PLUSQUAMPERFEKT
avessi assunto

Assunse **un'aria da innocente.**	*Er hat* eine Unschuldsmiene *aufgesetzt.*
Da quanto mi dite *desumo* che siete rientrati tardi ieri sera.	Nach dem, was ihr mir erzählt, *nehme* ich *an*, dass ihr gestern Abend spät nach Hause gekommen seid.
Presumevo **che Stefano fosse ricco.**	Ich *nahm an*, dass Stefano reich war.
Presume **troppo dalle sue forze.**	Er *verlässt sich* zu sehr auf seine Stärke.

GERUNDIUM	*PARTIZIP PERFEKT*
avendo	avuto

PRÄSENS	*PERFEKT*
ho	ho avuto
hai	
ha	
abbiamo	
avete	
hanno	

VERLAUFSFORM PRÄSENS	*VERLAUFSFORM IMPERFEKT*
sto avendo	stavo avendo

IMPERFEKT	*PASSATO REMOTO*
avevo	**ebbi**
avevi	avesti
aveva	**ebbe**
avevamo	avemmo
avevate	aveste
avevano	**ebbero**

Anm. **avere** ist beides, ein Vollverb — das »haben«, »besitzen«, »verfügen« bedeutet — und ein Hilfsverb. Als Hilfsverb wird es benutzt, um zusammengesetzte Zeitformen bestimmter Verben [➤1b und 1c] zu bilden.

***Ho* un fratello e due sorelle.**	Ich *habe* einen Bruder und zwei Schwestern.
***Ho* ventidue anni.**	Ich *bin* zweiundzwanzig Jahre alt. (*wörtl.* Ich *habe* zweiundzwanzig Jahre.)
***Ho* due paia di scarpe.**	Ich *habe* zwei Paar Schuhe.

IMPERATIV
abbi (tu) **abbia** (Lei) abbiamo (noi) **abbiate** (voi) **abbiano** (Loro)

PLUSQUAMPERFEKT
avevo avuto

TRAPASSATO REMOTO
ebbi avuto

FUTUR I
avrò

FUTUR II
avrò avuto

KONDITIONAL I
avrei

KONDITIONAL II
avrei avuto

KONJUNKTIV PRÄSENS
abbia
abbia
abbia
abbiamo
abbiate
abbiano

KONJUNKTIV PERFEKT
abbia avuto

KONJUNKTIV IMPERFEKT
avessi

KONJUNKTIV PLUSQUAMPERFEKT
avessi avuto

— Dubito che Carlo *abbia spedito* quella lettera.	— Ich bezweifele, dass Carlo don Brief ab*geschickt hat*.
— Penso che *tu abbia ragione.*	— Ich glaube, du *hast Recht.*
— Comunque *ha detto* che viene domani.	— Er *hat* aber *gesagt*, dass er morgen kommt.
— *Avremo tempo a* convincerlo allora.	— Wir *werden* dann *Zeit haben*, ihn zu überzeugen.
— *Hai intenzione di* spiegargli tutto?	— *Beabsichtigst* du, ihm alles zu erklären?
— *Ho paura di* dirgli la verità.	— Ich *habe Angst,* ihm die Wahrheit zu sagen.
— Ma non *aveva il diritto di* agire così.	— Aber *er hatte* kein *Recht,* sich so zu benehmen.

GERUNDIUM
cadendo

PARTIZIP PERFEKT
caduto

PRÄSENS
cado

PRÄSENS PERFEKT
sono caduto / a

VERLAUFSFORM PRÄSENS
sto cadendo

VERLAUFSFORM IMPERFEKT
stavo cadendo

IIMPERFEKT
cadevo

PASSATO REMOTO
caddi
cadesti
cadde
cademmo
cadeste
caddero

Ähnliche Verben

***accadere** passieren
***ricadere** wieder fallen
***scadere** fällig sein, ablaufen

Anm. Unregelmäßigkeiten treten nur auf:

- im Passato Remoto
- im Futurstamm

IMPERATIV
cadi (tu) cada (Lei) cadiamo (noi) cadete (voi) cadano (Loro)

PLUSQUAMPERFEKT
ero caduto / a

TRAPASSATO REMOTO
fui caduto / a

FUTUR I
cadrò

FUTUR II
sarò caduto / a

KONDITIONAL I
cadrei

KONDITIONAL II
sarei caduto / a

KONJUNKTIV PRÄSENS
cada

KONJUNKTIV PERFEKT
sia caduto / a

KONJUNKTIV IMPERFEKT
cadessi

KONJUNKTIV PLUSQUAMPERFEKT
fossi caduto / a

I prezzi *cadevano* rapidamente.	Die Preise *fielen* schnell.
Gli *sono caduti* i capelli.	Seine Haare *sind ausgefallen.*
— Cosa *è accaduto?*	— Was *ist passiert?*
— Ho paura che Chiara *sia ricaduta*.	— Ich fürchte, dass Chiara *wieder gefallen ist.*
Ho paura che la fattura *scada* domani.	Ich fürchte, dass die Rechnung morgen *fällig ist.*

GERUNDIUM	***PARTIZIP PERFEKT***
chiedendo	**chiesto**

PRÄSENS
chiedo

PERFEKT
ho chiesto

VERLAUFSFORM PRÄSENS
sto chiedendo

VERLAUFSFORM IMPERFEKT
stavo chiedendo

IMPERFEKT
chiedevo

PASSATO REMOTO
chiesi
chiedesti
chiese
chiedemmo
chiedeste
chiesero

Ähnliches Verb

richiedere bitten, verlangen, beantragen

Anm. Unregelmäßigkeiten treten nur auf:

- im Passato Remoto
- im Partizip Perfekt

IMPERATIV
chiedi (tu) chieda (Lei) chiediamo (noi) chiedete (voi) chiedano (Loro)

PLUSQUAMPERFEKT
avevo chiesto

TRAPASSATO REMOTO
ebbi chiesto

FUTUR I
chiederò

FUTUR II
avrò chiesto

KONDITIONAL I
chiederei

KONDITIONAL II
avrei chiesto

KONJUNKTIV PRÄSENS
chieda

KONJUNKTIV PERFEKT
abbia chiesto

KONJUNKTIV IMPERFEKT
chiedessi

KONJUNKTIV PLUSQUAMPERFEKT
avessi chiesto

Cosa *ha chiesto* Luigi?	Was *hat* Luigi *gefragt?*
Mi *chiese* di uscire con loro.	Er *lud* mich ein, mit ihnen auszugehen.
***Chiederò* al professore domani.**	Ich *werde* den Lehrer morgen *fragen.*
Ho paura che Carlo *abbia richiesto* l'impossibile.	Ich fürchte, dass Carlo das Unmögliche *verlangt hat.*

GERUNDIUM	***PARTIZIP PERFEKT***
chiudendo	**chiuso**

PRÄSENS
chiudo

PERFEKT
ho chiuso

VERLAUFSFORM PRÄSENS
sto chiudendo

VERLAUFSFORM IMPERFEKT
stavo chiudendo

IMPERFEKT
chiudevo

PASSATO REMOTO
chiusi
chiudesti
chiuse
chiudemmo
chiudeste
chiusero

Ähnliche Verben

dischiudere	bekannt machen, öffnen
racchiudere	enthalten, andeuten
richiudere	wieder schließen
rinchiudere	einschließen, verschließen
schiudere	öffnen, aufschließen
socchiudere	halb verschließen, offen lassen

Anm. Unregelmäßigkeiten treten nur auf:

- im Passato Remoto
- im Partizip Perfekt

IMPERATIV
chiudi (tu) chiuda (Lei) chiudiamo (noi) chiudete (voi) chiudano (Loro)

PLUSQUAMPERFEKT
avevo chiuso

TRAPASSATO REMOTO
ebbi chiuso

FUTUR I
chiuderò

FUTUR II
avrò chiuso

KONDITIONAL I
chiuderei

KONDITIONAL II
avrei chiuso

KONJUNKTIV PRÄSENS
chiuda

KONJUNKTIV PERFEKT
abbia chiuso

KONJUNKTIV IMPERFEKT
chiudessi

KONJUNKTIV PLUSQUAMPERFEKT
avessi chiuso

Ho paura che Antonio *abbia chiuso* a chiave.	Ich fürchte, dass Antonio (mit einem Schlüssel) *abgeschlossen hat.*
Cosa *ha chiuso?*	Was *hat* er *verschlossen?*
***Socchiuse* la porta.**	*Er hat* die Tür *halb geschlossen.*
***Chiuderei* alle otto.**	*Ich würde* um acht *schließen.*
Quella domanda *racchiude* già la risposta.	Die Frage *deutet* schon die Antwort an.
Elena *fu rinchiusa* nella casa.	Elena *wurde* im Haus *eingeschlossen.*

-iere Verben

GERUNDIUM	*PARTIZIP PERFEKT*
cogliendo	**colto**

PRÄSENS
colgo
cogli
coglie
cogliamo
cogliete
colgono

PERFEKT
ho colto

VERLAUFSFORM PRÄSENS
sto cogliendo

VERLAUFSFORM IMPERFEKT
stavo cogliendo

IMPERFEKT
coglievo

PASSATO REMOTO
colsi
cogliesti
colse
cogliemmo
coglieste
colsero

Ähnliche Verben

accogliere	begrüßen
disciogliere	auflösen
distogliere	abbringen, ablenken
prescegliere	wählen, auswählen, aussuchen
raccogliere	sammeln, aussuchen
scegliere	wählen
sciogliere	aufbinden, auflösen
togliere	entfernen

Anm. Unregelmäßigkeiten treten nur auf:

- im Präsens und Konjunktiv
- im Passato Remoto
- im Partizip Perfekt

IMPERATIV
cogli (tu) **colga** (Lei) **cogliamo** (noi) cogliete (voi) colgano (Loro)

PLUSQUAMPERFEKT
avevo colto

TRAPASSATO REMOTO
ebbi colto

FUTUR I
coglierò

FUTUR II
avrò colto

KONDITIONAL I
coglierei

KONDITIONAL II
avrei colto

KONJUNKTIV PRÄSENS
colga
colga
colga
cogliamo
cogliate
colgano

KONJUNKTIV PERFEKT
abbia colto

KONJUNKTIV IMPERFEKT
cogliessi

KONJUNKTIV PLUSQUAMPERFEKT
avessi colto

***Colgono* i fiori.**	Sie *pflücken* Blumen.
Lo *colsi* sul fatto.	Ich *erwischte* ihn auf frischer Tat.
Anna *sciolse* la corda.	Anna *band/knotete* das Seil *auf.*
— Aspetta, ti *sciolgo* subito.	— Warte, ich *werde* dich sofort *los-binden.*
— Quale camicia *scegliete?*	— Welches Hemd *sucht ihr aus*?
— *Scegliamo* quella blu.	— Wir *nehmen* das blaue.
— Io *avrei scelto* quella rossa!	— Ich *hätte* das rote *ausgesucht!*
— Adesso non sappiamo quale *scegliere*!	— Jetzt wissen wir nicht, welches wir *nehmen sollen*!

GERUNDIUM comprimendo	***PARTIZIP PERFEKT*** **compresso**
PRÄSENS comprimo	***PERFEKT*** ho compresso
VERLAUFSFORM PRÄSENS sto comprimendo	***VERLAUFSFORM IMPERFEKT*** stavo comprimendo
IMPERFEKT comprimevo	***PASSATO REMOTO*** **compressi** comprimesti **compresse** comprimemmo comprimeste **compressero**

Ähnliche Verben

deprimere	deprimieren	***imprimersi**	beeindruckt bleiben
***deprimersi**	deprimiert werden	**opprimere**	unterdrücken
esprimere	ausdrücken	**reprimere**	zurück drängen
imprimere	beeindrucken, stempeln	**sopprimere**	abschaffen, ausschließen, unterdrücken

Anm. Unregelmäßigkeiten treten nur auf:

- im Passato Remoto
- im Partizip Perfekt

La macchina l'*ha compresso.*	Die Maschine *hat* es*komprimiert.*
Vorrei *esprimerti* quanto siamo grati.	Ich möchte dir *sagen*, wie dankbar wir sind.

IMPERATIV

comprimi (tu)	comprima (Lei)	comprimiamo (noi)
comprimete (voi)	comprimano (Loro)	

PLUSQUAMPERFEKT
avevo compresso

TRAPASSATO REMOTO
ebbi compresso

FUTUR I
comprimerò

FUTUR II
avrò compresso

KONDITIONAL I
comprimerei

KONDITIONAL II
avrei compresso

KONJUNKTIV PRÄSENS
comprima

KONJUNKTIV PERFEKT
abbia compresso

KONJUNKTIV IMPERFEKT
comprimessi

KONJUNKTIV PLUSQUAMPERFEKT
avessi compresso

Il governo *soppresse* il giornale.	Die Regierung *schaffte* die Zeitung *ab.*
L'avvocato *ha soppresso* quella clausola.	Der Rechtsanwalt *hat* die Klausel *ausgeschlossen.*
Questo tempo lo *deprime.*	Dieses Wetter *deprimiert* ihn.
Laura *si è* tanto *depressa* oggi.	Laura *war* heute so *deprimiert.*
Il tiranno *oppresse* il popolo.	Der Tyrann *unterdrückte* das Volk.
***Ha impresso* un timbro sul foglio.**	Er *hat* einen Stempel auf das Papier *gedrückt.*
Le sue parole *si impressero* nella sua mente.	Seine Worte *hinterließen* bei ihr Eindruck.

GERUNDIUM	*PARTIZIP PERFEKT*
concedendo	**concesso** / conceduto

PRÄSENS
concedo

PERFEKT
ho concesso

VERLAUFSFORM PRÄSENS
sto concedendo

VERLAUFSFORM IMPERFEKT
stavo concedendo

IMPERFEKT
concedevo

PASSATO REMOTO
concessi / concedei / concedetti
concedesti
concesse / concedé / concedette
concedemmo
concedeste
concessero/ concederono / concedettero

Ähnliche Verben

***accedere** sich begeben
***succedere** geschehen, nachfolgen

Anm. Unregelmäßigkeiten treten nur auf:

- im Passato Remoto
- im Partizip Perfekt

IMPERATIV

concedi (tu)	conceda (Lei)	concediamo (noi)
concedete (voi)	concedano (Loro)	

PLUSQUAMPERFEKT
avevo concesso

TRAPASSATO REMOTO
ebbi concesso

FUTUR I
concederò

FUTUR II
avrò concesso

KONDITIONAL I
concederei

KONDITIONAL II
avrei concesso

KONJUNKTIV PRÄSENS
conceda

KONJUNKTIV PERFEKT
abbia concesso

KONJUNKTIV IMPERFEKT
concedessi

KONJUNKTIV PLUSQUAMPERFEKT
avessi concesso

— Cosa ti è *successo*?	— Was ist mit dir *passiert*?
— Non mi è *successo* niente.	— Nichts ist mir *passiert*.
— *Concedi* tutto?	— *Gibst* du alles *auf*?
— *Concederei* tutto per amore.	— Ich *würde* alles für die Liebe *aufgeben*.

GERUNDIUM	***PARTIZIP PERFEKT***
conoscendo	conos**ci**uto

PRÄSENS
conosco

PERFEKT
ho conosciuto

VERLAUFSFORM PRÄSENS
sto conoscendo

VERLAUFSFORM IMPERFEKT
stavo conoscendo

IMPERFEKT
conoscevo

PASSATO REMOTO
conobbi
conoscesti
conobbe
conoscemmo
conosceste
conobbero

Ähnliches Verb

riconoscere erkennen

Anm. Unregelmäßigkeiten treten nur auf:

- im Passato Remoto
- als orthographische Veränderung im Partizip Perfekt [➤11c(v)]

IMPERATIV

conosci (tu)	conosca (Lei)	conosciamo (noi)
conoscete (voi)	conoscano (Loro)	

PLUSQUAMPERFEKT
avevo conosciuto

TRAPASSATO REMOTO
ebbi conosciuto

FUTUR I
conoscerò

FUTUR II
avrò conosciuto

KONDITIONAL I
conoscerei

KONDITIONAL II
avrei conosciuto

KONJUNKTIV PRÄSENS
conosca

KONJUNKTIV PERFEKT
abbia conosciuto

KONJUNKTIV IMPERFEKT
conoscessi

KONJUNKTIV PLUSQUAMPERFEKT
avessi conosciuto

— *Conosci* Roma?	— *Kennst* du Rom?
— *Conosco* Roma molto bene.	— Ich *kenne* Rom sehr gut.
— *Conoscevo* una vecchia signora a Roma.	— Ich *kannte* eine alte Frau in Rom.
— Non so se la signora abiti ancora a Roma.	— Ich weiß nicht, ob die Frau noch in Rom wohnt.

GERUNDIUM	*PARTIZIP PERFEKT*
correndo	**corso**

PRÄSENS
corro

PERFEKT
ho corso / sono corso/a

VERLAUFSFORM PRÄSENS
sto correndo

VERLAUFSFORM IMPERFEKT
stavo correndo

IMPERFEKT
correvo

PASSATO REMOTO
corsi
corresti
corse
corremmo
correste
corsero

Ähnliche Verben

†accorrere	laufen, eilen
†discorrere	sprechen, diskutieren
†incorrere	erleiden
†occorrere	nötig sein (unpers.)
†percorrere	bedecken, mitgehen, absuchen, durchfahren
†ricorrere	sich zuwenden
†scorrere	fließen
†soccorrere	helfen
†trascorrere	verbringen (Zeit)

Anm. Unregelmäßigkeiten treten nur auf:

- im Passato Remoto
- im Partizip Perfekt

Wenn **correre** transitiv ist, werden die zusammengesetzten Zeitformen mit **avere** gebildet, ansonsten mit **essere**.

IMPERATIV
corri (tu) corra (Lei) corriamo (noi) correte (voi) corrano (Loro)

PLUSQUAMPERFEKT avevo corso / ero corso/a	***TRAPASSATO REMOTO*** ebbi corso / fui corso/a
FUTUR I correrò	***FUTUR II*** avrò corso / sarò corso/a
KONDITIONAL I correrei	***KONDITIONAL II*** avrei corso / sarei corso/a
KONJUNKTIV PRÄSENS corra	***KONJUNKTIV PERFEKT*** abbia corso / sia corso/a
KONJUNKTIV IMPERFEKT corressi	***KONJUNKTIV PLUSQUAMPERFEKT*** avessi corso / fossi corso/a

Ho paura che Antonia *sia corsa* troppo velocemente.	Ich fürchte, dass Antonia zu schnell *gelaufen ist.*
***Corri* ad avvisarlo!**	*Lauf,* um ihn zu warnen!
La strada *corre* lungo il fiume.	Die Straße *führt* am Fluss entlang.
Il fiume *scorre* vicino alla casa.	Der Fluss *fließt* in der Nähe des Hauses.
***Corrono* voci poco rassicuranti sul tuo conto.**	Da *laufen* einige beunruhigende Gerüchte über dich.
***Abbiamo percorso* tutti gli Stati Uniti.**	Wir *haben* die ganzen Vereinigten Staaten *durchfahren.*
La polizia *percorse* la città in cerca dei ladri.	Die Polizei *suchte* die Stadt nach den Dieben *ab.*
Ne *discorreremo* dopo cena.	Wir *werden* nach dem Essen darüber *sprechen.*

GERUNDIUM	*PARTIZIP PERFEKT*
crescendo	cresciuto

PRÄSENS
cresco

VERLAUFSFORM PRÄSENS
sto crescendo

IMPERFEKT
crescevo

PERFEKT
sono cresciuto / a

VERLAUFSFORM IMPERFEKT
stavo crescendo

PASSATO REMOTO
crebbi
crescesti
crebbe
crescemmo
cresceste
crebbero

Ähnliche Verben

***accrescere** erhöhen, erweitern
***decrescere** abnehmen, fallen
***rincrescere** bedauern, leid tun (unpers.)

Anm. Unregelmäßigkeiten treten nur auf:

- im Passato Remoto
- als orthographische Veränderung im Partizip Perfekt [➤11c(v)]

IMPERATIV
cresci (tu) cresca (Lei) cresciamo (noi) crescete (voi) crescano (Loro)

PLUSQUAMPERFEKT
ero cresciuto / a

TRAPASSATO REMOTO
fui cresciuto / a

FUTUR I
crescerò

FUTUR II
sarò cresciuto / a

KONDITIONAL I
crescerei

KONDITIONAL II
sarei cresciuto / a

KONJUNKTIV PRÄSENS
cresca

KONJUNKTIV PERFEKT
sia cresciuto / a

KONJUNKTIV IMPERFEKT
crescessi

KONJUNKTIV PLUSQUAMPERFEKT
fossi cresciuto / a

I miei capelli non *crescono* molto.	Meine Haare *wachsen* nicht schnell.
Antonio è *cresciuto* molto!	Antonio *ist* sehr *gewachsen!*
L'albero è *cresciuto* poco.	Der Baum *ist* sehr wenig *gewachsen.*
Antonella è *cresciuta* in Sardegna.	Antonella *ist* in Sardinien *aufgewachsen.*
I prezzi non *decrescono* mai!	Die Preise *fallen* nie!
***Le rincresce* di non potervi aiutare.**	Sie *bedauert,* euch nicht helfen zu können.
***Ti rincrescerebbe* aprire la porta?**	*Könntest* du bitte die Tür öffnen?

GERUNDIUM	*PARTIZIP PERFEKT*
cocendo	**cotto**

PRÄSENS
cuocio
cuoci
cuoce
cociamo
cocete
cuociono

PERFEKT
ho cotto

VERLAUFSFORM PRÄSENS
sto cuocendo / cocendo

VERLAUFSFORM IMPERFEKT
stavo cuocendo / cocendo

IMPERFEKT
cocevo

PASSATO REMOTO
cossi
cocesti
cosse
cocemmo
coceste
cossero

Anm. Unregelmäßigkeiten treten nur auf:

- im Präsens und Konjunktiv Präsens
- im Passato Remoto
- im Partizip Perfekt
- im Gerundium

IMPERATIV
cuoci (tu) **cuocia** (Lei) **cociamo** (noi) **cocete** (voi) cuociano (Loro)

PLUSQUAMPERFEKT
avevo cotto

TRAPASSATO REMOTO
ebbi cotto

FUTUR I
cocerò

FUTUR II
avrò cotto

KONDITIONAL I
cocerei

KONDITIONAL II
avrei cotto

KONJUNKTIV PRÄSENS
cuocia
cuocia
cuocia
cociamo
cociate
cuociano

KONJUNKTIV PERFEKT
abbia cotto

KONJUNKTIV IMPERFEKT
cocessi

KONJUNKTIV PLUSQUAMPERFEKT
avessi cotto

— Che cosa *hai cotto?*	— Was *hast* du *gekocht?*
— Il sugo *è cotto,* ma *sto* ancora *cocendo* la pasta.	— Die Soße *ist fertig*, aber ich *koche* noch die Pasta.
— Ma questa pasta *è stracotta!*	— Aber diese Pasta *ist überkocht*.

GERUNDIUM	*PARTIZIP PERFEKT*
dando	dato

PRÄSENS
do
dai
dà
diamo
date
danno

PERFEKT
ho dato

VERLAUFSFORM PRÄSENS
sto dando

VERLAUFSFORM IMPERFEKT
stavo dando

IMPERFEKT
davo

PASSATO REMOTO
diedi / detti
desti
diede / dette
demmo
deste
diedero / dettero

Anm. Unregelmäßigkeiten treten nur auf:

- im Präsens und in den Konjunktiv Formen
- im Passato Remoto
- im Futurstamm

IMPERATIV
da' / dai (tu) **dia** (Lei) diamo (noi) date (voi) **dàno** (Loro)

PLUSQUAMPERFEKT
avevo dato

TRAPASSATO REMOTO
ebbi dato

FUTUR I
darò

FUTUR II
avrò dato

KONDITIONAL I
darei

KONDITIONAL II
avrei dato

KONJUNKTIV PRÄSENS
dia
dia
dia
diamo
diate
diano

KONJUNKTIV PERFEKT
abbia dato

KONJUNKTIV IMPERFEKT
dessi

KONJUNKTIV PLUSQUAMPERFEKT
avessi dato

— *Dammi* un po' di pane, per favore.	— *Gib* mir etwas Brot, bitte.
— Ma, ti *ho* già *dato* il pane.	— Aber ich *habe* dir das Brot schon *gegeben*.
— Io te ne *darei* senza tante storie!	— Ich *würde* dir davon ohne viele Umstände geben.
— Va bene, te lo *do*, basta che stai zitto.	— In Ordnung. Ich *werde* es dir *geben*, solange du ruhig bleibst.

GERUNDIUM
decidendo

PARTIZIP PERFEKT
deciso

PRÄSENS
decido

PERFEKT
ho deciso

VERLAUFSFORM PRÄSENS
sto decidendo

VERLAUFSFORM IMPERFEKT
stavo decidendo

IMPERFEKT
decidevo

PASSATO REMOTO
decisi
decidesti
decise
decidemmo
decideste
decisero

Ähnliche Verben

coincidere übereinstimmen
incidere schneiden, schnitzen
recidere abschneiden

Anm. Unregelmäßigkeiten treten nur auf:

- im Passato Remoto
- im Partizip Perfekt

IMPERATIV
decidi (tu) decida (Lei) decidiamo (noi) decidete (voi) decidano (Loro)

PLUSQUAMPERFEKT
avevo deciso

TRAPASSATO REMOTO
ebbi deciso

FUTUR I
deciderò

FUTUR II
avrò deciso

KONDITIONAL I
deciderei

KONDITIONAL II
avrei deciso

KONJUNKTIV PRÄSENS
decida

KONJUNKTIV PERFEKT
abbia deciso

KONJUNKTIV IMPERFEKT
decidessi

KONJUNKTIV PLUSQUAMPERFEKT
avessi deciso

Dubito che Marco *abbia* già *deciso*.	Ich bezweifele, dass Marco *sich* schon *entschieden hat*.
Cosa *ha deciso* Carla?	Was *hat* Carla *entschieden?*
***Decise* di partire subito.**	Er *entschied,* sofort abzureisen.
***Decisi* sul rosso.**	Ich *entschied* mich für das rote.
***Incise* il nome di Maria sull'albero.**	Er *schnitzte* Marias Namen in den Baum.
***Incisi* un disco molti anni fa.**	Ich *nahm* vor vielen Jahren eine Platte *auf.*

GERUNDIUM dirigendo	*PARTIZIP PERFEKT* **diretto**

PRÄSENS
dirigo

PERFEKT
ho diretto

VERLAUFSFORM PRÄSENS
sto dirigendo

VERLAUFSFORM IMPERFEKT
stavo dirigendo

IMPERFEKT
dirigevo

PASSATO REMOTO
diressi
dirigesti
diresse
dirigemmo
dirigeste
diressero

Ähnliche Verben

***dirigersi** sich wenden, sich richten
erigere aufstellen

Anm. Unregelmäßigkeiten treten nur auf:

- im Passato Remoto
- im Partizip Perfekt

IMPERATIV
dirigi (tu) diriga (Lei) dirigiamo (noi) dirigete (voi) dirigano (Loro)

PLUSQUAMPERFEKT
avevo diretto

TRAPASSATO REMOTO
ebbi diretto

FUTUR I
dirigerò

FUTUR II
avrò diretto

KONDITIONAL I
dirigerei

KONDITIONAL II
avrei diretto

KONJUNKTIV PRÄSENS
diriga

KONJUNKTIV PERFEKT
abbia diretto

KONJUNKTIV IMPERFEKT
dirigessi

KONJUNKTIV PLUSQUAMPERFEKT
avessi diretto

Diresse **la nave verso il porto.**	Er *lenkte* das Schiff in den Hafen.
La nave *era diretta* a Livorno.	Das Schiff *steuerte Richtung* Livorno.
La lettera *era diretta* a mio padre.	Der Brief *war* an meinen Vater *adressiert.*
Ho diretto **lo sguardo verso il mare.**	Ich *habe* meinen Blick zum Meer *gewendet.*
Lucia *dirige* un'orchestra.	Lucia *dirigiert* ein Orchester.
Mio padre *dirige* una grande società.	Mein Vater *leitet* eine große Firma.
Eresse **un gran monumento.**	Er *errichtete* ein großes Denkmal.
Si diresse **verso il paese.**	Er *ging Richtung* Dorf.

GERUNDIUM	***PAST PARTICIPLE***
discutendo	**discusso**

PRÄSENS
discuto

PERFEKT
ho discusso

VERLAUFSFORM PRÄSENS
sto discutendo

VERLAUFSFORM IMPERFEKT
stavo discutendo

IMPERFEKT
discutevo

PASSATO REMOTO
discussi / discutéi
discutesti
discusse / discuté
discutemmo
discuteste
discussero / discuterono

Ähnliches Verb

incutere einflößen

Anm. Unregelmäßigkeiten treten nur auf:

- im Passato Remoto
- im Partizip Perfekt

IMPERATIV
discuti (tu) discuta (Lei) discutiamo (noi) discutete (voi) discutano (Loro)

PLUSQUAMPERFEKT
avevo discusso

TRAPASSATO REMOTO
ebbi discusso

FUTUR I
discuterò

FUTUR II
avrò discusso

KONDITIONAL I
discuterei

KONDITIONAL II
avrei discusso

KONJUNKTIV PRÄSENS
discuta

KONJUNKTIV PERFEKT
abbia discusso

KONJUNKTIV IMPERFEKT
discutessi

KONJUNKTIV PLUSQUAMPERFEKT
avessi discusso

— Ho paura che Carlo *abbia discusso* il problema con Carla.	Ich fürchte, dass Carlo das Problem mit Carla *diskutiert hat.*
— Cosa *hanno discusso* Carlo e Carla?	— Worüber *haben* Carlo und Carla *diskutiert?*
— *Discussero* l'inquinamento.	— Sie *diskutierten* über die Umweltverschmutzung.
***Discuterò* il tema domani.**	Ich *werde* das Thema morgen *diskutieren.*
***Incusse* terrore nell'anima di Giovanni.**	Er *versetzte* Giovanni in Schrecken.

GERUNDIUM distinguendo	***PARTIZIP PERFEKT*** **distinto**

PRÄSENS
distinguo

VERLAUFSFORM PRÄSENS
sto distinguendo

IMPERFEKT
distinguevo

PERFEKT
ho distinto

VERLAUFSFORM IMPERFEKT
stavo distinguendo

PASSATO REMOTO
distinsi
distinguesti
distinse
distinguemmo
distingueste
distinsero

Ähnliches Verb

estinguere auslöschen

Anm. Unregelmäßigkeiten treten nur auf:

- im Passato Remoto
- im Partizip Perfekt

IMPERATIV

distingui (tu)	distingua (Lei)	distinguiamo (noi)
distinguete (voi)	distinguano (Loro)	

PLUSQUAMPERFEKT
avevo distinto

TRAPASSATO REMOTO
ebbi distinto

FUTUR I
distinguerò

FUTUR II
avrò distinto

KONDITIONAL I
distinguerei

KONDITIONAL II
avrei distinto

KONJUNKTIV PRÄSENS
distingua

KONJUNKTIV PERFEKT
abbia distinto

KONJUNKTIV IMPERFEKT
distinguessi

KONJUNKTIV PLUSQUAMPERFEKT
avessi distinto

Al telefono non *distinguo* la tua voce da quella di tua madre.	Am Telefon *unterscheide* ich nicht zwischen deiner Stimme und der deiner Mutter.
Non riuscivo a *distinguere* chi c'era.	Ich konnte nicht richtig *erkennen*, wer da war.
I vigili del fuoco *estinsero* le fiamme.	Die Feuerwehr *löschte* die Flammen.
***Distinse* un uomo all'orizzonte.**	Er *sah* einen Mann am Horizont.

GERUNDIUM	*PARTIZIP PERFEKT*
dividendo	**diviso**

PRÄSENS
divido

VERLAUFSFORM PRÄSENS
sto dividendo

IMPERFEKT
dividevo

PERFEKT
ho diviso

VERLAUFSFORM IMPERFEKT
stavo dividendo

PASSATO REMOTO
divisi
dividesti
divise
dividemmo
divideste
divisero

Ähnliche Verben

condividere	teilen
dividersi	sich teilen, spalten

Anm. Unregelmäßigkeiten treten nur auf:

- im Passato Remoto
- im Partizip Perfekt

IMPERATIV
dividi (tu) divida (Lei) dividiamo (noi) dividete (voi) dividano (Loro)

PLUSQUAMPERFEKT
avevo diviso

TRAPASSATO REMOTO
ebbi diviso

FUTUR I
dividerò

FUTUR II
avrò diviso

KONDITIONAL I
dividerei

KONDITIONAL II
avrei diviso

KONJUNKTIV PRÄSENS
divida

KONJUNKTIV PERFEKT
abbia diviso

KONJUNKTIV IMPERFEKT
dividessi

KONJUNKTIV PLUSQUAMPERFEKT
avessi diviso

***Dividete* la torta fra di voi!**	*Teilt* euch den Kuchen (unter euch).
Il marmo si *divise* in tre parti.	Der Marmor *brach* in drei Teile.
Il Po *si divide* alla foce.	Der Po *teilt sich* an seiner Mündung.
Le lotte interne *dividono* il partito.	Interne Streitereien spalten die Partei.
I bambini *condividevano* le caramelle.	Die Kinder *teilten sich* die Bonbons.

GERUNDIUM
dolendo

PARTIZIP PERFEKT
doluto

PRÄSENS
dolgo
duoli
duole
doliamo / dogliamo
dolete
dolgono

PERFEKT
sono doluto / a

VERLAUFSFORM PRÄSENS
sto dolendo

VERLAUFSFORM IMPERFEKT
stavo dolendo

IMPERFEKT
dolevo

PASSATO REMOTO
dolsi
dolesti
dolse
dolemmo
doleste
dolsero

Ähnliches Verb

***condolersi** mitfühlen, Beileid aussprechen

Anm. Unregelmäßigkeiten treten nur auf:

- im Präsens und Konjunktiv
- im Passato Remoto
- im Futurstamm

IMPERATIV
duoli (tu) dolga (Lei) dogliamo / doliamo (noi) dolete (voi) dolgano (Loro)

PLUSQUAMPERFEKT
ero doluto / a

TRAPASSATO REMOTO
fui doluto / a

FUTUR I
dorrò

FUTUR II
sarò doluto / a

KONDITIONAL I
dorrei

KONDITIONAL II
sarei doluto / a

KONJUNKTIV PRÄSENS
dolga
dolga
dolga
doliamo / dogliamo
doliate / dogliate
dolgano

KONJUNKTIV PERFEKT
sia doluto / a

KONJUNKTIV IMPERFEKT
dolessi

KONJUNKTIV PLUSQUAMPERFEKT
fossi doluto / a

— Mi *duole* molto la testa.	— Mein Kopf *tut* sehr *weh*.
— Mi dispiace che ti *dolga* tanto.	— Es tut mir Leid, dass er dir so *weh tut*.
***Si condolsero* con lui.**	Sie *fühlten* mit ihm.

GERUNDIUM	***PARTIZIP PERFEKT***
dovendo	dovuto

PRÄSENS
devo / debbo
devi
deve
dobbiamo
dovete
devono / debbono

PRÄSENS PERFEKT
ho dovuto / sono dovuto / a

VERLAUFSFORM PRÄSENS
sto dovendo

VERLAUFSFORM IMPERFEKT
stavo dovendo

IMPERFEKT
dovevo

PASSATO REMOTO
dovei / dovetti

Anm. Es gibt keinen Imperativ.
Unregelmäßigkeiten treten nur auf:

- im Präsens und Konjunktiv
- im Futurstamm

dovere benutzt **avere** oder **essere,** je nachdem, welche Form der abhängige Infinitiv benutzt. Im Sprachgebrauch wird allerdings oft **avere** benutzt, wenn die Betonung auf Verpflichtung liegt.

PLUSQUAMPERFEKT	***TRAPASSATO REMOTO***
avevo dovuto / ero dovuto / a	ebbi dovuto / fui dovuto / a
FUTUR I	***FUTUR II***
dovrò	**avrò dovuto / sarò dovuto / a**
KONDITIONAL I	***KONDITIONAL II***
dovrei	**avrei dovuto / sarei dovuto / a**
KONJUNKTIV PRÄSENS	***KONJUNKTIV PERFEKT***
deva / debba **deva / debba** **deva / debba** **dobbiamo** **dobbiate** **devano / debbano**	abbia dovuto / sia dovuto / a
KONJUNKTIV IMPERFEKT	***KONJUNKTIV PLUSQUAMPERFEKT***
dovessi	ebbi dovuto / fossi dovuto / a

***Devono* essere le otto.**	Es *muss* acht Uhr sein.
Il treno *deve* arrivare tra poco.	Der Zug *muss* bald ankommen.
***Avrei dovuto* parlare con la mamma prima di partire.**	Ich *hätte* mit meiner Mutter *sprechen sollen*, bevor ich wegging.
***Dovrei* tornare a casa ora.**	Ich *sollte* jetzt nach Hause gehen.
Antonio *è dovuto* andare a casa presto.	Antonio *musste* früh nach Hause gehen.

GERUNDIUM	***PARTIZIP PERFEKT***
espellendo	**espulso**

PRÄSENS
espello

PERFEKT
ho espulso

VERLAUFSFORM PRÄSENS
sto espellendo

VERLAUFSFORM IMPERFEKT
stavo espellendo

IMPERFEKT
espellevo

PASSATO REMOTO
espulsi
espellesti
espulse
espellemmo
espelleste
espulsero

Anm. Unregelmäßigkeiten treten nur auf:

- im Passato Remoto
- im Partizip Perfekt

IMPERATIV
espelli (tu) espella (Lei) espelliamo (noi) espellete (voi) espellano (Loro)

PLUSQUAMPERFEKT avevo espulso	***TRAPASSATO REMOTO*** ebbi espulso
FUTUR I espellerò	***FUTUR II*** avrò espulso
KONDITIONAL I espellerei	***KONDITIONAL II*** avrei espulso
KONJUNKTIV PRÄSENS espella	***KONJUNKTIV PERFEKT*** abbia espulso
KONJUNKTIV IMPERFEKT espellessi	***KONJUNKTIV PLUSQUAMPERFEKT*** avessi espulso

—*Hanno espulso* quel ragazzo?	—*Haben* sie den Jungen von der Schule *verwiesen*?
—*Fu espulso* dalla scuola ieri.	—Er *wurde* gestern von der Schule *verwiesen*.
—Io l'*avrei espulso* l'anno scorso!	—Ich *hätte* ihn letztes Jahr *verwiesen*.
—Sì, ma non è facile *espellere* alunni.	—Ja, aber es ist nicht leicht, Schüler zu *verweisen*.

GERUNDIUM esplodendo	***PARTIZIP PERFEKT*** **esploso**
PRÄSENS esplodo	***PERFEKT*** sono esploso / a
VERLAUFSFORM PRÄSENS sto esplodendo	***VERLAUFSFORM IMPERFEKT*** stavo esplodendo
IMPERFEKT esplodevo	***PASSATO REMOTO*** **esplosi** esplodesti **esplose** esplodemmo esplodeste **esplosero**

Ähnliche Verben

ardere brennen
corrodere korrodieren
rodere nagen

Anm. Unregelmäßigkeiten treten nur auf:

- im Passato Remoto
- im Partizip Perfekt

IMPERATIV
esplodi (tu) esploda (Lei) esplodiamo (noi) esplodete (voi) esplodano (Loro)

PLUSQUAMPERFEKT	***TRAPASSATO REMOTO***
ero esploso	fui esploso / a
FUTUR I	***FUTUR II***
esploderò	sarò esploso / a
KONDITIONAL I	***KONDITIONAL II***
esploderei	sarei esploso / a
KONJUNKTIV PRÄSENS	***KONJUNKTIV PERFEKT***
esploda	sia esploso / a
KONJUNKTIV IMPERFEKT	***KONJUNKTIV PLUSQUAMPERFEKT***
esplodessi	fossi esploso / a

— La bomba *sarà esplosa* al mercato.	— Die Bombe *muss* am Markt *explodiert sein.*
— No, è *esplosa* nel negozio.	— Nein, sie *ist* im Geschäft *explodiert.*
Poi la sua ira *esplose.*	Dann *explodierte* er vor Wut.
***Ardevano* i lumi.**	Die Lichter *brannten.*
Il sole *ha arso* la terra.	Die Sonne *hat* den Boden *verbrannt.*
I topi *hanno roso* il libro.	Die Mäuse *haben* am Buch *genagt.*
***Esplosi* in una risata.**	Ich *brach* in Gelächter *aus.*

GERUNDIUM	*PARTIZIP PERFEKT*
essendo	**stato**

PRÄSENS	*PERFEKT*
sono	sono stato / a
sei	sei stato / a
è	è stato / a
siamo	siamo stati / e
siete	siete stati / e
sono	sono stati / e

VERLAUFSFORM PRÄSENS	*VERLAUFSFORM IMPERFEKT*
sto	stavo

IMPERFEKT	*PASSATO REMOTO*
ero	**fui**
eri	**fosti**
era	**fu**
eravamo	**fummo**
eravate	**foste**
erano	**furono**

Anm. Es ist wichtig, dass Sie alle Zeiten von **essere** lernen, weil es in so vielen zusammengesetzten Zeitformen benutzt wird.

IMPERATIV
sii (tu) **sia** (Lei) **siamo** (noi) **siate** (voi) **siano** (Loro)

PLUSQUAMPERFEKT
ero stato

TRAPASSATO REMOTO
fui stato / a

FUTUR I
sarò

FUTUR II
sarò stato / a

KONDITIONAL I
sarei

KONDITIONAL II
sarei stato / a

KONJUNKTIV PRÄSENS
sia
sia
sia
siamo
siate
siano

KONJUNKTIV PERFEKT
sia stato / a

KONJUNKTIV IMPERFEKT
fossi
fossi
fosse
fossimo
foste
fossero

KONJUNKTIV PLUSQUAMPERFEKT
fossi stato / a

Oggi *è* difficile trovare lavoro.	Heutzutage *ist* es schwierig, Arbeit zu finden.
— Cosa c'*è*?	— Was *ist* los?
— *Sono* disoccupata.	— Ich *bin* arbeitslos.
— *Sarà* più facile in un'altra città?	— *Wäre* es einfacher in einer anderen Stadt?
— Non credo che *sia* così facile.	— Ich glaube nicht, dass es so einfach *ist*.
— *Sei* sempre così pessimista?	— *Bist* du immer so ein Pessimist?

GERUNDIUM evadendo	***PARTIZIP PERFEKT*** **evaso**
PRÄSENS evado	***PERFEKT*** sono evaso / a
VERLAUFSFORM PRÄSENS sto evadendo	***VERLAUFSFORM IMPERFEKT*** stavo evadendo
IMPERFEKT evadevo	***PASSATO REMOTO*** **evasi** evadesti **evase** evademmo evadeste **evasero**

Ähnliches Verb

invadere eindringen

Anm. Unregelmäßigkeiten treten nur auf:

- im Passato Remoto
- im Partizip Perfekt

IMPERATIV
evadi (tu) evada (Lei) evadiamo (noi) evadete (voi) evadano (Loro)

PLUSQUAMPERFEKT
ero evaso

TRAPASSATO REMOTO
fui evaso / a

FUTUR I
evaderò

FUTUR II
sarò evaso / a

KONDITIONAL I
evaderei

KONDITIONAL II
sarei evaso / a

KONJUNKTIV PRÄSENS
evada

KONJUNKTIV PERFEKT
sia evaso / a

KONJUNKTIV IMPERFEKT
evadessi

KONJUNKTIV PLUSQUAMPERFEKT
fossi evaso / a

Ho paura che l'uomo *sia* già *evaso* dalla prigione.	Ich fürchte, dass der Mann aus dem Gefängnis *entkommen ist.*
Purtroppo i ladri *evasero*.	Leider *entkamen* die Diebe.
Le erbacce *invasero* il mio giardino.	Mein Garten *war* voller Unkraut.
Il fiume *invase* i campi.	Der Fluss *überflutete* die Felder.
Hanno *invaso* il campo.	Sie *sind* in das Feld *eingedrungen.*

GERUNDIUM	***PARTIZIP PERFEKT***
fondendo	**fuso**

PRÄSENS
fondo

PERFEKT
ho fuso

VERLAUFSFORM PRÄSENS
sto fondendo

VERLAUFSFORM IMPERFEKT
stavo fondendo

IMPERFEKT
fondevo

PASSATO REMOTO
fusi
fondesti
fuse
fondemmo
fondeste
fusero

Ähnliche Verben

diffondere	austeilen, verbreiten, ausstrahlen
infondere	einflößen
profondere	verschwenden
***profondersi in**	sich ergehen

Anm. Unregelmäßigkeiten treten nur auf:

- im Passato Remoto
- im Partizip Perfekt

IMPERATIV
fondi (tu) fonda (Lei) fondiamo (noi) fondete (voi) fondano (Loro)

PLUSQUAMPERFEKT
avevo fuso

TRAPASSATO REMOTO
ebbi fuso

FUTUR I
fonderò

FUTUR II
avrò fuso

KONDITIONAL I
fonderei

KONDITIONAL II
avrei fuso

KONJUNKTIV PRÄSENS
fonda

KONJUNKTIV PERFEKT
abbia fuso

KONJUNKTIV IMPERFEKT
fondessi

KONJUNKTIV PLUSQUAMPERFEKT
avessi fuso

Il vetraio *ha fuso* il vetro nella fornace.	Der Glasmacher *hat* das Glas im Schmelzofen *geschmolzen.*
L'artista *fuse* i due colori.	Der Künstler *mischte* die zwei Farben.
La notizia *è stata diffusa* per radio.	Die Nachricht *wurde* durch das Radio *verbreitet.*
Claudio *ha infuso* il coraggio a Luigi.	Claudio *flößte* Luigi Mut *ein.*
Antonio *profuse il* denaro in divertimenti.	Antonio *verschwendete* das Geld mit Vergnügungen.
La signora *si profondeva* sempre in lodi.	Die Frau *war* immer *überschwänglich* mit ihrem Lob.

GERUNDIUM	*PARTIZIP PERFEKT*
giacendo	**giaciuto**

PRÄSENS
giaccio
giaci
giace
giacciamo / giaciamo
giacete
giacciono

PERFEKT
sono giaciuto / a

VERLAUFSFORM PRÄSENS
sto giacendo

VERLAUFSFORM IMPERFEKT
stavo giacendo

IMPERFEKT
giacevo

PASSATO REMOTO
giacqui
giacesti
giacque
giacemmo
giaceste
giacquero

Anm. Das Verb **giacere** wird fast ausschließlich in der Schriftsprache benutzt. Aus stilistischen Gründen findet man auch manchmal die Konjugation mit **avere**.

Unregelmäßigkeiten treten nur auf:

- im Präsens und Konjunktiv
- im Passato Remoto
- mit der Einfügung des **-i** im Partizip Perfekt

IMPERATIV

giaci (tu)	**giaccia** (Lei)	**giacciamo** / giaciamo (noi)
giacete (voi)	**giacciano** (Loro)	

PLUSQUAMPERFEKT
ero giaciuto / a

TRAPASSATO REMOTO
fui giaciuto

FUTUR I
giacerò

FUTUR II
sarò giaciuto

KONDITIONAL I
giacerei

KONDITIONAL II
sarei giaciuto

KONJUNKTIV PRÄSENS
giaccia

KONJUNKTIV PERFEKT
sia giaciuto

KONJUNKTIV IMPERFEKT
giacessi

KONJUNKTIV PLUSQUAMPERFEKT
fossi giaciuto

— *Giacque* sulla spiaggia.	— Fr *lag* am Strand.
— *Giacevano* sull'erba quando siamo arrivati.	— Sie *lagen* im Gras, als wir ankamen.
— *Giacerei* al sole tutta la giornata!	— Ich *würde* den ganzen Tag in der Sonne *liegen!*

GERUNDIUM	***PARTIZIP PERFEKT***
giungendo	**giunto**

PRÄSENS
giungo

PERFEKT
sono giunto / a

VERLAUFSFORM PRÄSENS
sto giungendo

VERLAUFSFORM IMPERFEKT
stavo giungendo

IMPERFEKT
giungevo

PASSATO REMOTO
giunsi
giungesti
giunse
giungemmo
giungeste
giunsero

Ähnliche Verben

aggiungere	hinzufügen
congiungere	verbinden, passen
disgiungere	trennen
raggiungere	einholen, erreichen, erlangen
soggiungere	hinzufügen

Anm. Unregelmäßigkeiten treten nur auf:

- im Passato Remoto
- im Partizip Perfekt

IMPERATIV
giungi (tu) giunga (Lei) giungiamo (noi) giungete (voi) giungano (Loro)

PLUSQUAMPERFEKT
ero giunto / a

TRAPASSATO REMOTO
fui giunto / a

FUTUR I
giungerò

FUTUR II
sarò giunto / a

KONDITIONAL I
giungerei

KONDITIONAL II
sarei giunto / a

KONJUNKTIV PRÄSENS
giunga

KONJUNKTIV PERFEKT
sia giunto / a

KONJUNKTIV IMPERFEKT
giungessi

KONJUNKTIV PLUSQUAMPERFEKT
fossi giunto / a

***Giunsi* in Italia all'inizio di giugno.**	Ich *kam* Anfang Juni in Italien *an.*
Nessun suono *giungeva* al mio orecchio.	Kein Geräusch *erreichte* meine Ohren.
Dopo aver parlato a lungo del problema, *siamo giunti* alla conclusione che non valeva la pena querelare.	Nachdem wir über das Problem lange gesprochen hatten, kamen wir zu dem Schluss, dass es sich nicht lohnte, zu klagen.
Il nonno *è giunto* all'età di novant'anni.	Opa *hat* das Alter von neunzig *erreicht.*
Va' avanti, ti *raggiungo* presto.	Geh weiter, ich *hole* dich bald *ein.*
Il prezzo *raggiunge* i tre milioni di lire.	Der Preis *stieg auf* drei Millionen Lire.
***Congiunsero* le mani per pregare.**	Sie *falteten* ihre Hände zum Beten.

GERUNDIUM	*PARTIZIP PERFEKT*
leggendo	**letto**

PRÄSENS
leggo

PERFEKT
ho letto

VERLAUFSFORM PRÄSENS
sto leggendo

VERLAUFSFORM IMPERFEKT
stavo leggendo

IMPERFEKT
leggevo

PASSATO REMOTO
lessi
leggesti
lesse
leggemmo
leggeste
lessero

Ähnliches Verb

eleggere wählen

Anm. Unregelmäßigkeiten treten nur auf:

- im Passato Remoto
- im Partizip Perfekt

IMPERATIV
leggi (tu) legga (Lei) leggiamo (noi) leggete (voi) leggano (Loro)

PLUSQUAMPERFEKT
avevo letto

TRAPASSATO REMOTO
ebbi letto

FUTUR I
leggerò

FUTUR II
avrò letto

KONDITIONAL I
leggerei

KONDITIONAL II
avrei letto

KONJUNKTIV PRÄSENS
legga

KONJUNKTIV PERFEKT
abbia letto

KONJUNKTIV IMPERFEKT
leggessi

KONJUNKTIV PLUSQUAMPERFEKT
avessi letto

Lo *leggo* nei tuoi occhi.	Ich *kann* es in deinen Augen *lesen*.
***Legga* attentamente questa lettera.**	*Lesen* Sie diesen Brief aufmerksam.
La *lesse* a voce alta.	Er *las* ihn (den Brief) laut.
Sa *leggere* la musica *a prima vista*.	Er kann Musik *vom Blatt lesen*.
***Ho letto* fra le righe.**	Ich *habe* zwischen den Zeilen *gelesen*.
Quando non riuscivo a dormire, *leggevo*.	Wenn ich nicht schlafen konnte, *habe* ich *gelesen*.
È stato *eletto* ieri.	Er *wurde* gestern *gewählt*.

GERUNDIUM	***PARTIZIP PERFEKT***
mettendo	**messo**

PRÄSENS	***PERFEKT***
metto	ho messo
VERLAUFSFORM PRÄSENS	***VERLAUFSFORM IMPERFEKT***
sto mettendo	stavo mettendo
IMPERFEKT	***PASSATO REMOTO***
mettevo	**misi** mettesti **mise** mettemmo metteste **misero**

Ähnliche Verben

ammettere	zulassen, zugeben	**permettere**	erlauben
commettere	begehen	**promettere**	versprechen
compromettere	kompromittieren	**rimettere**	ersetzen
emettere	ausstrahlen	**scommettere**	wetten
frammettere	dazwischen legen	**smettere**	aufhören
immettere	einführen	**trasmettere**	übertragen
omettere	auslassen		

Anm. Unregelmäßigkeiten treten nur auf:

- im Passato Remoto
- im Partizip Perfekt

***Abbiamo messo* il riscaldamento centrale.**	Wir *haben* Zentralheizung *einbauen lassen.*
***Mise* il fazzoletto in tasca.**	Er *steckte* das Taschentuch in die Tasche.

IMPERATIV
metti (tu) metta (Lei) mettiamo (noi) mettete (voi) mettano (Loro)

PLUSQUAMPERFEKT avevo messo	***TRAPASSATO REMOTO*** ebbi messo
FUTUR I metterò	***FUTUR II*** avrò messo
KONDITIONAL I metterei	***KONDITIONAL II*** avrei messo
KONJUNKTIV PRÄSENS metta	***KONJUNKTIV PERFEKT*** abbia messo
KONJUNKTIV IMPERFEKT mettessi	***KONJUNKTIV PLUSQUAMPERFEKT*** avessi messo

Dubito che *abbia messo* da parte quei soldi.	Ich bezweifele, dass er das Geld zur Seite *gelegt hat.*
***Ho messo* la tavola all'asta.**	Ich *habe* den Tisch *versteigern lassen.*
***Ha messo* indietro l'orologio.**	Er *hat* seine Uhr *zurückgedreht.*
Quanto tempo *ci hai messo* a farlo?	Wie viel Zeit hat es dich gekostet, das zu *tun*?
***Ammettiamo* pure che tu abbia ragione.**	*Angenommen*, du hast Recht.
Luigi *emise* un grido forte.	Luigi *stieß* einen lauten Schrei *aus.*
Mi *promise* un bel regalo!	Er *versprach* mir ein schönes Geschenk.
***Ho smesso* di fumare!**	Ich *habe aufgehört* zu rauchen!
***Scommetto* che non lo sa!**	Ich *wette*, dass er es nicht weiß!
***Trasmettevo* alla radio ogni domenica pomeriggio.**	Ich *hatte* jeden Sonntagnachmittag eine Sendung im Radio.

GERUNDIUM	***PARTIZIP PERFEKT***
mordendo	**morso**

PRÄSENS
mordo

VERLAUFSFORM PRÄSENS
sto mordendo

IMPERFEKT
mordevo

PERFEKT
ho morso

VERLAUFSFORM IMPERFEKT
stavo mordendo

PASSATO REMOTO
morsi
mordesti
morse
mordemmo
mordeste
morsero

Ähnliche Verben

***mordersi**	sich beißen
rimordere	zurückbeißen, reuen (unpers.)

Anm. Unregelmäßigkeiten treten nur auf:

- im Passato Remoto
- im Partizip Perfekt

IMPERATIV
mordi (tu) morda (Lei) mordiamo (noi) mordete (voi) mordano (Loro)

PLUSQUAMPERFEKT
avevo morso

TRAPASSATO REMOTO
ebbi morso

FUTUR I
morderò

FUTUR II
avrò morso

KONDITIONAL I
morderei

KONDITIONAL II
avrei morso

KONJUNKTIV PRÄSENS
morda

KONJUNKTIV PERFEKT
abbia morso

KONJUNKTIV IMPERFEKT
mordessi

KONJUNKTIV PLUSQUAMPERFEKT
avessi morso

Il cane mi *ha morso* il braccio.	Der Hund *hat* mich in den Arm *gebissen*.
Pulci e zanzare *mordono*.	Flöhe und Moskitos *stechen* (*wörtl.* beißen).
Sentiva un vento gelido *mordergli* il viso.	Er fühlte einen eisigen Wind im Gesicht.
***Mordeva* il freno.**	Er *ballte* die Faust in der Tasche.
***Morsero* la polvere.**	Sie *bissen* ins Gras (*wörtl.* in den Staub).
***Mi sono morsa* la lingua.**	Ich *biss* mir auf die Zunge.
***Mi sarei morsa* la lingua.**	Ich *hätte* mich ohrfeigen (*wörtl.* auf die Zunge beißen) können.
***Gli rimorse* la coscienza.**	Er hatte Gewissensbisse.

GERUNDIUM	*PARTIZIP PERFEKT*
morendo	**morto**

PRÄSENS
muoio
muori
muore
moriamo
morite
muoiono

PERFEKT
sono morto / a

VERLAUFSFORM PRÄSENS
sto morendo

VERLAUFSFORM IMPERFEKT
stavo morendo

IMPERFEKT
morivo

PASSATO REMOTO
morii

Anm. Unregelmäßigkeiten treten nur auf:

- im Präsens und Konjunktiv
- im Partizip Perfekt

IMPERATIV
muori (tu) **muoia** (Lei) moriamo (noi) morite (voi) **muoiano** (Loro)

PLUSQUAMPERFEKT
ero morto / a

TRAPASSATO REMOTO
fui morto / a

FUTUR I
morrò / morirò

FUTUR II
sarò morto / a

KONDITIONAL I
morrei / morirei

KONDITIONAL II
sarei morto / a

KONJUNKTIV PRÄSENS
muoia
muoia
muoia
moriamo
moriate
muoiano

KONJUNKTIV PERFEKT
sia morto / a

KONJUNKTIV IMPERFEKT
morissi

KONJUNKTIV PLUSQUAMPERFEKT
fossi morto / a

— *Muoio* dal caldo!
Ich *sterbe* vor Hitze!

— Dubito che *tu muoia* dal caldo!
— Ich bezweifele, dass du vor Hitze *sterben wirst!*

Dopo una giornata di lavoro, sono stanca *morta!*
Nach einem Arbeitstag bin ich *totmüde!*

GERUNDIUM nascendo	***PARTIZIP PERFEKT*** **nato**
PRÄSENS nasco	***PERFEKT*** sono nato / a
VERLAUFSFORM PRÄSENS sto nascendo	***VERLAUFSFORM IMPERFEKT*** stavo nascendo
IMPERFEKT nascevo	***PASSATO REMOTO*** **nacqui** nascesti **nacque** nascemmo nasceste **nacquero**

Ähnliches Verb

rinascere wiedergeboren sein

Anm. Unregelmäßigkeiten treten nur auf:

- im Passato Remoto
- im Partizip Perfekt

IMPERATIV
nasci (tu) nasca (Lei) nasciamo (noi) nascete (voi) nascano (Loro)

PLUSQUAMPERFEKT ero nato / a	***TRAPASSATO REMOTO*** fui nato / a
FUTUR I nascerò	***FUTUR II*** sarò nato / a
KONDITIONAL I nascerei	***KONDITIONAL II*** sarei nato / a
KONJUNKTIV PRÄSENS nasca	***KONJUNKTIV PERFEKT*** sia nato / a
KONJUNKTIV IMPERFEKT nascessi	***KONJUNKTIV PLUSQUAMPERFEKT*** fossi nato / a

La bambina è *nata* stamattina.	Das Baby/kleine Mädchen *wurde* heute Morgen *geboren.*
Il morto *era nato* ottantatré anni fa.	Der Verstorbene *wurde* vor dreiundachtzig Jahren *geboren.*
Boccaccio *nacque* secoli fa.	Boccaccio *wurde* vor Jahrhunderten *geboren.*
Deve ancora *nascere* chi saprà risolvere tali problemi.	Der Mann, der solche Probleme lösen kann, *muss* noch *geboren* werden.
Mi sento *rinascere*.	Ich fühle mich *wie neu geboren.*
Quando lo rividi, mi *rinacque* l'odio.	Als ich ihn sah, *kamen* meine Hassgefühle wieder *hoch.*
Gli *nascono* i denti.	Er *bekommt* Zähne.
Il Po *nasce* dal Monviso.	Der Po *entspringt* am Monviso.

GERUNDIUM	*PAST PARTICIPLE*
parendo	**parso**

PRÄSENS
paio
pari
pare
paiamo
parete
paiono

PERFEKT
sono parso / a

VERLAUFSFORM PRÄSENS
sto parendo

VERLAUFSFORM IMPERFEKT
stavo parendo

IMPERFEKT
parevo

PASSATO REMOTO
parvi
paresti
parve
paremmo
pareste
parvero

Anm. Das Verb **parere** wird meistens unpersönlich gebraucht und ist folglich selten, außer in der 3. Person. Daneben gibt es keinen Imperativ.

Unregelmäßigkeiten treten nur auf:

- im Präsens und Konjunktiv
- im Futurstamm
- im Passato Remoto
- im Partizip Perfekt

Es gibt auch einige Ähnlichkeiten mit dem Verb **apparire** [➤23].

PLUSQUAMPERFEKT
ero parso / a

TRAPASSATO REMOTO
fui parso / a

FUTUR I
parrò

FUTUR II
sarò parso / a

KONDITIONAL I
parrei

KONDITIONAL II
sarei parso / a

KONJUNKTIV PRÄSENS
paia
paia
paia
paiamo
pariate
paiano

KONJUNKTIV PERFEKT
sia parso / a

KONJUNKTIV IMPERFEKT
paressi

KONJUNKTIV PLUSQUAMPERFEKT
fossi parso / a

Mi *pare* importante.	Es *scheint* mir wichtig.
Non mi *pareva* semplice.	Es *schien* mir nicht einfach.
Gli *paiono* grandi.	Sie *schienen* ihm groß.

GERUNDIUM perdendo	***PARTIZIP PERFEKT*** **perso** / perduto
PRÄSENS perdo	***PERFEKT*** ho perso
VERLAUFSFORM PRÄSENS sto perdendo	***VERLAUFSFORM IMPERFEKT*** stavo perdendo
IMPERFEKT perdevo	***PASSATO REMOTO*** **persi** / perdei / perdetti perdesti **perse** / perdé / perdette perdemmo perdeste **persero** / perderono / perdettero

Ähnliches Verb

*__perdersi__ sich verlieren

Anm. Unregelmäßigkeiten treten nur auf:

- im Passato Remoto
- im Partizip Perfekt (obwohl die Bildung des regelmäßigen Partizip Perfekt möglich ist)

IMPERATIV
perdi (tu) perda (Lei) perdiamo (noi) perdete (voi) perdano (Loro)

PLUSQUAMPERFEKT
avevo perso

TRAPASSATO REMOTO
ebbi perso

FUTUR I
perderò

FUTUR II
avrò perso

KONDITIONAL I
perderei

KONDITIONAL II
avrei perso

KONJUNKTIV PRÄSENS
perda

KONJUNKTIV PERFEKT
abbia perso

KONJUNKTIV IMPERFEKT
perdessi

KONJUNKTIV PLUSQUAMPERFEKT
avessi perso

Ho perso **la penna.**	Ich *habe* den Kugelschreiber *verloren.*
L'*ho persa* ieri.	Ich *habe* ihn (den Kugelschreiber) gestern *verloren.*
Gianna *ha perso* un figlio.	Gianna *hat* einen Sohn *verloren* (durch Tod).
Antonio *ha perso* il treno.	Antonio *hat* den Zug *verpasst.*
Questo secchio *perde* acqua.	Dieser Eimer *verliert* Wasser.
Mi sono perso **a Firenze.**	Ich *habe mich* in Florenz *verlaufen.*
È inutile spiegarmi queste cose. *Mi* ci *perdo*.	Es ist nutzlos, mir diese Sachen zu erklären. Ich *kann* sie nicht *verstehen.*

GERUNDIUM	***PARTIZIP PERFEKT***
persuadendo	**persuaso**

PRÄSENS
persuado

VERLAUFSFORM PRÄSENS
sto persuadendo

IMPERFEKT
persuadevo

PERFEKT
ho persuaso

VERLAUFSFORM IMPERFEKT
stavo persuadendo

PASSATO REMOTO
persuasi
persuadesti
persuase
persuademmo
persuadeste
persuasero

Ähnliches Verb

dissuadere abraten

Anm. Unregelmäßigkeiten treten nur auf:

- im Passato Remoto
- im Partizip Perfekt

IMPERATIV

persuadi (tu)	persuada (Lei)	persuadiamo (noi)
persuadete (voi)	persuadano (Loro)	

PLUSQUAMPERFEKT
avevo persuaso

TRAPASSATO REMOTO
ebbi persuaso

FUTUR I
persuaderò

FUTUR II
avrò persuaso

KONDITIONAL I
persuaderei

KONDITIONAL II
avrei persuaso

KONJUNKTIV PRÄSENS
persuada

KONJUNKTIV PERFEKT
abbia persuaso

KONJUNKTIV IMPERFEKT
persuadessi

KONJUNKTIV PLUSQUAMPERFEKT
avessi persuaso

Ho avuto difficoltà a *persuader*la.	Ich hatte Schwierigkeiten sie zu überzeugen.
Finii per *persuader*la a farlo.	Ich *überzeugte* sie, es endlich zu tun.
La *persuasi* che aveva torto.	Ich *überzeugte* sie, dass sie Unrecht hatte.
L'*ho persuaso* dell'innocenza di Gianni.	Ich *habe* ihn von Giannis Unschuld *überzeugt*.
***Dissuadi*la dal venire!**	*Rate* ihr davon *ab* zu kommen!
Nulla la *dissuaderà* dal provare ancora una volta.	Nichts *wird* sie davon *abhalten*, es noch einmal zu probieren.

GERUNDIUM	*PARTIZIP PERFEKT*
piacendo	**piaciuto**

PRÄSENS	*PERFEKT*
piaccio	sono piaciuto / a
piaci	
piace	**è piaciuto / a**
piacciamo / piaciamo	
piacete	
piacciono	**sono piaciuti / e**

VERLAUFSFORM PRÄSENS	*VERLAUFSFORM IMPERFEKT*
sto piacendo	stavo piacendo

IMPERFEKT	*PASSATO REMOTO*
piacevo	**piacqui**
	piacesti
	piacque
	piacemmo
	piaceste
	piacquero

Ähnliche Verben

***compiacere**	gefällig sein, entgegen kommen
***dispiacere**	missfallen, verstimmen

Anm. Das Verb **piacere** wird meistens unpersönlich benutzt und steht daher auch meistens in der 3. Person Singular oder Plural. Unregelmäßigkeiten treten nur auf:

- im Präsens und Konjunktiv
- im Passato Remoto
- mit der Ergänzung des **i** im Partizip Perfekt

IMPERATIV
piaci (tu) **piaccia** (Lei) piacciamo (noi) piacete (voi) **piacciano** (Loro)

PLUSQUAMPERFEKT
ero piaciuto / a

TRAPASSATO REMOTO
fui piaciuto / a

FUTUR I
piacerò

FUTUR II
sarò piaciuto / a

KONDITIONAL I
piacerei

KONDITIONAL II
sarei piaciuto / a

KONJUNKTIV PRÄSENS
piaccia
piaccia
piaccia
piacciamo / piaciamo
piacciate / piaciate
piacciano

KONJUNKTIV PERFEKT
sia piaciuto / a

KONJUNKTIV IMPERFEKT
piacessi

KONJUNKTIV PLUSQUAMPERFEKT
fossi piaciuto / a

— *Ti piace* la pasta?	— *Magst* du Pasta?
— Sì, molto, e *mi piacciono* soprattutto gli spaghetti.	— Ja sehr, und ich *mag* besonders Spaghetti.
— *Piacciono* anche a Giovanni?	— *Mag* Giovanni sie (Spaghetti) auch?
— So che gli *piacciono di più* i tortellini.	— Ich weiß, dass er Tortellini lieber *mag*.
Mi *dispiace*, ma non posso venire stasera.	Es *tut* mir *Leid*, aber ich kann heute Abend nicht kommen.
L'*ho compiaciuto* nei suoi capricci.	Ich *bin* ihm in seinen Launen *entgegengekommen*.

GERUNDIUM	***PARTIZIP PERFEKT***
piangendo	**pianto**

PRÄSENS
piango

PERFEKT
ho pianto

VERLAUFSFORM PRÄSENS
sto piangendo

VERLAUFSFORM IMPERFEKT
stavo piangendo

IMPERFEKT
piangevo

PASSATO REMOTO
piansi
piangesti
pianse
piangemmo
piangeste
piansero

Ähnliche Verben

compiangere bedauern, mitfühlen
rimpiangere bedauern

Anm. Unregelmäßigkeiten treten nur auf:

- im Passato Remoto
- im Partizip Perfekt

IMPERATIV
piangi (tu) pianga (Lei) piangiamo (noi) piangete (voi) piangano (Loro)

PLUSQUAMPERFEKT
avevo pianto

TRAPASSATO REMOTO
ebbi pianto

FUTUR I
piangerò

FUTUR II
avrò pianto

KONDITIONAL I
piangerei

KONDITIONAL II
avrei pianto

KONJUNKTIV PRÄSENS
pianga

KONJUNKTIV PERFEKT
abbia pianto

KONJUNKTIV IMPERFEKT
piangessi

KONJUNKTIV PLUSQUAMPERFEKT
avessi pianto

Luisa *pianse* dal dolore.	Luisa *weinte* vor Schmerzen.
Mi *piangono* gli occhi per il fumo.	Meine Augen *tränen* wegen des Rauchs.
***Rimpiango* di non esserci andata.**	Ich *bedauere,* nicht gegangen zu sein.
***Compiango* il tuo dolore.**	Ich *fühle* deine Schmerzen *mit.*
***Piansi* di rabbia.**	Ich *weinte* vor Ärger.
***Piange* la giovinezza perduta.**	Er *weint* um seine verlorene Jugend.
Beati quelli che *piangono*.	Seelig sind die, die trauern.
Chi è causa del suo mal, *pianga* se stesso.	Wie man sich bettet, so liegt man.

GERUNDIUM	PARTIZIP PERFEKT
piovendo	piovuto

PRÄSENS
piove
piovono

PERFEKT
ha piovuto / è piovuto / a
hanno piovuto / sono piovuti / e

VERLAUFSFORM PRÄSENS
sta piovendo
stanno piovendo

VERLAUFSFORM IMPERFEKT
stava piovendo
stavano piovendo

IMPERFEKT
pioveva
piovevano

PASSATO REMOTO
piovvi
piovesti
piovve
piovemmo
pioveste
piovvero

Anm. **Piovere** und alle unpersönlichen Verben assoziiert mit Wetterausdrücken benutzen fast gleichwertig entweder **avere** oder **essere**. Außerdem benutzt **piovere essere**, wenn es bildlich für »hereinströmen« oder »unerwartet auftauchen« benutzt wird. Es ist nur im Passato Remoto unregelmäßig.

PLUSQUAMPERFEKT
aveva piovuto / era piovuto / a

TRAPASSATO REMOTO
ebbe piovuto / fu piovuto / a

FUTUR I
pioverà

FUTUR II
avrà piovuto / sarà piovuto / a

KONDITIONAL I
pioverebbe

KONDITIONAL II
avrebbe piovuto / sarebbe piovuto / a

KONJUNKTIV PRÄSENS
piova

KONJUNKTIV PERFEKT
abbia piovuto / sia piovuto / a

KONJUNKTIV IMPERFEKT
piovesse

KONJUNKTIV PLUSQUAMPERFEKT
avesse piovuto / fosse piovuto / a

Ha piovuto./È piovuto.	Es *hat geregnet.*
***Piovve* a catinelle.**	Es *regnete* in Strömen.
Non ci *piove* sopra.	Darüber besteht kein Zweifel.
Le *piovvero* inviti da ogni parte.	Einladungen *regneten* von allen Seiten auf sie nieder.
La luce *pioveva* nella stanza dalla finestra aperta.	Das Licht *strömte* durch das offene Fenster ins Zimmer.

GERUNDIUM	*PARTIZIP PERFEKT*
ponendo	**posto**

PRÄSENS

pongo
poni
pone
poniamo
ponete
pongono

PERFEKT

ho posto

VERLAUFSFORM PRÄSENS

sto ponendo

VERLAUFSFORM IMPERFEKT

stavo ponendo

IMPERFEKT

ponevo

PASSATO REMOTO

posi
ponesti
pose
ponemmo
poneste
posero

Ähnliche Verben

Es gibt viele Zusammensetzungen mit **porre**:

apporre	anbringen, hinzufügen	**opporre**	entgegenstellen
comporre	aufsetzen, wählen (Tel.)	**posporre**	aufschieben
decomporre	zerlegen	**preporre**	davorstellen, vorziehen
disporre	ordnen, anordnen	**presupporre**	voraussetzen
esporre	ausstellen	**proporre**	vorschlagen
frapporre	einfügen	**riporre**	wiedertun
imporre	zwingen zu	**supporre**	annehmen
interporre	dazwischenbringen		

Anm. Unregelmäßigkeiten treten nur auf:

- im Präsens und Konjunktiv
- im Passato Remoto
- im Partizip Perfekt
- im Futurstamm

IMPERATIV

poni (tu) ponga (Lei) poniamo (noi) ponete (voi) pongano (Loro)

PLUSQUAMPERFEKT

avevo posto

TRAPASSATO REMOTO

ebbi posto

FUTUR I

porrò

FUTUR II

avrò posto

KONDITIONAL I

porrei

KONDITIONAL II

avrei posto

KONJUNKTIV PRÄSENS

ponga
ponga
ponga
poniamo
poniate
pongano

KONJUNKTIV PERFEKT

abbia posto

KONJUNKTIV IMPERFEKT

ponessi

KONJUNKTIV PLUSQUAMPERFEKT

avessi posto

—Allora cosa *proponi* tu?	—Also, was *schlägst* du *vor?*
—*Porrel* la sedla qul ed Il divano lì.	—Ich *würde* den Stuhl hierher und das Sofa dorthin *stellen.*
—No, non mi piace così. Perché non *poniamo* la sedia accanto al divano?	—Nein, ich mag es so nicht. Warum *stellen* wir nicht den Stuhl neben das Sofa?
—*Suppongo* che devo spostare anche la televisione.	—Ich *nehme an*, dass ich auch den Fernseher verrücken muss.
Spensierata, *composi* il numero.	Ohne zu denken, *habe* ich die Nummer *gewählt.*
***Esporrò* le mie idee dopodomani.**	Ich *werde* meine Ideen übermorgen *vorstellen/präsentieren.*

GERUNDIUM	***PARTIZIP PERFEKT***
potendo	potuto

PRÄSENS
posso
puoi
può
possiamo
potete
possono

PERFEKT
ho potuto / sono potuto/a

VERLAUFSFORM PRÄSENS
sto potendo

VERLAUFSFORM IMPERFEKT
stavo potendo

IMPERFEKT
potevo

PASSATO REMOTO
potei

Anm. Das Verb **potere** ist ein oft gebrauchtes Hilfsverb. Es ist wichtig zwischen **potere** und **sapere** zu unterscheiden, die beide mit »können« übersetzt werden können. Das Verb **potere** bezeichnet die körperliche Fähigkeit, **sapere** [➤78] dagegen das Wissen, wie etwas gemacht wird.

Unregelmäßigkeiten treten nur auf:

- im Präsens und Konjunktiv
- im Passato Remoto
- im Futurstamm

Der Imperativ wird nie gebraucht.

PLUSQUAMPERFEKT	***TRAPASSATO REMOTO***
avevo potuto / ero potuto / a	ebbi potuto / fui potuto / a
FUTUR I	***FUTUR II***
potrò	avrò potuto / sarò potuto / a
KONDITIONAL I	***KONDITIONAL II***
potrei	avrei potuto / sarei potuto / a
KONJUNKTIV PRÄSENS	***KONJUNKTIV PERFEKT***
possa **possa** **possa** **possiamo** **possiate** **possano**	abbia potuto / sia potuto / a
KONJUNKTIV IMPERFEKT	***KONJUNKTIV PLUSQUAMPERFEKT***
potessi	avessi potuto / fossi potuto / a

— Mi dispiace, non *posso* andare in città.	— Es tut mir Leid, ich *kann* nicht in die Stadt gehen.
— Ma mi hai detto che *potevi* venire!	— Aber du hast gesagt, dass du kommen *könntest!*
— Nemmeno Carlo *è potuto* venire.	— Carlo *konnte* auch nicht kommen.
— *Avresti potuto* dirmelo prima!	— Du *hättest es* mir vorher sagen *können.*

Anm. In den letzten zwei Beispielen hängt das Hilfsverb nicht von **potere** sondern vom Infinitiv ab. Bei **è potuto / a venire** ist das Hilfsverb also **essere**, da **venire essere** benutzt; Im letzten Satz steht **avere**, weil **dire avere** benutzt.

GERUNDIUM	***PARTIZIP PERFEKT***
prendendo	**preso**

PRÄSENS	***PERFEKT***
prendo	ho preso
VERLAUFSFORM PRÄSENS	***VERLAUFSFORM IMPERFEKT***
sto prendendo	stavo prendendo
IMPERFEKT	***PASSATO REMOTO***
prendevo	**presi** prendesti **prese** prendemmo prendeste **presero**

Ähnliche Verben

apprendere	lernen	**intraprendere**	unternehmen
comprendere	verstehen, bestehen aus	**sorprendere**	überraschen, erwischen

Anm. Unregelmäßigkeiten treten nur auf:

- im Passato Remoto
- im Partizip Perfekt

***Hanno preso* il ladro.**	Sie *haben* den Dieb *gefangen.*
***Prendo* lezioni d'italiano.**	Ich *nehme* Italienischstunden.
Lo *presi* per il collo.	Ich *packte* ihn am Genick.
***Fu preso* dalla paura.**	Er *wurde* von Angst *gepackt.*
Ho preso* un appartamento *in affitto.	Ich *habe* eine Wohnung *gemietet.*
Tu mi *sorprendi* spesso!	Du *überraschst* mich oft!
Devi andare a *prendere* la zia.	Du musst die Tante *abholen.*

IMPERATIV
prendi (tu) prenda (Lei) prendiamo (noi) prendete (voi) prendano (Loro)

PLUSQUAMPERFEKT
avevo preso

TRAPASSATO REMOTO
ebbi preso

FUTUR I
prenderò

FUTUR II
avrò preso

KONDITIONAL I
prenderei

KONDITIONAL II
avrei preso

KONJUNKTIV PRÄSENS
prenda

KONJUNKTIV PERFEKT
abbia preso

KONJUNKTIV IMPERFEKT
prendessi

KONJUNKTIV PLUSQUAMPERFEKT
avessi preso

Comprese **il suo errore.**	Er *sah* seine Fehler *ein.*
La casa *comprende* un salotto, due camere, un bagno e una cucina.	Das Haus *hat* ein Wohnzimmer, zwei Schlafzimmer, ein Badezimmer und eine Küche.
Gianni l'*ha sorpreso* mentre fumava.	Gianni *hat* ihn beim Rauchen *erwischt.*
Il ragazzo *le prese* da suo padre.	Der Junge *wurde* von seinem Vater *geschlagen.*
Prende **sempre brutti voti.**	Er *bekommt* immer schlechte Zensuren.
Quanto *prendi* al mese?	Wie viel *verdienst* du im Monat?
Per chi mi *prendi?*	Für wen *hältst* du mich?
Che ti *prende?*	Was *ist* mit dir los?
Non *prendertela!*	*Ärgere dich* nicht!
Se l'*è presa* a cuore.	Er *hat* es sich zu Herzen *genommen.*

GERUNDIUM	*PARTIZIP PERFEKT*
proteggendo	**protetto**

PRÄSENS
proteggo

VERLAUFSFORM PRÄSENS
sto proteggendo

IMPERFEKT
proteggevo

PERFEKT
ho protetto

VERLAUFSFORM IMPERFEKT
stavo proteggendo

PASSATO REMOTO
protessi
proteggesti
protesse
proteggemmo
proteggeste
protessero

Anm. Unregelmäßigkeiten treten nur auf:

- im Passato Remoto
- im Partizip Perfekt

IMPERATIV

proteggi (tu)	protegga (Lei)	proteggiamo (noi)
proteggete (voi)	proteggano (Loro)	

PLUSQUAMPERFEKT
avevo protetto

TRAPASSATO REMOTO
ebbi protetto

FUTUR I
proteggerò

FUTUR II
avrò protetto

KONDITIONAL I
proteggerei

KONDITIONAL II
avrei protetto

KONJUNKTIV PRÄSENS
protegga

KONJUNKTIV PERFEKT
abbia protetto

KONJUNKTIV IMPERFEKT
proteggessi

KONJUNKTIV PLUSQUAMPERFEKT
avessi protetto

Quest'ombrello ti *proteggerà* dalla pioggia.	Dieser Schirm *wird* dich vor Regen *schützen.*
Il cane *protesse* la casa.	Der Hund *schützte* das Haus.
Un angelo *protegge* il bambino.	Ein Engel *schützt* das Baby.
Che Dio ti *protegga!*	Möge Gott dich *beschützen!*
La fortuna *protegge* gli audaci.	Glück *beschützt* die Mutigen.

GERUNDIUM pungendo	***PARTIZIP PERFEKT*** **punto**
PRÄSENS pungo	***PERFEKT*** ho punto
VERLAUFSFORM PRÄSENS sto pungendo	***VERLAUFSFORM IMPERFEKT*** stavo pungendo
IMPERFEKT pungevo	***PASSATO REMOTO*** **punsi** pungesti **punse** pungemmo pungeste **punsero**

Ähnliche Verben

fungere fungieren (als)
mungere melken
ungere ölen, einfetten, schmieren, salben

Anm. Unregelmäßigkeiten treten nur auf:

- im Passato Remoto
- im Partizip Perfekt

IMPERATIV
pungi (tu) punga (Lei) pungiamo (noi) pungete (voi) pungano (Loro)

PLUSQUAMPERFEKT
avevo punto

TRAPASSATO REMOTO
ebbi punto

FUTUR I
pungerò

FUTUR II
avrò punto

KONDITIONAL I
pungerei

KONDITIONAL II
avrei punto

KONJUNKTIV PRÄSENS
punga

KONJUNKTIV PERFEKT
abbia punto

KONJUNKTIV IMPERFEKT
pungessi

KONJUNKTIV PLUSQUAMPERFEKT
avessi punto

Le rose *pungono*.	Rosen *stechen.*
Le vespe *pungono*.	Wespen *stechen.*
***Mi punsi* la mano.**	Ich *stach* mir/mich in die Hand.
Gli *punge* il desiderio di vederla.	Er *ist* von dem Wunsch besessen, sie zu sehen.
***Fu punto* dal rimorso.**	Er *wurde* von Reue *gequalt.*
Mi *punse* la coscienza.	Mein Gewissen *plagte* mich.
***Munse* la vacca.**	Er *melkte* die Kuh.
***Unsero* le ruote.**	Sie *ölten* die Räder.
L'uomo *funse* da capo.	Der Mann *fungierte* als Leiter.

GERUNDIUM radendo	***PARTIZIP PERFEKT*** **raso**
PRÄSENS rado	***PERFEKT*** ho raso
VERLAUFSFORM PRÄSENS sto radendo	***VERLAUFSFORM IMPERFEKT*** stavo radendo
IMPERFEKT radevo	***PASSATO REMOTO*** **rasi** radesti **rase** rademmo radeste **rasero**

Ähnliches Verb

***radersi** sich rasieren

Anm. Unregelmäßigkeiten treten nur auf:

- im Passato Remoto
- im Partizip Perfekt

IMPERATIV
radi (tu) rada (Lei) radiamo (noi) radete (voi) radano (Loro)

PLUSQUAMPERFEKT
avevo raso

TRAPASSATO REMOTO
ebbi raso

FUTUR I
raderò

FUTUR II
avrò raso

KONDITIONAL I
raderei

KONDITIONAL II
avrei raso

KONJUNKTIV PRÄSENS
rada

KONJUNKTIV PERFEKT
abbia raso

KONJUNKTIV IMPERFEKT
radessi

KONJUNKTIV PLUSQUAMPERFEKT
avessi raso

Mi *ha raso* male.	Er *hat* mich schlecht *rasiert*.
La città *fu rasa* al suolo.	Die Stadt *wurde* vollständig *zerstört*.
***Rase* la superficie dell'acqua.**	Es *streifte* die Wasseroberfläche.
***Mi rado* ogni mattina.**	Ich *rasiere mich* jeden Morgen.

GERUNDIUM reggendo	***PARTIZIP PERFEKT*** **retto**
PRÄSENS reggo	***PERFEKT*** ho retto
VERLAUFSFORM PRÄSENS sto reggendo	***VERLAUFSFORM IMPERFEKT*** stavo reggendo
IMPERFEKT reggevo	***PASSATO REMOTO*** **ressi** reggesti **resse** reggemmo reggeste **ressero**

Ähnliche Verben

correggere korrigieren
sorreggere unterstützen, stützen

Anm. Unregelmäßigkeiten treten nur auf:

- im Passato Remoto
- im Partizip Perfekt

IMPERATIV
reggi (tu) regga (Lei) reggiamo (noi) reggete (voi) reggano (Loro)

PLUSQUAMPERFEKT avevo retto	***TRAPASSATO REMOTO*** ebbi retto
FUTUR I reggerò	***FUTUR II*** avrò retto
KONDITIONAL I reggerei	***KONDITIONAL II*** avrei retto
KONJUNKTIV PRÄSENS regga	***KONJUNKTIV PERFEKT*** abbia retto
KONJUNKTIV IMPERFEKT reggessi	***KONJUNKTIV PLUSQUAMPERFEKT*** avessi retto

Regge **il governo.**	Er *ist der Regierungschef.*
Le gambe non mi ***reggono.***	Ich *kann* mich kaum auf den Beinen *halten.*
Quella corda non lo ***reggerà.***	Das Seil *wird* ihn nicht *halten.*
La mensola non ***reggerà*** **quei libri.**	Das Regal *wird* diese Bücher nicht *tragen.*
Non ***reggo*** **il vino.**	Ich *vertrage* den Wein nicht.
Questo materiale ***regge il fuoco.***	Dieser Stoff *ist feuerfest.*
Non ***reggo*** **più.**	Ich *halte* es nicht *aus.*
Hai corretto **i compiti?**	*Hast* du die Hausarbeiten *korrigiert?*
Correggerò **il tuo caffè col cognac.**	Ich *werde* Cognac in deinen Kaffee *tun.*
I genitori ***hanno sorretto*** **il bambino.**	Die Eltern *haben* das Kind *unterstützt.*

GERUNDIUM	***PARTIZIP PERFEKT***
rendendo	**reso**

PRÄSENS	***PERFEKT***
rendo	ho reso
VERLAUFSFORM PRÄSENS	***VERLAUFSFORM IMPERFEKT***
sto rendendo	stavo rendendo
IMPERFEKT	***PASSATO REMOTO***
rendevo	**resi** rendesti **rese** rendemmo rendeste **resero**

Ähnliche Verben

***arrendersi** sich ergeben
***rendersi conto di** verstehen, bemerken

Anm. Unregelmäßigkeiten treten nur auf:

- im Passato Remoto
- im Partizip Perfekt

IMPERATIV
rendi (tu) renda (Lei) rendiamo (noi) rendete (voi) rendano (Loro)

PLUSQUAMPERFEKT
avevo reso

TRAPASSATO REMOTO
ebbi reso

FUTUR I
renderò

FUTUR II
avrò reso

KONDITIONAL I
renderei

KONDITIONAL II
avrei reso

KONJUNKTIV PRÄSENS
renda

KONJUNKTIV PERFEKT
abbia reso

KONJUNKTIV IMPERFEKT
rendessi

KONJUNKTIV PLUSQUAMPERFEKT
avessi reso

Mi *ha reso* il libro ieri.	Er *gab* mir das Buch gestern *zurück.*
***Rendi*mi la penna che ti ho prestata.**	*Gib* mir den Kugelschreiber, den ich dir geliehen habe, *zurück.*
Questo lavoro non *rende* molto.	Diese Arbeit *bringt* nicht viel ein.
L'amore *rende* felici.	Liebe *macht* glücklich.
Questa notizia lo *rese* incapace di parlare.	Diese Nachricht *machte* ihn sprachlos.
È difficile *rendere* il senso dell'originale in una traduzione.	Es ist schwierig, den Sinn des Originals in einer Übersetzung *wiederzugeben.*
Non *mi sono reso conto di* ciò che è successo.	Ich *habe* nicht *verstanden,* was passiert war.
I soldati *si sono arresi.*	Die Soldaten *haben sich ergeben.*

GERUNDIUM	***PARTIZIP PERFEKT***
ridendo	**riso**

PRÄSENS
rido

PERFEKT
ho riso

VERLAUFSFORM PRÄSENS
sto ridendo

VERLAUFSFORM IMPERFEKT
stavo ridendo

IMPERFEKT
ridevo

PASSATO REMOTO
risi
ridesti
rise
ridemmo
rideste
risero

Ähnliche Verben

deridere verspotten, sich lustig machen
sorridere lächeln

Anm. Unregelmäßigkeiten treten nur auf:

- im Passato Remoto
- im Partizip Perfekt

IMPERATIV
ridi (tu) rida (Lei) ridiamo (noi) ridete (voi) ridano (Loro)

PLUSQUAMPERFEKT
avevo riso

TRAPASSATO REMOTO
ebbi riso

FUTUR I
riderò

FUTUR II
avrò riso

KONDITIONAL I
riderei

KONDITIONAL II
avrei riso

KONJUNKTIV PRÄSENS
rida

KONJUNKTIV PERFEKT
abbia riso

KONJUNKTIV IMPERFEKT
ridessi

KONJUNKTIV PLUSQUAMPERFEKT
avessi riso

Non c'è da *ridere!*	Das ist nicht zum *Lachen!*
Non ci vedo niente da *ridere.*	Ich finde das nicht zum *Lachen.*
Ma non farmi *ridere!*	Dass ich nicht *lache!*
Quella bambina *sorride* sempre.	Das Mädchen *lächelt* immer.
Gianni mi *sorrise.*	Gianni *lächelte* mich an.
La fortuna gli *sorride.*	Das Glück *lächelt* ihm zu.
L'*hanno* deriso.	Sie *haben sich über* ihn *lustig gemacht.*
***Risero* alle sue spalle.**	Sie *lachten* hinter seinem Rücken.
I suoi occhi *risero* di gioia.	Ihre Augen *lächelten* vor Glück.
***Ride* bene chi *ride* ultimo.**	Wer zuletzt *lacht*, *lacht* am Besten.
La fortuna gli *ride.*	Das Glück *lächelt* ihm zu.
Chi *ride* il venerdì, piange la domenica.	*Lache* heute, weil du morgen vielleicht weinst.

GERUNDIUM	***PARTIZIP PERFEKT***
rimanendo	**rimasto**

PRÄSENS
rimango
rimani
rimane
rimaniamo
rimanete
rimangono

PERFEKT
sono rimasto/a

VERLAUFSFORM PRÄSENS
sto rimanendo

VERLAUFSFORM IMPERFEKT
stavo rimanendo

IMPERFEKT
rimanevo

PASSATO REMOTO
rimasi
rimanesti
rimase
rimanemmo
rimaneste
rimasero

Anm. Unregelmäßigkeiten treten nur auf:

- im Präsens und Konjunktiv
- im Passato Remoto
- im Partizip Perfekt
- im Futurstamm

IMPERATIV
rimani (tu) **rimanga** (Lei) rimaniamo (noi) rimanete (voi) rimangano (Loro)

PLUSQUAMPERFEKT
ero rimasto / a

TRAPASSATO REMOTO
fui rimasto / a

FUTUR I
rimarrò

FUTUR II
sarò rimasto / a

KONDITIONAL I
rimarrei

KONDITIONAL II
sarei rimasto / a

KONJUNKTIV PRÄSENS
rimanga
rimanga
rimanga
rimaniamo
rimaniate
rimangano

KONJUNKTIV PERFEKT
sia rimasto / a

KONJUNKTIV IMPERFEKT
rimanessi

KONJUNKTIV PLUSQUAMPERFEKT
fossi rimasto / a

— Quanto tempo *rimani* in Italia?	— Wie lange *bleibst* du in Italien?
— *Rimango* due settimane.	— Ich *bleibe* zwei Wochen.
— Che ti *rimane* da fare?	— Was *bleibt* dir noch zu tun?
— *Mi rimane* soltanto la conclusione del tema.	— Ich *habe* nur noch den Schluss des Aufsatzes zu schreiben.
— Dubito che *tu rimanga* fino alla festa allora.	— Ich bezweifele, dass du dann bis zur Feier *bleibst*.

GERUNDIUM risolvendo	***PARTIZIP PERFEKT*** **risolto**
PRÄSENS risolvo	***PERFEKT*** ho risolto
VERLAUFSFORM PRÄSENS sto risolvendo	***VERLAUFSFORM IMPERFEKT*** stavo risolvendo
IMPERFEKT risolvevo	***PASSATO REMOTO*** **risolsi** / risolvei / risolvetti risolvesti **risolse** risolvemmo risolveste **risolsero**

Ähnliche Verben

assolvere	freisprechen, erfüllen
dissolvere	auflösen
***risolversi di**	entscheiden, sich entschließen

Anm. Unregelmäßigkeiten treten nur auf:

- im Passato Remoto
- im Partizip Perfekt

IMPERATIV
risolvi (tu) risolva (Lei) risolviamo (noi) risolvete (voi) risolvano (Loro)

PLUSQUAMPERFEKT
avevo risolto

TRAPASSATO REMOTO
ebbi risolto

FUTUR I
risolverò

FUTUR II
avrò risolto

KONDITIONAL I
risolverei

KONDITIONAL II
avrei risolto

KONJUNKTIV PRÄSENS
risolva

KONJUNKTIV PERFEKT
abbia risolto

KONJUNKTIV IMPERFEKT
risolvessi

KONJUNKTIV PLUSQUAMPERFEKT
avessi risolto

***Risolse* di farlo lui stesso.**	Er *beschloss*, es selbst zu machen.
***Hai risolto* l'equazione?**	*Hast* du die Gleichung *gelöst*?
Dubito che quel problema *sia stato risolto*.	Ich bezweifele, dass dieses Problem *gelöst worden ist*.
***Si risolse di* andare via.**	Er *hat sich entschieden* wegzugehen.
Il ladro *fu assolto*.	Der Dieb *wurde freigesprochen*.

GERUNDIUM	***PARTIZIP PERFEKT***
rispondendo	**risposto**

PRÄSENS
rispondo

PERFEKT
ho risposto

VERLAUFSFORM PRÄSENS
sto rispondendo

VERLAUFSFORM IMPERFEKT
stavo rispondendo

IMPERFEKT
rispondevo

PASSATO REMOTO
risposi
rispondesti
rispose
rispondemmo
rispondeste
risposero

Ähnliche Verben

corrispondere	entsprechen, korrespondieren
nascondere	verstecken
***nascondersi**	sich verstecken

Anm. Unregelmäßigkeiten treten nur auf:

- im Passato Remoto
- im Partizip Perfekt

IMPERATIV

rispondi (tu)	risponda (Lei)	rispondiamo (noi)
rispondete (voi)	rispondano (Loro)	

PLUSQUAMPERFEKT
avevo risposto

TRAPASSATO REMOTO
ebbi risposto

FUTUR I
risponderò

FUTUR II
avrò risposto

KONDITIONAL I
risponderei

KONDITIONAL II
avrei risposto

KONJUNKTIV PRÄSENS
risponda

KONJUNKTIV PERFEKT
abbia risposto

KONJUNKTIV IMPERFEKT
rispondessi

KONJUNKTIV PLUSQUAMPERFEKT
avessi risposto

Ha risposto **subito alla mia proposta.**	Er *antwortete* sofort auf meinen Vorschlag.
Risposi **per iscritto.**	Ich *antwortete* schriftlich.
Gianna ***rispose*** **con un cenno del capo.**	Gianna *antwortete* mit einem Nickon.
Io non ***rispondo*** **delle azioni di mio fratello.**	Ich *verantworte* die Taten meines Bruders nicht.
Nascose **la sua identitá.**	Er *verschleierte* seine Identität.
Nadia e Giulia ***si sono nascoste*** **nel giardino.**	Nadia und Giulia *haben sich* im Garten *versteckt.*
La descrizione nel pieghevole non ***corrispondeva*** **alla realtà.**	Die Beschreibung in der Broschüre *entsprach* nicht der Wirklichkeit.

GERUNDIUM	***PARTIZIP PERFEKT***
rompendo	**rotto**

PRÄSENS
rompo

VERLAUFSFORM PRÄSENS
sto rompendo

IMPERFEKT
rompevo

PERFEKT
ho rotto

VERLAUFSFORM IMPERFEKT
stavo rompendo

PASSATO REMOTO
ruppi
rompesti
ruppe
rompemmo
rompeste
ruppero

Ähnliche Verben

corrompere	verderben
interrompere	unterbrechen
irrompere	einbrechen
prorompere	herausbrechen
***rompersi**	sich auflösen

Anm. Unregelmäßigkeiten treten nur auf:

- im Passato Remoto
- im Partizip Perfekt

IMPERATIV
rompi (tu) rompa (Lei) rompiamo (noi) rompete (voi) rompano (Loro)

PLUSQUAMPERFEKT avevo rotto	***TRAPASSATO REMOTO*** ebbi rotto
FUTUR I romperò	***FUTUR II*** avrò rotto
KONDITIONAL I romperei	***KONDITIONAL II*** avrei rotto
KONJUNKTIV PRÄSENS rompa	***KONJUNKTIV PERFEKT*** abbia rotto
KONJUNKTIV IMPERFEKT rompessi	***KONJUNKTIV PLUSQUAMPERFEKT*** avessi rotto

Ho rotto **un vaso ieri.**	Ich *habe* gestern eine Vase *zerbrochen.*
Hai rotto **la tua promessa!**	Du *hast* dein Wort *gebrochen!*
La nave ***si ruppe*** **sulle rocce.**	Das Schiff *zerbarst* auf den Felsen.
Hai corrotto **tutto!**	Du *hast* alles *verdorben!*
Interruppe **la nostra conversazione.**	Er *unterbrach* unsere Unterhaltung.
Ho interrotto **il viaggio a Firenze.**	Ich *habe* meine Reise nach Florenz *unterbrochen.*
La corrente è stata ***interrotta*** **per un'ora.**	Der Strom *war* für eine Stunde *ausgefallen.*
I ladri ***irruppero*** **nella casa.**	Die Diebe *brachen* in unser Haus *ein.*
La folla ***irruppe*** **nello stadio.**	Die Menge *strömte* in das Stadion.

GERUNDIUM	*PARTIZIP PERFEKT*
salendo	salito

PRÄSENS
salgo
sali
sale
saliamo
salite
salgono

PERFEKT
ho salito / sono salito / a

VERLAUFSFORM PRÄSENS
sto salendo

VERLAUFSFORM IMPERFEKT
stavo salendo

IMPERFEKT
salivo

PASSATO REMOTO
salii

Ähnliches Verb

† **assalire** angreifen, ergreifen, überwältigen

Anm. Unregelmäßigkeiten treten nur auf:

- im Präsens und Konjunktiv
- beimtransitiven Gebrauch (mit **avere**) und beim intransitiven Gebrauch (mit **essere**)

IMPERATIV
sali (tu) **salga** (Lei) saliamo (noi) salite (voi) salgano (Loro)

PLUSQUAMPERFEKT
avevo salito / ero salito / a

FUTUR I
salirò

KONDITIONAL I
salirei

KONJUNKTIV PRÄSENS
salga
salga
salga
saliamo
saliate
salgano

KONJUNKTIV IMPERFEKT
salissi

TRAPASSATO REMOTO
ebbi salito / fui salito / a

FUTUR II
avrò salito / sarò salito / a

KONDITIONAL II
avrei salito / sarei salito / a

KONJUNKTIV PERFEKT
abbia salito / sia salito / a

KONJUNKTIV PLUSQUAMPERFEKT
avessi salito / fossi salito / a

— *Saliamo* fino a quel punto lì?	— *Sollen* wir zu der Stelle *hinaufgehen?*
— Io non *salgo* più!	— Ich *gehe* nicht weiter *hinauf!*
— Che peccato che tu non *salga* lassù. C'è un panorama bellissimo da quel punto.	— Das ist schade, dass du nicht *hinaufgehst.* Von dort gibt es einen sehr schönen Ausblick.
***Fu assalita* dai dubbi.**	Sie *wurde* von Zweifeln *befallen/geplagt.*
***Fummo assaliti* dal temporale.**	Wir *wurden* vom Sturm *überrascht.*

GERUNDIUM	***PARTIZIP PERFEKT***
sapendo	saputo

PRÄSENS

so
sai
sa
sappiamo
sapete
sanno

PERFEKT

ho saputo

VERLAUFSFORM PRÄSENS

sto sapendo

VERLAUFSFORM IMPERFEKT

stavo sapendo

IMPERFEKT

sapevo

PASSATO REMOTO

seppi
sapesti
seppe
sapemmo
sapeste
seppero

Anm. Das Verb **sapere** wird oft als Hilfsverb benutzt. Es ist wichtig, zwischen **potere** [➤65] und **sapere** zu unterscheiden. Beide können mit »können« übersetzt werden. Das Verb **potere** bezeichnet die körperliche Fähigkeit, **sapere** dagegen das Wissen, wie etwas gemacht wird.

Unregelmäßigkeiten treten nur auf:

- im Präsens und Konjunktiv
- im Passato Remoto
- im Futurstamm

IMPERATIV
sappi (tu) **sappia** (Lei) **sappiamo** (noi) **sappiate** (voi) **sappiano** (Loro)

PLUSQUAMPERFEKT
avevo saputo

TRAPASSATO REMOTO
ebbi saputo

FUTUR I
saprò

FUTUR II
avrò saputo

KONDITIONAL I
saprei

KONDITIONAL II
avrei saputo

KONJUNKTIV PRÄSENS
sappia
sappia
sappia
sappiamo
sappiate
sappiano

KONJUNKTIV PERFEKT
abbia saputo

KONJUNKTIV IMPERFEKT
sapessi

KONJUNKTIV PLUSQUAMPERFEKT
avessi saputo

—*So* suonare il flauto adesso.	—Ich *kann* jetzt (gut) Flöte spielen.
—Non *saprei* da dove cominciare!	—Ich *wüsste* nicht, wo ich anfangen sollte!
—*So* dove abita.	—Ich *weiß* wo sie wohnt.
—Pare che *sappia* suonare molto bene.	—Es scheint, dass sie sehr gut spielen kann.

GERUNDIUM scendendo	***PARTIZIP PERFEKT*** **sceso**
PRÄSENS scendo	***PERFEKT*** ho sceso / sono sceso/a
VERLAUFSFORM PRÄSENS sto scendendo	***VERLAUFSFORM IMPERFEKT*** stavo scendendo
IMPERFEKT scendevo	***PASSATO REMOTO*** **scesi** scendesti **scese** scendemmo scendeste **scesero**

Ähnliche Verben

† **accondiscendere**	zustimmen, einwilligen
† **ascendere**	aufsteigen
† **discendere**	hinuntergehen

† Wie **scendere** können diese Verben entweder **avere** oder **essere** benutzen, was davon abhängt, ob sie transitiv oder intransitiv genutzt sind.

Anm. Unregelmäßigkeiten treten nur auf:

- im Passato Remoto
- im Partizip Perfekt

IMPERATIV

scendi (tu) scenda (Lei) scendiamo (noi) scendete (voi) scendano (Loro)

PLUSQUAMPERFEKT

avevo sceso / ero sceso/a

TRAPASSATO REMOTO

ebbi sceso / fui sceso/a

FUTUR I

scenderò

FUTUR II

avrò sceso / sarò sceso/a

KONDITIONAL I

scenderei

KONDITIONAL II

avrei sceso / sarei sceso/a

KONJUNKTIV PRÄSENS

scenda

KONJUNKTIV PERFEKT

abbia sceso / sia sceso/a

KONJUNKTIV IMPERFEKT

scendessi

KONJUNKTIV PLUSQUAMPERFEKT

avessi sceso / fossi sceso/a

La temperatura è *scesa* oggi.	Die Temperatur ist heute *gesunken.*
Perché non *scendiamo* al bar a prendere un caffè?	Warum *gehen* wir nicht in das Lokal, um einen Kaffee zu trinken?
***Accondiscese* a una riduzione di prezzo.**	Er *stimmte* einer Preisminderung *zu.*
***Discesi* le scale.**	Ich *ging* nach *unten.*
Il fiume *discende verso* il mare.	Der Fluss *fließt* zum Meer *hin.*
Sono sceso/a.	Ich *bin* nach unten gegangen.
***Scese* le scale correndo.**	Er *rannte* die Treppe *hinunter.*

GERUNDIUM	***PARTIZIP PERFEKT***
scorgendo	**scorto**

PRÄSENS
scorgo

PERFEKT
ho scorto

VERLAUFSFORM PRÄSENS
sto scorgendo

VERLAUFSFORM IMPERFEKT
stavo scorgendo

IMPERFEKT
scorgevo

PASSATO REMOTO
scorsi
scorgesti
scorse
scorgemmo
scorgeste
scorsero

Ähnliche Verben

***accorgersi**	bemerken
porgere	reichen, geben, aushalten
***risorgere**	wieder aufstehen, wieder aufleben
***sorgere**	aufgehen
***sporgere**	hinausstrecken, vorstehen, hervorragen
***sporgersi**	sich hinauslehnen

Anm. Unregelmäßigkeiten treten nur auf:

- im Passato Remoto
- im Partizip Perfekt

In lontananza *scorgevo* una figura di uomo avvicinarsi.	In der Entfernung *sah* ich die Gestalt eines Mannes näher kommen.
Se ne andò senza farsi *scorgere.*	Er ging weg, ohne *bemerkt zu* werden.
Non vuole farsi *scorgere* da lui.	Sie möchte nicht, dass er sie *bemerkt.*

IMPERATIV
scorgi (tu) scorga (Lei) scorgiamo (noi) scorgete (voi) scorgano (Loro)

PLUSQUAMPERFEKT avevo scorto	***TRAPASSATO REMOTO*** ebbi scorto
FUTUR I scorgerò	***FUTUR II*** avrò scorto
KONDITIONAL I scorgerei	***KONDITIONAL II*** avrei scorto
KONJUNKTIV PRÄSENS scorga	***KONJUNKTIV PERFEKT*** abbia scorto
KONJUNKTIV IMPERFEKT scorgessi	***KONJUNKTIV PLUSQUAMPERFEKT*** avessi scorto

Non me ne sono nemmeno *accorto!*	Ich *bemerkte* es überhaupt nicht!
Non si era *accorta* che pioveva.	Sie *hatte* nicht *bemerkt*, dass es regnete.
Poi *sorse* una grande discussione.	Dann *begann* eine große Diskussion.
Ho visto *sorgere* il sole.	Ich habe die Sonne *aufgehen* sehen.
La nebbia *sorse* dal lago.	Der Nebel *stieg* vom See her *auf.*
Le sue speranze *risorsero.*	Er *schöpfte* wieder Hoffnung.
Vi *porgo* i miei più distinti saluti ...	Hochachtungsvoll ...
È pericoloso *sporgersi* dal finestrino.	Es ist gefährlich, *sich* aus dem Fenster zu *lehnen.*

GERUNDIUM	***PARTIZIP PERFEKT***
scrivendo	**scritto**

PRÄSENS
scrivo

VERLAUFSFORM PRÄSENS
sto scrivendo

IMPERFEKT
scrivevo

PERFEKT
ho scritto

VERLAUFSFORM IMPERFEKT
stavo scrivendo

PASSATO REMOTO
scrissi
scrivesti
scrisse
scrivemmo
scriveste
scrissero

Ähnliche Verben

descrivere	beschreiben
iscrivere	einschreiben, anmelden
***iscriversi**	sich anmelden

Anm. Unregelmäßigkeiten treten nur auf:

- im Passato Remoto
- im Partizip Perfekt

IMPERATIV
scrivi (tu) scriva (Lei) scriviamo (noi) scrivete (voi) scrivano (Loro)

PLUSQUAMPERFEKT
avevo scritto

TRAPASSATO REMOTO
ebbi scritto

FUTUR I
scriverò

FUTUR II
avrò scritto

KONDITIONAL I
scriverei

KONDITIONAL II
avrei scritto

KONJUNKTIV PRÄSENS
scriva

KONJUNKTIV PERFEKT
abbia scritto

KONJUNKTIV IMPERFEKT
scrivessi

KONJUNKTIV PLUSQUAMPERFEKT
avessi scritto

Come *si scrive* questa parola?	Wie *schreibt* man dieses Wort?
Sa *scrivere* la musica.	Er kann (Musik) Noten *schreiben.*
Gli *ho scritto* due righe.	Ich *habe* ihm zwei Zeilen *geschrieben.*
***Scrissi* a casa non appena fui arrivata a Roma.**	Ich *schrieb* nach Hause, sobald ich in Rom angekommen war.
Ti *iscrivo* al club?	*Soll* ich dich beim Verein *anmelden?*
***Mi sono iscritto* all'università.**	Ich *habe* mich bei der Universität *angemeldet.*
***Descrisse* la scena in montagna.**	Er *beschrieb* den Anblick der Berge.
Vorrei *descrivere* un'ampia curva.	Ich *möchte* gern eine weite Kurve *zeichnen.*

GERUNDIUM	*PARTIZIP PERFEKT*
scotendo	**scosso**

PRÄSENS	*PERFEKT*
scuoto	ho scosso
scuoti	
scuote	
scotiamo	
scotete	
scuotono	

VERLAUFSFORM PRÄSENS	*VERLAUFSFORM IMPERFEKT*
sto scuotendo	stavo scuotendo

IMPERFEKT	*PASSATO REMOTO*
scotevo	**scossi**
	scotesti
	scosse
	scotemmo
	scoteste
	scossero

Ähnliche Verben

percuotere	schlagen, treffen
ripercuotere	wieder schlagen
***ripercuotersi**	widerhallen, sich auswirken, rückwirken
riscuotere	ansammeln, einlösen

Anm. Unregelmäßigkeiten treten nur auf:

- im Passato Remoto
- im Partizip Perfekt

IMPERATIV
scuoti (tu) scuota (Lei) scotiamo (noi) scotete (voi) scuotano (Loro)

PLUSQUAMPERFEKT
avevo scosso

TRAPASSATO REMOTO
ebbi scosso

FUTUR I
scoterò

FUTUR II
avrò scosso

KONDITIONAL I
scoterei

KONDITIONAL II
avrei scosso

KONJUNKTIV PRÄSENS
scuota

KONJUNKTIV PERFEKT
abbia scosso

KONJUNKTIV IMPERFEKT
scotessi

KONJUNKTIV PLUSQUAMPERFEKT
avessi scosso

Scosse **l'albero.**	Er *schüttelte* den Baum.
Scuote **la testa.**	Er *schüttelt* den Kopf.
Fu scossa **dalla notizia.**	*Sie war* von der Nachricht *erschüttert.*
Ho riscosso **l'assegno.**	Ich *habe* den Scheck *eingelöst.*
La sua influenza ***si ripercosse*** **su tutti i colleghi.**	Sein Einfluss *wirkte* sich auf alle seine Kollegen *aus.*
Lo ***percosse*** **a morte.**	Er *schlug* ihn tot.

GERUNDIUM	*PARTIZIP PERFEKT*
solendo	**solito**

PRÄSENS
soglio
suoli
suole
sogliamo
solete
sogliono

IMPERFEKT	*PASSATO REMOTO*
solevo	solei
solevi	solesti
soleva	solé
solevamo	
solevate	soleste
solevano	

Anm. **Solere** ist ein *fehlerhaftes Verb* (**verbo difettivo**), d. h. einige Formen existieren, andere nicht. Diese Formen haben entweder nie existiert oder sie werden heute nicht mehr benutzt. An ihrer Stelle verwendet man die entsprechenden Formen der Verbausdrücke **essere solito** und **avere l'abitudine / la consuetudine.**

Unregelmäßigkeiten treten nur auf:

- im Präsens
- im Partizip Perfekt

KONJUNKTIV PRÄSENS
soglia
soglia
soglia
sogliamo
sogliate
sogliano

KONJUNKTIV IMPERFEKT
solessi
solessi
solesse
solessimo
soleste
solessero

***Soleva* alzarsi tardi ogni giorno.**	Er *war* es *gewöhnt* jeden Tag spät aufzustehen.
Oggi lavora di più di quanto *soleva* fare due anni fa.	Heutzutage arbeitet er mehr als er vor zwei Jahren *gewöhnt war.*
***Suole* alzarsi di buon'ora.**	Er *ist* es *gewöhnt* früh aufzustehen.
Ogni sera al tramonto del sole le ragazze *solevano* andare a fare una passeggiata.	Jeden Abend bei Sonnenuntergang *pflegten* die Mädchen einen Spaziergang zu machen.
La domenica *siamo soliti* pranzare all'una.	An Sonntagen *pflegen* wir um eins zu essen.
Come *si suol* dire, 'Meglio tardi che mai'!	Wie sagt man so schön: »Besser spät als nie!«
***Ci sogliamo* ritrovare a casa dei genitori ogni domenica.**	Wir *pflegen,* uns jeden Sonntag im Elternhaus zu treffen.

GERUNDIUM	***PARTIZIP PERFEKT***
spargendo	**sparso**

PRÄSENS
spargo

PERFEKT
ho sparso

VERLAUFSFORM PRÄSENS
sto spargendo

VERLAUFSFORM IMPERFEKT
stavo spargendo

IMPERFEKT
spargevo

PASSATO REMOTO
sparsi
spargesti
sparse
spargemmo
spargeste
sparsero

Ähnliche Verben

aspergere	streuen
***emergere**	auftauchen
immergere	vertiefen, eintauchen
sommergere	untertauchen

Anm. Unregelmäßigkeiten treten nur auf:

- im Passato Remoto
- im Partizip Perfekt

IMPERATIV
spargi (tu) sparga (Lei) spargiamo (noi) spargete (voi) spargano (Loro)

PLUSQUAMPERFEKT	***TRAPASSATO REMOTO***
avevo sparso	ebbi sparso
FUTUR I	***FUTUR II***
spargerò	avrò sparso
KONDITIONAL I	***KONDITIONAL II***
spargerei	avrei sparso
KONJUNKTIV PRÄSENS	***KONJUNKTIV PERFEKT***
sparga	abbia sparso
KONJUNKTIV IMPERFEKT	***KONJUNKTIV PLUSQUAMPERFEKT***
spargessi	avessi sparso

***Sparse* fiori sulla tomba.**	Er *streute* Blumen auf das Grab.
***Ho sparso* zucchero sulla torta.**	Ich *habe* Zucker auf den Kuchen *gestreut.*
Il lume *spargeva* una luce fioca.	Die Lampe *verbreitete* ein schwaches Licht.
***Sparge* una notizia ai quattro venti!**	Er *verteilte/schickte* immer Nachrichten an alle!
Il prete *aspergerà* l'acqua sul bambino.	Der Priester *wird* das Baby mit Wasser *besprenkeln.*
Le onde *avevano sommerso* la barca.	Die Wellen *hatten* das Boot unter Wasser *gedrückt.*
L'*ho immerso* in acqua.	Ich *habe* es ins Wasser *getaucht.*
Una sirena *è emersa* dall'acqua.	Eine Seejungfrau *tauchte* aus dem Wasser *auf.*

GERUNDIUM	*PARTIZIP PERFEKT*
spegnendo	**spento**

PRÄSENS
spengo
spegni
spegne
spegniamo
spegnete
spengono

PERFEKT
ho spento

VERLAUFSFORM PRÄSENS
sto spegnendo

VERLAUFSFORM IMPERFEKT
stavo spegnendo

IMPERFEKT
spegnevo

PASSATO REMOTO
spensi
spegnesti
spense
spegnemmo
spegneste
spensero

Anm. Unregelmäßigkeiten treten nur auf:

- im Präsens und Konjunktiv
- im Passato Remoto
- im Partizip Perfekt

IMPERATIV
spegni (tu) **spenga** (Lei) spegniamo (noi) spegnete (voi) spengano (Loro)

PLUSQUAMPERFEKT
avevo spento

TRAPASSATO REMOTO
ebbi spento

FUTUR I
spegnerò

FUTUR II
avrò spento

KONDITIONAL I
spegnerei

KONDITIONAL II
avrei spento

KONJUNKTIV PRÄSENS
spenga
spenga
spenga
spegniamo
spegniate
spengano

KONJUNKTIV PERFEKT
abbia spento

KONJUNKTIV IMPERFEKT
spegnessi

KONJUNKTIV PLUSQUAMPERFEKT
avessi spento

Gianna *spense* la luce nella sala.	Gianna *schaltete* das Licht im Zimmer *aus*.
***Spenta* la luce, cominciò ad avere paura.**	Als das Licht *ausging*, fing sie an sich zu fürchten.
»Ho paura che il fantasma *spenga* ogni luce nella casa«, disse.	»Ich habe Angst, dass das Gespenst jedes Licht im Haus *ausmacht*«, sagte sie.

GERUNDIUM	***PARTIZIP PERFEKT***
spingendo	**spinto**

PRÄSENS
spingo

VERLAUFSFORM PRÄSENS
sto spingendo

IMPERFEKT
spingevo

PERFEKT
ho spinto

VERLAUFSFORM IMPERFEKT
stavo spingendo

PASSATO REMOTO
spinsi
spingesti
spinse
spingemmo
spingeste
spinsero

Ähnliche Verben

dipingere	malen
fingere	vorgeben
respingere	zurückdrängen, ablehnen
sospingere	schieben, treiben

Anm. Unregelmäßigkeiten treten nur auf:

- im Passato Remoto
- im Partizip Perfekt

IMPERATIV
spingi (tu) spinga (Lei) spingiamo (noi) spingete (voi) spingano (Loro)

PLUSQUAMPERFEKT
avevo spinto

TRAPASSATO REMOTO
ebbi spinto

FUTUR I
spingerò

FUTUR II
avrò spinto

KONDITIONAL I
spingerei

KONDITIONAL II
avrei spinto

KONJUNKTIV PRÄSENS
spinga

KONJUNKTIV PERFEKT
abbia spinto

KONJUNKTIV IMPERFEKT
spingessi

KONJUNKTIV PLUSQUAMPERFEKT
avessi spinto

Spingete!	*Schiebt!*
Che cosa ti *ha spinto* a partire così presto?	Was *hat* dich dazu *getrieben* so früh wegzufahren?
Mio padre mi *spinge* a studiare di più.	Mein Vater drängt mich, mehr zu lernen.
***Hai spinto* quello scherzo oltre i limiti.**	Du *hast* den Witz zu weit *getrieben.*
***Respinsero* la folla.**	Sie *drängten* die Menge *zurück.*
La fame la *sospinse* a rubare.	Hunger *trieb* sie zum Stehlen.
***Finsi* di essere addormentata.**	Ich *tat so als ob* ich schlief.
L'anno scorso *dipinsi* sette quadri, mentre quest'anno ne *ho dipinti* appena due.	Letztes Jahr *malte* ich sieben Bilder, wohingegen ich dieses Jahr kaum zwei *gemalt habe.*

GERUNDIUM	***PARTIZIP PERFEKT***
stando	stato

PRÄSENS	***PERFEKT***
sto	sono stato / a
stai	
sta	
stiamo	
state	
stanno	
IMPERFEKT	***PASSATO REMOTO***
stavo	**stetti**
	stesti
	stette
	stemmo
	steste
	stettero

Anm. Das Verb **stare** übernimmt oft die Aufgaben von **essere**, und **essere** benutzt sogar das Partizip Perfekt von **stare**.

Unregelmäßigkeiten treten nur auf:

- im Präsens und Konjunktiv
- im Konjunktiv Imperfekt
- im Passato Remoto
- im Futurstamm

IMPERATIV
sta' / stai (tu) **stia** (Lei) stiamo (noi) state (voi) stiano (Loro)

PLUSQUAMPERFEKT
ero stato/a

TRAPASSATO REMOTO
fui stato / a

FUTUR I
starò

FUTUR II
sarò stato / a

KONDITIONAL I
starei

KONDITIONAL II
sarei stato / a

KONJUNKTIV PRÄSENS
stia
stia
stia
stiamo
stiate
stiano

KONJUNKTIV PERFEKT
sia stato / a

KONJUNKTIV IMPERFEKT
stessi
stessi
stesse
stessimo
steste
stessero

KONJUNKTIV PLUSQUAMPERFEKT
fossi stato / a

— Come *stai* oggi?	— Wie *geht* es dir heute?
— *Sto* un po meglio, grazie.	— Mir *geht* es ein bisschen besser, danke.
***Stettero* tre giorni a Roma e due in provincia.**	Sie *blieben* drei Tage in Rom und zwei auf dem Land.
***Stavo* per andarmene quando arrivò Maurizio.**	Ich *wollte* gerade *weggehen*, als Maurizio ankam.

GERUNDIUM stringendo	***PARTIZIP PERFEKT*** **stretto**
PRÄSENS stringo	***PERFEKT*** ho stretto
VERLAUFSFORM PRÄSENS sto stringendo	***VERLAUFSFORM IMPERFEKT*** stavo stringendo
IMPERFEKT stringevo	***PASSATO REMOTO*** **strinsi** stringesti **strinse** stringemmo stringeste **strinsero**

Ähnliche Verben

costringere zwingen
restringere verengen, nachziehen

Anm. Unregelmäßigkeiten treten nur auf:

- im Passato Remoto
- im Partizip Perfekt

IMPERATIV

stringi (tu) stringa (Lei) stringiamo (noi) stringete (voi) stringano (Loro)

PLUSQUAMPERFEKT

avevo stretto

TRAPASSATO REMOTO

ebbi stretto

FUTUR I

stringerò

FUTUR II

avrò stretto

KONDITIONAL I

stringerei

KONDITIONAL II

avrei stretto

KONJUNKTIV PRÄSENS

stringa

KONJUNKTIV PERFEKT

abbia stretto

KONJUNKTIV IMPERFEKT

stringessi

KONJUNKTIV PLUSQUAMPERFEKT

avessi stretto

Mi *strinse* la mano.	Er *drückte* mir die Hand.
***Strinsi* mia figlia tra le braccia.**	Ich *drückte* meine Tochter.
***Ha stretto* la moneta in mano.**	Er *hielt* die Münze fest in der Hand.
Devo *stringere* la cinghia.	Ich *muss* meinen Gürtel *enger schnallen.*
Mi *hanno costretto* ad andarmene.	Sie *haben* mich hinaus *geworfen.* (*wörtl.* Sie haben mich gezwungen zu gehen.)
Mi *ha costretto* a venire stasera.	Er *hat* mich *gezwungen* heute Abend zu kommen.
Ho fatto *restringere* il vestito.	Ich *habe* das Kleid *enger machen* lassen.

GERUNDIUM	***PARTIZIP PERFEKT***
struggendo	**strutto**

PRÄSENS
struggo

VERLAUFSFORM PRÄSENS
sto struggendo

IMPERFEKT
struggevo

PERFEKT
ho strutto

VERLAUFSFORM IMPERFEKT
stavo struggendo

PASSATO REMOTO
strussi
struggesti
strusse
struggemmo
struggeste
strussero

Ähnliches Verb

distruggere zerstören

Anm. Unregelmäßigkeiten treten nur auf:

- im Passato Remoto
- im Partizip Perfekt

IMPERATIV
struggi (tu) strugga (Lei) struggiamo (noi) struggete (voi) struggano (Loro)

PLUSQUAMPERFEKT
avevo strutto

TRAPASSATO REMOTO
ebbi strutto

FUTUR I
struggerò

FUTUR II
avrò strutto

KONDITIONAL I
struggerei

KONDITIONAL II
avrei strutto

KONJUNKTIV PRÄSENS
strugga

KONJUNKTIV PERFEKT
abbia strutto

KONJUNKTIV IMPERFEKT
struggessi

KONJUNKTIV PLUSQUAMPERFEKT
avessi strutto

***Strussi* la cera.**	Ich *schmolz* das Wachs.
La malattia lo *strugge*.	Die Krankheit *zehrt* ihn *auf*.
***Distrussero* la casa.**	Sie *zerstörten* das Haus.
***Fu distrutto* dal dolore alla gamba.**	Er *wurde* von den Schmerzen in seinem Bein *überwältigt*.
Il vino l'*ha distrutto*.	Der Wein *hat* ihn *ruiniert*.
I bombardamenti *distrussero* tutta la zona.	Die Bombadierungen *zerstörten* die ganze Gegend.

GERUNDIUM	***PARTIZIP PERFEKT***
tacendo	taciuto

PRÄSENS
taccio
taci
tace
taciamo
tacete
tacciono

PERFEKT
ho taciuto

VERLAUFSFORM PRÄSENS
sto tacendo

VERLAUFSFORM IMPERFEKT
stavo tacendo

IMPERFEKT
tacevo

PASSATO REMOTO
tacqui
tacesti
tacque
tacemmo
taceste
tacquero

Anm. Unregelmäßigkeiten treten nur auf:

- im Präsens und Konjunktiv
- im Passato Remoto
- mit der Ergänzung des **i** im Partizip Perfekt

IMPERATIV
taci (tu) **taccia** (Lei) **tacciamo** (noi) tacete (voi) **tacciano** (Loro)

PLUSQUAMPERFEKT
avevo taciuto

TRAPASSATO REMOTO
ebbi taciuto

FUTUR I
tacerò

FUTUR II
avrò taciuto

KONDITIONAL I
tacerei

KONDITIONAL II
avrei taciuto

KONJUNKTIV PRÄSENS
taccia
taccia
taccia
taciamo
taciate
tacciano

KONJUNKTIV PERFEKT
abbia taciuto

KONJUNKTIV IMPERFEKT
tacessi

KONJUNKTIV PLUSQUAMPERFEKT
avessi taciuto

Il padre *tacque.*	Der Vater *schwieg.*
I ragazzi non *tacquero,* però.	Die Kinder *schwiegen* jedoch nicht.
»*Tacete*«, disse la mamma.	»*Schweigt*«, sagte die Mutter.
I bambini *tacevano* ed ascoltavano la maestra.	Die Kinder *schwiegen* und hörten der Lehrerin zu.

GERUNDIUM	*PARTIZIP PERFEKT*
tendendo	**teso**

PRÄSENS
tendo

PERFEKT
ho teso

VERLAUFSFORM PRÄSENS
sto tendendo

VERLAUFSFORM IMPERFEKT
stavo tendendo

IMPERFEKT
tendevo

PASSATO REMOTO
tesi
tendesti
tese
tendemmo
tendeste
tesero

Ähnliche Verben

attendere	warten
contendere	kämpfen
distendere	strecken, dehnen
estendere	ausdehnen
intendere	beabsichtigen, verstehen
pretendere	beanspruchen
sottintendere	andeuten
stendere	ausbreiten, sich ausdehnen

Anm. Unregelmäßigkeiten treten nur auf:

- im Passato Remoto
- im Partizip Perfekt

IMPERATIV
tendi (tu) tenda (Lei) tendiamo (noi) tendete (voi) tendano (Loro)

PLUSQUAMPERFEKT avevo teso	***TRAPASSATO REMOTO*** ebbi teso
FUTUR I tenderò	***FUTUR II*** avrò teso
KONDITIONAL I tenderei	***KONDITIONAL II*** avrei teso
KONJUNKTIV PRÄSENS tenda	***KONJUNKTIV PERFEKT*** abbia teso
KONJUNKTIV IMPERFEKT tendessi	***KONJUNKTIV PLUSQUAMPERFEKT*** avessi teso

***Pretende* di essere un grande artista.**	Er *tut so, als ob* er ein großer Künstler sei.
***Attendiamo* una pronta risposta.**	Wir *warten* auf eine prompte Antwort.
***Pretese* di aver ragione.**	Er *behauptete* Recht zu haben.
Nessuno gli *contese* i suoi diritti.	Keiner *focht* seine Rechte *an.*
***Sottintende* la verità.**	Er *deutet* die Wahrheit *an.*
***Distesi* la mano per aiutare la ragazza.**	Ich *streckte* die Hand *aus*, um dem Mädchen zu helfen.
Che cosa *intendi* fare?	Was *beabsichtigst* du zu tun?
Mi *tese* la mano.	Er *streckte* mir die Hand *entgegen.*
Il cane *ha teso* gli orecchi.	Der Hund *hat* seine Ohren *gespitzt.*
***Ho teso* la corda.**	Ich *habe* das Seil *festgezogen.*
***Ha teso* le corde del violino.**	Er *hat* die Saiten der Geige *aufgezogen.*
Giuliana *stese* il bucato sull'erba.	Giuliana *breitete* die Wäsche auf dem Gras *aus.*

GERUNDIUM	*PARTIZIP PERFEKT*
tenendo	tenuto

PRÄSENS
tengo
tieni
tiene
teniamo
tenete
tengono

PERFEKT
ho tenuto

VERLAUFSFORM PRÄSENS
sto tenendo

VERLAUFSFORM IMPERFEKT
stavo tenendo

IMPERFEKT
tenevo

PASSATO REMOTO
tenni
tenesti
tenne
tenemmo
teneste
tennero

Ähnliche Verben

appartenere	gehören
***astenersi**	sich enthalten
contenere	enthalten
detenere	aufhalten, enthalten
mantenere	aufrechterhalten
ottenere	erlangen
ritenere	behalten
sostenere	unterstützen
trattenere	zurückhalten, aufhalten

Anm. Unregelmäßigkeiten treten nur auf:

- im Präsens und Konjunktiv
- im Passato Remoto
- im Futurstamm

IMPERATIV
tieni (tu) **tenga** (Lei) teniamo (noi) tenete (voi) tengano (Loro)

PLUSQUAMPERFEKT
avevo tenuto

TRAPASSATO REMOTO
ebbi tenuto

FUTUR I
terrò

FUTUR II
avrò tenuto

KONDITIONAL I
terrei

KONDITIONAL II
avrei tenuto

KONJUNKTIV PRÄSENS
tenga
tenga
tenga
teniamo
teniate
tengano

KONJUNKTIV PERFEKT
abbia tenuto

KONJUNKTIV IMPERFEKT
tenessi

KONJUNKTIV PLUSQUAMPERFEKT
avessi tenuto

Non riesco più a *tenere* la casa. È troppo lavoro.	Ich kann das Haus nicht länger *halten.* Es ist zu viel Arbeit.
La *terrò* per un altro anno, e poi la vendo.	Ich *werde* es noch ein Jahr *behalten*, und dann werde ich es verkaufen.
— A chi *appartiene* quel cane? **— L'*ho ottenuto* l'anno scorso.**	— Wem *gehört* der Hund? — Ich *habe* ihn letztes Jahr *bekommen.*
Questa bevanda *contiene* alcool.	Dieses Getränk *enthält* Alkohol.
Dovrei *astenermi* dall'alcool.	Ich *sollte* keinen Alkohol trinken.
Il muro *è sostenuto* da lunghi pali.	Die Mauer *wird* von langen Stangen *unterstützt.*
***Sostenne* la sua innocenza.**	Er *behauptete unschuldig zu sein.*

GERUNDIUM	*PARTIZIP PERFEKT*
tingendo	**tinto**

PRÄSENS tingo	*PERFEKT* ho tinto
VERLAUFSFORM PRÄSENS sto tingendo	*VERLAUFSFORM IMPERFEKT* stavo tingendo
IMPERFEKT tingevo	*PASSATO REMOTO* **tinsi** tingesti **tinse** tingemmo tingeste **tinsero**

Ähnliche Verben

attingere entwerfen, herausziehen
dipingere darstellen, malen

Anm. Unregelmäßigkeiten treten nur auf:

- im Passato Remoto
- im Partizip Perfekt

IMPERATIV
tingi (tu) tinga (Lei) tingiamo (noi) tingete (voi) tingano (Loro)

PLUSQUAMPERFEKT
avevo tinto

TRAPASSATO REMOTO
ebbi tinto

FUTUR I
tingerò

FUTUR II
avrò tinto

KONDITIONAL I
tingerei

KONDITIONAL II
avrei tinto

KONJUNKTIV PRÄSENS
tinga

KONJUNKTIV PERFEKT
abbia tinto

KONJUNKTIV IMPERFEKT
tingessi

KONJUNKTIV PLUSQUAMPERFEKT
avessi tinto

— *Hai tinto* i capelli?	— *Hast* du deine Haare *gefärbt?*
— No, ma *ho tinto* questo vestito di nero!	— Nein, aber ich *habe* dieses Kleid schwarz *gefärbt.*
Il sole *tingeva* le montagne di rosa.	Die Sonne *tauchte* die Berge in ein glühendes Rot.
***Attinse* l'acqua dal pozzo.**	Er *schöpfte* das Wasser aus dem Brunnen.
***Ha dipinto* il ritratto ad olio.**	Er *hat* das Bild mit Ölfarben *gemalt.*

GERUNDIUM	*PARTIZIP PERFEKT*
torcendo	**torto**

PRÄSENS	***PERFEKT***
torco	ho torto
VERLAUFSFORM PRÄSENS	***VERLAUFSFORM IMPERFEKT***
sto torcendo	stavo torcendo
IMPERFEKT	***PASSATO REMOTO***
torcevo	**torsi** torcesti **torse** torcemmo torceste **torsero**

Ähnliche Verben

contorcere	verziehen, verzerren
***contorcersi**	sich krümmen, drehen
***torcersi**	drehen, sich krümmen
storcere	drehen, verrenken

Anm. Unregelmäßigkeiten treten nur auf:

- im Passato Remoto
- im Partizip Perfekt

IMPERATIV
torci (tu) torca (Lei) torciamo (noi) torcete (voi) torcano (Loro)

PLUSQUAMPERFEKT
avevo torto

TRAPASSATO REMOTO
ebbi torto

FUTUR I
torcerò

FUTUR II
avrò torto

KONDITIONAL I
torcerei

KONDITIONAL II
avrei torto

KONJUNKTIV PRÄSENS
torca

KONJUNKTIV PERFEKT
abbia torto

KONJUNKTIV IMPERFEKT
torcessi

KONJUNKTIV PLUSQUAMPERFEKT
avessi torto

Vorrei *torcere* il collo a quel ragazzo.	Ich *möchte* dem Jungen den Hals *umdrehen.*
***Torse* i panni.**	Er *wrang* die Wäsche aus.
***Torceva* il naso.**	Er *rümpfte* die Nase.
Anna *ha torto* i fili.	Anna *hat* die Fäden *geflochten.*
***Si torceva* dal dolore.**	Er *krümmte sich* vor Schmerzen.
Tieni la fune diritta, non *storcer*la.	Halte das Seil gerade, *verdrehe* es nicht.

GERUNDIUM	***PARTIZIP PERFEKT***
traducendo	**tradotto**

PRÄSENS
traduco
traduci
traduce
traduciamo
traducete
traducono

PERFEKT
ho tradotto

VERLAUFSFORM PRÄSENS
sto traducendo

VERLAUFSFORM IMPERFEKT
stavo traducendo

IMPERFEKT
traducevo

PASSATO REMOTO
tradussi
traducesti
tradusse
traducemmo
traduceste
tradussero

Ähnliche Verben

addurre	befördern
condurre	führen, leiten, fahren
dedurre	folgern
indurre	veranlassen, einziehen
introdurre	einführen
produrre	herstellen
ridurre	verringern
riprodurre	wiedergeben
sedurre	verführen

Anm. Unregelmäßigkeiten treten nur auf:

- im unregelmäßigen Präsensstamm
- im unregelmäßigen Futurstamm
- im Passato Remoto
- im Partizip Perfekt

IMPERATIV
traduci (tu) traduca (Lei) traduciamo (noi) traducete (voi) traducano (Loro)

PLUSQUAMPERFEKT
avevo tradotto

TRAPASSATO REMOTO
ebbi tradotto

FUTUR I
tradurrò

FUTUR II
avrò tradotto

KONDITIONAL I
tradurrei

KONDITIONAL II
avrei tradotto

KONJUNKTIV PRÄSENS
traduca

KONJUNKTIV PERFEKT
abbia tradotto

KONJUNKTIV IMPERFEKT
traducessi

KONJUNKTIV PLUSQUAMPERFEKT
avessi tradotto

Dubito che l'opera *sia stata tradotta* in inglese.	Ich bezweifele, dass die Arbeit ins Englische *übersetzt worden ist.*
Mi *condusse* al teatro.	Er *führte* mich ins Theater.
***Condussero* una vita miserabile.**	Sie *führten* ein miserables Leben.
Tutte le strade *conducono* a Roma.	Alle Straßen *führen* nach Rom.
Mi *introdusse* allo studio della lingua italiana.	Er *führte* mich in das Studium der italienischen Sprache *ein.*
Quest'albero non *ha prodotto* mai frutta.	Dieser Baum *hat* nie Früchte *hervorgebracht.*
***Ho tradotto* il suo ultimo libro.**	Ich *habe* sein neuestes Buch *übersetzt.*
***Ridusse* la velocità all'angolo della strada.**	Er *verringerte* seine Geschwindigkeit an der Straßenecke.

GERUNDIUM	*PARTIZIP PERFEKT*
traendo	**tratto**

PRÄSENS
traggo
trai
trae
traiamo
traete
traggono

PERFEKT
ho tratto

VERLAUFSFORM PRÄSENS
sto traendo

VERLAUFSFORM IMPERFEKT
stavo traendo

IMPERFEKT
traevo

PASSATO REMOTO
trassi
traesti
trasse
traemmo
traeste
trassero

Ähnliche Verben

attrarre	anziehen
contrarre	erkranken an
distrarre	ablenken
estrarre	herausnehmen
sottrarre	abziehen
***sottrarsi**	herauskommen, sich drücken

Anm. Unregelmäßigkeiten treten nur auf:

- im Präsens und Konjunktiv
- im Futurstamm
- im Passato Remoto
- im Partizip Perfekt

IMPERATIV
trai (tu) **tragga** (Lei) traiamo (noi) traete (voi) **traggano** (Loro)

PLUSQUAMPERFEKT
avevo tratto

TRAPASSATO REMOTO
ebbi tratto

FUTUR I
trarrò

FUTUR II
avrò tratto

KONDITIONAL I
trarrei

KONDITIONAL II
avrei tratto

KONJUNKTIV PRÄSENS
tragga
tragga
tragga
traiamo
traiate
traggano

KONJUNKTIV PERFEKT
abbia tratto

KONJUNKTIV IMPERFEKT
traessi

KONJUNKTIV PLUSQUAMPERFEKT
avessi tratto

Non ne *traggo* nessun piacere.	Ich *habe* keinen Spaß daran.
***Trae* origine da una nobile famiglia.**	Er *führt* seinen Ursprung auf eine adlige Familie zurück.
La minima cosa lo *distraeva.*	Die kleinste Sache *lenkte* ihn *ab.*
Mi sento *attratto* verso quella ragazza.	Ich fühle mich von dem Mädchen *angezogen.*
***Sottrai* quattro da dieci.**	*Ziehe* vier von zehn *ab.*
Lo *sottrassero* alla morte.	Sie *retteten* ihn vor dem Tod.
Luigi *si sottrasse* al proprio dovere.	Luigi *drückte sich vor* seiner Pflicht.

GERUNDIUM	***PARTIZIP PERFEKT***
uccidendo	**ucciso**

PRÄSENS
uccido

VERLAUFSFORM PRÄSENS
sto uccidendo

IMPERFEKT
uccidevo

PERFEKT
ho ucciso

VERLAUFSFORM IMPERFEKT
stavo uccidendo

PASSATO REMOTO
uccisi
uccidesti
uccise
uccidemmo
uccideste
uccisero

Ähnliches Verb

***uccidersi** sich umbringen, Selbstmord begehen

Anm. Unregelmäßigkeiten treten nur auf:

- im Passato Remoto
- im Partizip Perfekt

IMPERATIV
uccidi (tu) uccida (Lei) uccidiamo (noi) uccidete (voi) uccidano (Loro)

PLUSQUAMPERFEKT
avevo ucciso

TRAPASSATO REMOTO
ebbi ucciso

FUTUR I
ucciderò

FUTUR II
avrò ucciso

KONDITIONAL I
ucciderei

KONDITIONAL II
avrei ucciso

KONJUNKTIV PRÄSENS
uccida

KONJUNKTIV PERFEKT
abbia ucciso

KONJUNKTIV IMPERFEKT
uccidessi

KONJUNKTIV PLUSQUAMPERFEKT
avessi ucciso

Ha ucciso **un lupo.**	Er *tötete* einen Wolf.
Uccise **l'uomo, sparandogli alla testa.**	Er *schoss* einen Mann durch den Kopf.
Fu ucciso **in un incidente stradale.**	Er *starb* bei einem Autounfall.
Si uccise **per disperazione.**	Er *brachte sich* aus Verzweiflung *um*.

GERUNDIUM udendo	***PARTIZIP PERFEKT*** udito

PRÄSENS **odo** **odi** **ode** udiamo udite **odono**	***PERFEKT*** ho udito
VERLAUFSFORM PRÄSENS sto udendo	***VERLAUFSFORM IMPERFEKT*** stavo udendo
IMPERFEKT udivo	***PASSATO REMOTO*** udii

Anm. Unregelmäßigkeiten treten nur auf:

- im Präsens und Konjunktiv

IMPERATIV
odi (tu) **oda** (Lei) udiamo (noi) udite (voi) **odano** (Loro)

PLUSQUAMPERFEKT
avevo udito

TRAPASSATO REMOTO
ebbi udito

FUTUR I
udirò / udrò

FUTUR II
avrò udito

KONDITIONAL I
udirei / udrei

KONDITIONAL II
avrei udito

KONJUNKTIV PRÄSENS
oda
oda
oda
udiamo
udiate
odano

KONJUNKTIV PERFEKT
abbia udito

KONJUNKTIV IMPERFEKT
udissi

KONJUNKTIV PLUSQUAMPERFEKT
avessi udito

— L'*hai* mai *udito* cantare?	*Hast* du ihn jemals singen *gehört*?
— Non ancora, ma l'*udirò* forse domani.	— Noch nicht, aber ich *werde* ihn vielleicht morgen *hören*.
Spero che Dio *oda* le mie preghiere!	Ich hoffe, dass Gott meine Gebete *erhören wird*.

GERUNDIUM	***PARTIZIP PERFEKT***
uscendo	uscito

PRÄSENS
esco
esci
esce
usciamo
uscite
escono

PERFEKT
sono uscito / a

VERLAUFSFORM PRÄSENS
sto uscendo

VERLAUFSFORM IMPERFEKT
stavo uscendo

IMPERFEKT
uscivo

PASSATO REMOTO
uscii

Ähnliches Verb

***riuscire** erfolgreich sein, etwas schaffen

Anm. Unregelmäßigkeiten treten nur auf:

- im Präsens und Konjunktiv

IMPERATIV
esci (tu) **esca** (Lei) usciamo (noi) uscite (voi) **escano** (Loro)

PLUSQUAMPERFEKT
ero uscito

TRAPASSATO REMOTO
fui uscito / a

FUTUR I
uscirò

FUTUR II
sarò uscito / a

KONDITIONAL I
uscirei

KONDITIONAL II
sarei uscito / a

KONJUNKTIV PRÄSENS
esca
esca
esca
usciamo
usciate
escano

KONJUNKTIV PERFEKT
sia uscito / a

KONJUNKTIV IMPERFEKT
uscissi

KONJUNKTIV PLUSQUAMPERFEKT
fossi uscito / a

—A che ora *usciamo* stasera?	—Um wie viel Uhr *gehen* wir heute Abend *aus*?
—Beh, io *esco* alle sette, ma Mario non *esce* fino alle sette e mezzo.	—Na ja, ich *gehe* um sieben *aus*, aber Mario *geht* nicht vor halb acht *aus*.
—E Carlo?	—Und Carlo?
—Non credo che *esca* stasera.	—Ich glaube nicht, dass er heute Abend *ausgeht*.
—Non *sei riuscito* a telefonargli?	—*Hast* du es nicht geschafft ihn *anzurufen*?

GERUNDIUM	***PARTIZIP PERFEKT***
valendo	**valso**

PRÄSENS
valgo
vali
vale
valiamo
valete
valgono

PERFEKT
sono valso / a

VERLAUFSFORM PRÄSENS
sto valendo

VERLAUFSFORM IMPERFEKT
stavo valendo

IMPERFEKT
valevo

PASSATO REMOTO
valsi
valesti
valse
valemmo
valeste
valsero

Ähnliches Verb

***prevalere** sich durchsetzen

Anm. Unregelmäßigkeiten treten nur auf:

- im Präsens und Konjunktiv
- im Passato Remoto
- im Partizip Perfekt
- im Futurstamm

IMPERATIV
vali (tu) **valga** (Lei) valiamo (noi) valete (voi) **valgano** (Loro)

PLUSQUAMPERFEKT
ero valso / a

TRAPASSATO REMOTO
fui valso / a

FUTUR I
varrò

FUTUR II
sarò valso / a

KONDITIONAL I
varrei

KONDITIONAL II
sarei valso / a

KONJUNKTIV PRÄSENS
valga
valga
valga
valiamo
valiate
valgano

KONJUNKTIV PERFEKT
sia valso / a

KONJUNKTIV IMPERFEKT
valessi

KONJUNKTIV PLUSQUAMPERFEKT
fossi valso / a

— Quanto *valgono* queste due statue?	— Wie viel *sind* diese zwei Statuen *wert?*
— Non credo che *valgano* molto.	— Ich glaube nicht, dass sie viel *wert sind.*
— Quella più grande *vale* forse mezzo milione.	— Die größere *ist* vielleicht eine halbe Million Lire *wert.*
Questo biglietto *vale* per 24 ore.	Diese Karte *gilt* 24 Stunden.
Litigarsi per una cosa tale, non *ne vale la pena.*	Um so eine Sache zu streiten *lohnt sich* nicht.
Dicono cose che non *valgono* a nulla.	Sie reden Unsinn.

GERUNDIUM	***PARTIZIP PERFEKT***
vedendo	**visto** / veduto

PRÄSENS
vedo

VERLAUFSFORM PRÄSENS
sto vedendo

IMPERFEKT
vedevo

PERFEKT
ho visto

VERLAUFSFORM IMPERFEKT
stavo vedendo

PASSATO REMOTO
vidi
vedesti
vide
vedemmo
vedeste
videro

Ähnliche Verben

***avvedersi**	erkennen
prevedere	voraussehen
provvedere	sorgen, veranlassen
rivedere	wiedersehen
travedere	verkehrt sein

Anm. Unregelmäßigkeiten treten nur auf:

- im Passato Remoto
- im Partizip Perfekt (obwohl das regelmäßige Partizip Perfekt auch benutzt wird)
- im Futurstamm

IMPERATIV
vedi (tu) veda (Lei) vediamo (noi) vedete (voi) vedano (Loro)

PLUSQUAMPERFEKT
avevo visto

TRAPASSATO REMOTO
ebbi visto

FUTUR I
vedrò

FUTUR II
avrò visto

KONDITIONAL I
vedrei

KONDITIONAL II
avrei visto

KONJUNKTIV PRÄSENS
veda

KONJUNKTIV PERFEKT
abbia visto

KONJUNKTIV IMPERFEKT
vedessi

KONJUNKTIV PLUSQUAMPERFEKT
avessi visto

— *Vedi* quell'uomo laggiù?	— *Siehst* du den Mann da unten?
— Sì, l'*ho visto* anche ieri. Chi è?	— Ja, ich *habe* ihn gestern schon *gesehen.* Wer ist er?
— Non lo so. Mai *visto* prima.	— Ich weiß es nicht, ich *habe* ihn noch nie *gesehen.*
— Credi che lui ci abbia *visti?*	— Denkst du, dass er uns *gesehen hat?*
Tu *travedi,* se credi che lui sia colpevole.	Du *irrst* dich, wenn du denkst er sei schuldig.
Non *l'ho* mai più *rivista.*	Ich *habe* sie nie wieder *gesehen.*
Avresti dovuto *preveder*lo.	Du hättest das *voraussehen sollen.*
Ti ferì senza *avvedersene.*	Sie verletzte dich, ohne es zu *merken.*
L'*ho* sempre *provveduto* di tutto.	Ich *habe* ihn immer mit allem *versorgt.*

GERUNDIUM	*PARTIZIP PERFEKT*
venendo	**venuto**

PRÄSENS
vengo
vieni
viene
veniamo
venite
vengono

PERFEKT
sono venuto / a

VERLAUFSFORM PRÄSENS
sto venendo

VERLAUFSFORM IMPERFEKT
stavo venendo

IMPERFEKT
venivo

PASSATO REMOTO
venni
venisti
venne
venimmo
veniste
vennero

Ähnliche Verben

***avvenire**	geschehen
***convenire**	vereinbaren, einsammeln
***divenire**	werden
***intervenire**	einschreiten
***pervenire**	kommen, ankommen
***provenire**	kommen aus, herkommen, stammen
†rinvenire	entdecken, wiederfinden, wieder zu sich kommen
***sopravvenire**	plötzlich kommen
***sovvenire**	helfen
***svenire**	ohnmächtig werden

Anm. Unregelmäßigkeiten treten nur auf:

- im Präsens und Konjunktiv
- im Passato Remoto
- im Partizip Perfekt
- im Futurstamm

IMPERATIV
vieni (tu) **venga** (Lei) veniamo (noi) venite (voi) vengano (Loro)

PLUSQUAMPERFEKT
ero venuto / a

TRAPASSATO REMOTO
fui venuto / a

FUTUR I
verrò

FUTUR II
sarò venuto / a

KONDITIONAL I
verrei

KONDITIONAL II
sarei venuto / a

KONJUNKTIV PRÄSENS
venga
venga
venga
veniamo
veniate
vengano

KONJUNKTIV PERFEKT
sia venuto / a

KONJUNKTIV IMPERFEKT
venissi

KONJUNKTIV PLUSQUAMPERFEKT
fossi venuto / a

Digli che *venga* subito.	Sag ihm, er *soll* sofort *kommen.*
Ha detto che *verrà* domani.	Er sagte, dass er morgen *kommen würde.*
***Ci conviene* partire subito.**	Es *ist* für uns *günstig* sofort zu fahren.
Il prezzo *è convenuto.*	Der Preis *ist vereinbart.*
Non credo che *provenga* da una buona famiglia.	Ich glaube nicht, dass er aus einer guten Familie *kommt.*
***Svenne* per la fame.**	Er *wurde* vor Hunger *ohnmächtig.*
Antonella *ha rinvenuto* un libro raro.	Antonella *hat* ein seltenes Buch *entdeckt.*
La maestra *intervenne* quando vide i due ragazzi bisticciarsi.	Die Lehrerin *schritt ein,* als sie die zwei Jungen streiten sah.

GERUNDIUM
vincendo

PARTIZIP PERFEKT
vinto

PRÄSENS
vinco

VERLAUFSFORM PRÄSENS
sto vincendo

IMPERFEKT
vincevo

PERFEKT
ho vinto

VERLAUFSFORM IMPERFEKT
stavo vincendo

PASSATO REMOTO
vinsi
vincesti
vinse
vincemmo
vinceste
vinsero

Ähnliche Verben

avvincere	binden, festbinden
convincere	überzeugen

Anm. Unregelmäßigkeiten treten nur auf:

- im Passato Remoto
- im Partizip Perfekt

IMPERATIV
vinci (tu) vinca (Lei) vinciamo (noi) vincete (voi) vincano (Loro)

PLUSQUAMPERFEKT avevo vinto	***TRAPASSATO REMOTO*** ebbi vinto
FUTUR I vincerò	***FUTUR II*** avrò vinto
KONDITIONAL I vincerei	***KONDITIONAL II*** avrei vinto
KONJUNKTIV PRÄSENS vinca	***KONJUNKTIV PERFEKT*** abbia vinto
KONJUNKTIV IMPERFEKT vincessi	***KONJUNKTIV PLUSQUAMPERFEKT*** avessi vinto

La sua bellezza mi *vinse.*	Ich *war* von ihrer Schönheit *gefangen genommen.*
***Hai vinto* un premio?**	*Hast* du einen Preis *gewonnen?*
Il partito *ha vinto*.	Die Partei *hat gewonnen.*
***Vinsi* di stretta misura.**	Ich *gewann* mit einem knappen Vorsprung.
Il ladro *avvinse* l'uomo.	Der Dieb *fesselte* den Mann.
Mi sono lasciato *vincere* dalla tentazione.	Die Versuchung *hat gesiegt.* (*wörtl.* Ich habe mich von der Versuchung besiegen lassen.)
***Fu vinto* dall'ira.**	Er *war* vom Zorn *überwältigt.*
L'*hai convinto?*	*Hast* du ihn *überzeugt?*

GERUNDIUM	***PARTIZIP PERFEKT***
vivendo	**vissuto**

PRÄSENS
vivo

VERLAUFSFORM PRÄSENS
sto vivendo

IMPERFEKT
vivevo

PERFEKT
ho vissuto / sono vissuto/a

VERLAUFSFORM IMPERFEKT
stavo vivendo

PASSATO REMOTO
vissi
vivesti
visse
vivemmo
viveste
vissero

Ähnliche Verben

† **rivivere**	wieder leben, durchleben
†**sopravvivere**	überleben, überdauern, weiterleben

Diese Verben benutzen — wie **vivere** — als Hilfsverb **avere** bei transitivem und **essere** bei intransitivem Gebrauch.

Anm. Unregelmäßigkeiten treten nur auf:

- im Passato Remoto
- im Partizip Perfekt

IMPERATIV
vivi (tu) viva (Lei) viviamo (noi) vivete (voi) vivano (Loro)

PLUSQUAMPERFEKT
avevo vissuto / ero vissuto / a

TRAPASSATO REMOTO
ebbi vissuto / fui vissuto / a

FUTUR I
vivrò

FUTUR II
avrò vissuto / sarò vissuto / a

KONDITIONAL I
vivrei

KONDITIONAL II
avrei vissuto / sarei vissuto / a

KONJUNKTIV PRÄSENS
viva

KONJUNKTIV PERFEKT
abbia vissuto / sia vissuto / a

KONJUNKTIV IMPERFEKT
vivessi

KONJUNKTIV PLUSQUAMPERFEKT
avessi vissuto / fossi vissuto / a

***Vive* in città da tre anni.**	Er *wohnt* seit drei Jahren in der Stadt.
***Visse* bene del proprio lavoro.**	Er *lebte* gut von seiner eigenen Arbeit.
Hai di che *vivere?*	*Hast* du genug zum *Leben?*
Antonio sa *vivere.*	Antonio weiß zu *leben!*
Come *si vive* così si muore. (*Proverbio*)	So wie wir *leben*, so werden wir sterben. (Sprichwort)
Vorrei *rivivere* quei momenti.	Ich würde die Momente gerne nochmal *durchleben.*
Mi sento *rivivere.*	Ich *fühle* mich wie neugeboren.
***Ha sopravvisuto* un terribile incidente stradale.**	Er *hat* einen schrecklichen Verkehrsunfall *überlebt.*

GERUNDIUM	*PARTIZIP PERFEKT*
volendo	voluto

PRÄSENS
voglio
vuoi
vuole
vogliamo
volete
vogliono

PERFEKT
ho voluto / sono voluto / a

VERLAUFSFORM PRÄSENS
sto volendo

VERLAUFSFORM IMPERFEKT
stavo volendo

IMPERFEKT
volevo

PASSATO REMOTO
volli
volesti
volle
volemmo
voleste
vollero

Anm. Das Verb **volere** wird oft als Modalverb vor einem Infinitiv verwendet. Die Wahl des Hilfsverbs — **avere** oder **essere** — hängt davon ab, welches Hilfsverb der Infinitiv benutzt. In der Umgangssprache ist jedoch **avere** häufiger, wenn ein Wunsch ausgedrückt wird.

Unregelmäßigkeiten treten nur auf:

- im Präsens und Konjunktiv
- im Passato Remoto
- im Futurstamm

IMPERATIV
vogli (tu) **voglia** (Lei) vogliamo (noi) **vogliate** (voi) **vogliano** (Loro)

PLUSQUAMPERFEKT
avevo voluto / ero voluto / a

TRAPASSATO REMOTO
ebbi voluto / fui voluto / a

FUTUR I
vorrò

FUTUR II
avrò voluto / sarò voluto / a

KONDITIONAL I
vorrei

KONDITIONAL II
avrei voluto / sarei voluto / a

KONJUNKTIV PRÄSENS
voglia
voglia
voglia
vogliamo
vogliate
vogliano

KONJUNKTIV PERFEKT
abbia voluto / sia voluto / a

KONJUNKTIV IMPERFEKT
volessi

KONJUNKTIV PLUSQUAMPERFEKT
avessi voluto / fossi voluto / a

Non capisco ciò che *vuoi dire*.	Ich *verstehe* nicht was du meinst.
***Voglio* rimanere qui in Italia.**	Ich *will* in Italien bleiben.
Non *vorrei* malintesi.	Ich *möchte* keine Missverständnisse.
Ci *vuole* almeno un'ora per andare da Anna.	Man *braucht* wenigstens eine Stunde zu Annas Haus.
***Vorresti* accompagnarmi?**	*Möchtest* du mich begleiten?
***Avevo voluto* mangiare in quel ristorante.**	Ich *wollte* in dem Restaurant essen.
La mamma non *volle* che partissimo.	Meine Mutter *wollte* nicht, dass wir fahren.

GERUNDIUM	***PARTIZIP PERFEKT***
volgendo	**volto**

PRÄSENS
volgo

VERLAUFSFORM PRÄSENS
sto volgendo

IMPERFEKT
volgevo

PERFEKT
ho volto

VERLAUFSFORM IMPERFEKT
stavo volgendo

PASSATO REMOTO
volsi
volgesti
volse
volgemmo
volgeste
volsero

Ähnliche Verben

avvolgere	einpacken
coinvolgere	verwickeln
involgere	einwickeln
ravvolgere	einwickeln, hüllen
rivolgere	richten, wenden
sconvolgere	erschüttern, verwirren, durcheinander bringen
svolgere	entfalten, abwickeln

Anm. Unregelmäßigkeiten treten nur auf:

- im Passato Remoto
- im Partizip Perfekt

IMPERATIV
volgi (tu) volga (Lei) volgiamo (noi) volgete (voi) volgano (Loro)

PLUSQUAMPERFEKT
avevo volto

TRAPASSATO REMOTO
ebbi volto

FUTUR I
volgerò

FUTUR II
avrò volto

KONDITIONAL I
volgerei

KONDITIONAL II
avrei volto

KONJUNKTIV PRÄSENS
volga

KONJUNKTIV PERFEKT
abbia volto

KONJUNKTIV IMPERFEKT
volgessi

KONJUNKTIV PLUSQUAMPERFEKT
avessi volto

Quando arrivi al semaforo, *volgi* a destra.	Wenn du zur Ampel kommst, *biege* nach rechts ab.
***Volse* i passi verso la casa.**	Er *ging* nach Hause.
***Volsi* la scenetta a mio vantaggio.**	Ich *wendete* die Situation zu meinem Vorteil.
Il tempo *volge* al brutto.	Das Wetter *verändert sich* zum Schlechten.
***Avvolse* il regalo nella carta.**	Er *wickelte* das Geschenk in Papier *ein.*
***Ho ravvolto* il vaso in molta carta.**	Ich *habe* die Vase in viel Papier *eingewickelt.*
***Sconvolsero* i suoi piani.**	Sie *brachten* seine Pläne *durcheinander.*
Si è trovato *coinvolto* nello scandalo di cui tutti parlano.	Er war in den Skandal, der das Gespräch des Tages ist, *verwickelt.*

C
SACHREGISTER

SACHREGISTER

Die angegebenen Referenzen beziehen sich auf den entsprechenden Abschnitt in ➤.*Das italienische Verbsystem.*

GRAMMATIK-THEMA	*ABSCHNITT*
Akkusativobjekt	2e
Alternativen zum Passiv	2f(vi), 9b
Dativobjekt	2e
Einfache Zeitformen	5a(i)
Einfaches Futur	6c(i)
Fragen	2h(ii)
Futur II	6c(iii)
Gerundium	2g(iii), 4b(ii)
Hilfsverben	1b, 5b
Imperativ	7
Imperfekt	6b(i)
Imperfekt der Verlaufsform	6b(ii)
Indikativ	6
Infinitiv	4a
Intransitive Verben	2a, 2d
Konditional	6d(i)
Konditional Perfekt	6d(ii)
Konjunktiv	8
Konjunktiv Imperfekt	8b
Konjunktiv Perfekt	8c(i)
Konjunktiv Plusquamperfekt	8c(ii)
Konjunktiv Präsens	8a
Modalverben	2g, 3
Negative Ausdrücke	2h(iv)
Partizip Perfekt	4b(iii)
Partizip Präsens	4b(i)
Partizipien	4b
Passato Remoto	6b(iii)
Passiv	9
Plusquamperfekt	6b(vi)
Präfixe (Vorsilben)	11d
Präpositionen	2g(ii)
Präsens	6a
Präsens Gerundium	4b(ii)
Präsens Perfekt	6b(v)
Reflexive Verben	2f, 10
Reflexivpronomen	10a, 10b, 10c
Regelmäßige Verben	11b
Sinnergänzung	2b
Stellung der Verben im Satz	2h
Transitive Verben	2c, 2d
Trapassato Remoto	6b(vii)
Übereinstimmung (Part. Perf.)	2f(v)
Unpersönliche Verben	8d(iv)
Verben mit Doppelrollen	1c
Verben mit orthographischer Veränderung	11c
Vergangenheitsformen	6b
Verlaufsformen	5b(i), 6a(ii)
Vorhersagbarkeit	11a
Zeitenfolge	8e
Zukunftsformen	6c(ii)
Zusammengesetzte Konjunktivformen	8c
Zusammengesetzte Verben	11d
Zusammengesetzte Zeitformen	5a(ii)

D VERBREGISTER

Verbregister

Ein **[M]** neben einem Verb weist darauf hin, dass es eins der Modellverben ist. Ein * vor einem Verb bedeutet, dass es **essere** benutzt.

Ein † vor einem Verb zeigt, dass es **essere** oder **avere** benutzt; normalerweise **essere**, wenn es intransitiv ist und **avere**, wenn es transitiv ist.

Die Zahl neben dem Verb weist darauf hin, welchem Modellverbmuster es folgt.

A

abbagliare *(tr)*	blenden, verblüffen 13
abbaiare *(intr)*	bellen 13
abbandonare *(tr)*	aufgeben, verlassen 3
abbassare *(tr)*	niedriger/leiser stellen, senken 3
abbattere *(tr)*	abreißen, niederschlagen 4
***abbattersi su**	stürzen, fallen 4, 7
abbondare *(intr)*	im Überfluss sein 3
abbortare *(tr)*	ansprechen 3
abbottonare *(tr)*	knöpfen 3
abbozzare *(tr)*	skizzieren 3
abbracciare *(tr)*	kuscheln, umarmen 12
***abbronzarsi** *(intr/refl)*	sich bräunen 7
abitare *(tr)*	leben, wohnen 3
abituare *(tr)*	gewöhnen 3
***abituarsi a** *(intr/refl)*	sich angewöhnen, sich gewöhnen 7
abolire *(tr)*	abschaffen 6
abortire *(tr/intr)*	abtreiben 6
***abortire** *(intr)*	versagen, missraten 6
***accadere** *(intr)*	passieren, sich herausstellen, geschehen 28
accalcarsi *(intr/refl)*	sich drängen 7, 11
accarezzare *(tr)*	streicheln, liebkosen 3
accecare *(tr)*	blenden 11
***accedere** *(intr)*	sich begeben 33
accelerare *(tr/intr)*	antreiben, beschleunigen 3
accendere *(tr)*	anmachen, beleuchten,

	anzünden (Streichholz) 17 **[M]**
***accendersi** *(intr)*	sich entzünden, sich aufregen 17, 7
accennare a *(intr)*	hinweisen, erwähnen, anspielen 3
accennare di sì *(intr)*	nicken 3
accentuare *(tr)*	betonen 3
accertare *(tr)*	versichern, feststellen 3
accettare di *(tr)*	annehmen 3
acchiappare *(tr)*	fangen 3
accludere *(tr)*	beifügen, beilegen 20
***accoccolarsi** *(intr/refl)*	hocken, sich ducken 7
accogliere *(tr)*	begrüßen 31
accomodare *(tr)*	reparieren 3
accomodarsi *(intr/refl)*	hereinkommen, sich hinsetzen 7
accompagnare *(tr)*	begleiten 3
***accondiscendere a** *(intr)*	zustimmen, einwilligen 79
acconsentire a *(intr)*	eingehen, zustimmen 5
***accontentarsi di** *(intr/refl)*	sich zufrieden geben 7
accoppiare *(tr)*	paaren, vereinen 13
***accoppiarsi** *(intr/refl)*	sich vereinen 13, 7
accorciare *(tr)*	verkürzen 12
***accorciarsi** *(intr/refl)*	sich verkürzen, anlocken 12, 7
accordare *(tr)*	bewilligen, vereinbaren, stimmen (Instrument) 3
***accordarsi** *(intr/refl)*	sich einigen 7
***accorgersi di** *(intr/refl)*	bemerken 80, 7
accorrere *(intr)*	laufen, eilen 35
accrescere *(tr)*	erhöhen, erweitern 36
accumulare *(tr)*	ansammeln, anhäufen 3
accusare di *(tr)*	anklagen, verklagen 3
accusare ricevuta di	bestätigen (Empfang) 3
acquistare *(tr)*	erwerben 3
adattare *(tr)*	anpassen 3
adattare a *(intr)*	anpassen an 3
addebitare *(tr)*	berechnen, debitieren 3
addizionare *(tr)*	zusammenzählen, addieren 3
addolcire *(tr)*	süßen 6
***addormentarsi** *(intr/refl)*	einschlafen 7
addurre *(tr)*	befördern 95
adempire *(tr)*	ausführen, leisten 6
aderire a *(intr)*	kleben, sich anschließen 6
adorare *(tr)*	verehren, anbeten 3
adottare *(tr)*	adoptieren 3
aerare *(tr)*	auslüften 3
affascinare *(tr)*	bezaubern, faszinieren 3
affermare *(tr)*	versichern, behaupten 3
afferrare *(tr)*	packen, schnappen, angreifen 3
afferrare strettamente *(tr)*	ergreifen 3
affettare *(tr)*	heucheln, in Scheiben schneiden 3

***affezionarsi a** *(intr/refl)*	gern haben, zusagen 7
affidare *(tr)*	anvertrauen 3
***affidarsi a** *(intr/refl)*	sich verlassen, vertrauen 7
affiggere *(tr)*	aufhängen, befestigen 18 **[M]**
affilare *(tr)*	schärfen 3
affittare *(tr)*	mieten, verpachten 3
affliggere *(tr)*	belasten, leiden 19 **[M]**
†affogare *(tr/intr)*	ertrinken 2, 11
affollare *(intr)*	drängen 3
affrettare *(tr)*	beeilen 3
***affrettarsi a** *(intr/refl)*	sich beeilen 7
affrontare *(tr)*	konfrontieren, mutig begegnen 3
agganciare (tr)	angeln 12
aggiogare (tr)	verbinden 11
aggiornare *(tr)*	aufschieben, weiter führen (Tagebuch) 3
***aggiornarsi** *(intr/refl)*	sich informieren 7
aggiungere *(tr)*	addieren, anbringen 52
aggiustare *(tr)*	anpassen, flicken 3
agire *(intr)*	handeln, tun 6
agire per *(intr)*	handeln für 6
agire seguendo i consigli	nach dem Rat handeln 6
agire su	handeln auf (einen Befehl) 6
agitare *(tr)*	schütteln 3
***agitarsi** *(intr/refl)*	hasten, sich beeilen 7
aiutare *(tr)*	helfen 3
albeggiare *(intr)*	tagen 12
alienare *(tr)*	entfremden 3
alimentare *(tr)*	füttern 3
allacciare *(tr)*	festschnallen 12
allargare *(tr)*	erweitern, vergrößern 11
allarmare *(tr)*	alarmieren 3
allattare *(tr)*	stillen (Baby), säugen 3
alleggerire *(tr)*	erleichtern 6
***allenarsi** *(intr/refl)*	trainieren 7
allentare *(tr)*	lockern 3
allevare *(tr)*	heben, aufrichten 3
alleviare *(tr)*	erleichtern 13
allineare *(tr)*	in eine Linie bringen 3
***allinearsi** *(intr/refl)*	sich aufstellen 7
alloggiare *(tr)*	hausen, wohnen 12
alloggiare in *(intr)*	bleiben (als Gast) 12
allontanare *(tr)*	enfernen 3
***allontanarsi da** *(intr/refl)*	sich entfernen von 7
alludere a *(intr)*	anspielen auf, andeuten 20 **[M]**
allungare *(tr)*	herausziehen, länger werden, ausstrecken 11
alterare *(tr)*	ändern 3
alternare *(tr)*	abwechseln 3

alzare *(tr)*	hoch heben, aufstellen (Preis) 3
alzare *(tr)* **la voce**	die Stimme erheben 3
alzare gli occhi *(tr)*	aufsehen, die Augen erheben 3
***alzarsi** *(intr/refl)*	aufstehen, stehen 7
amalgamare *(tr)*	amalgamieren 3
amare *(tr)*	lieben 3
ammaccare *(tr)*	verbeulen 11
***ammalarsi** *(intr/refl)*	krank werden 7
ammettere di *(tr)*	zulassen, zugeben, erlauben 54
ammiccare a qlcu. *(intr)*	blinzeln 11
amministrare *(tr)*	verwalten, managen 3
ammirare *(tr)*	bewundern 3
ammobiliare *(tr)*	möblieren, ausrüsten 13
†ammontare a *(intr/tr)*	aufrechnen, betragen 3
ammorbidire *(tr)*	weich machen 6
ammucchiare *(tr)*	häufen, aufhäufen 13
***ammucchiarsi** *(intr/refl)*	sich aufhäufen 13, 7
ammuffire *(intr)*	schimmeln 6
amplificare *(tr)*	vergrößern 11
amputare *(tr)*	amputieren 3
analizzare *(tr)*	analysieren 3
ancorare *(tr)*	ankern, vertäuen 3
***andare** *(intr)*	gehen, fahren (Auto) 21 **[M]**
***andare a fare le spese** *(intr)*	einkaufen gehen 21
***andare a prendere** *(tr)*	abholen 21
***andare a trovare** *(tr)*	besuchen 21
***andare a vapore** *(intr)*	dampfen, gut vorankommen 21
***andare avanti** *(intr)*	weitergehen 21
***andare bene** *(intr)*	passen, richtige Größe sein, in Farbe passen 21
***andare bene a** *(intr)*	anpassen 21
***andare d'accordo con** *(intr)*	sich vertragen mit 21
***andare da** *(intr)*	gehen zu (Arzt) 21
***andare in autobus** *(intr)*	Bus fahren 21
***andare in bicicletta** *(intr)*	Rad fahren 21
***andare in fretta** *(intr)*	schnell fahren/gehen 21
***andare in pensione** *(intr)*	in Pension gehen 21
***andare meglio** *(intr)*	besser werden 21
***andare pazzo per** *(intr)*	schwärmen 21
***andarsene** *(refl/intr)*	weggehen, verlassen 21
anestetizzare *(tr)*	betäuben 3
animare *(tr)*	animieren, erhellen 3
annegare *(tr)*	ertrinken 11
†annerire *(tr)*	schwärzen 6
annettere *(tr)*	anschließen, beitragen 22 **[M]**
annichilire *(tr)*	vernichten 6
annodare *(tr)*	knoten (Seil) 3
annoiare *(tr)*	langweilen 13
***annoiarsi** *(intr/refl)*	sich langweilen 13, 7

annullare *(tr)*	aufheben, abschreiben 3
***annullarsi** *(intr/refl)*	ausstreichen 7
annunziare *(tr)*	bekannt machen 13
***annuvolarsi** *(intr/refl)*	bewölken 7
ansimare *(intr)*	keuchen 3
anticipare *(tr)*	vorbezahlen, erwarten 3
appannarsi *(intr/refl)*	sich einnebeln 7
apparecchiare *(tr)*	decken (Tisch) 13
***apparire** *(intr)*	erscheinen, sich zeigen 23 **[M]**
appartenere *(intr)*	gehören 92
***appassire** *(intr)*	welken 6
***appellarsi a** *(intr/refl)*	sich wenden, appellieren 7
appendere *(tr)*	hängen, aufhängen 17
appianare *(tr)*	einebnen, beseitigen (Problem) 3
appiattire *(tr)*	abflachen 6
applaudire *(intr)*	applaudieren, klatschen 6
applicare *(tr)*	anbringen, gebrauchen 11
applicare *(tr)* **le manette a**	Handschellen anlegen 11
***appoggiarsi** *(intr/refl)*	gegen etw. lehnen (Rücken) 12, 7
apporre *(tr)*	anbringen, hinzufügen 64
apprendere a *(tr)*	lernen 66
***apprestarsi a** *(intr/refl)*	sich fertig machen 7
apprezzare *(tr)*	schätzen, würdigen 3
***approfittare di** *(intr)*	ausnutzen 3
approfondire *(tr)*	vertiefen 6
appropriare *(tr)*	verwenden 13
appropriarsi indebitamente di(intr/refl)*	unterschlagen 13, 7
approssimare *(tr)*	sich nähern 3
approvare *(tr)*	anerkennen, bewilligen (Gesetz) 3
aprire *(tr)*	öffnen 24 **[M]**
aprire con chiave *(tr)*	aufschließen 24
arare *(tr)*	pflügen 3
arbitrare *(tr)*	entscheiden, ordnen 3
ardere *(tr)*	brennen 47
armare *(tr)*	bewaffnen 3
armonizzare *(intr)*	harmonieren, passen 3
aromatizzare *(tr)*	würzen 3
***arrabbiarsi con** *(intr/refl)*	sich ärgern 13, 7
arrampicare *(tr)*	klettern 11
***arrendersi** *(intr/refl)*	sich ergeben 71, 7
arrestare *(tr)*	festnehmen, stoppen 3
†arricchire *(intr/tr)*	bereichern, reich werden 6
arricciare *(tr)*	kräuseln 12
arrischiare *(tr)*	wagen, riskieren 13
***arrivare a** *(intr)*	ankommen 2
***arrossire** *(intr)*	erröten 6
arrostire *(tr)*	braten 6
arrotondare *(tr)*	näher kommen, runden 3

***arrugginirsi** *(intr / refl)*	rosten 6, 7
arruolare *(tr)*	eintragen 3
***arruolarsi** *(intr / refl)*	Soldat werden 7
***ascendere** *(intr)*	aufsteigen 79
asciugare *(tr)*	trocknen, wischen, aufwischen 11
ascoltare *(tr)*	hören, zuhören 3
aspergere *(tr)*	streuen 84
aspettare *(tr)*	warten 3
***aspettarsi di** *(intr / refl)*	erwarten 7
aspirare a *(intr)*	streben 3
assalire *(tr)*	angreifen, ergreifen 77
assassinare *(tr)*	ermorden 3
assegnare *(tr)*	zuteilen, anweisen, gewähren 3
***assentarsi da** *(intr / refl)*	abwesend sein 7
assicurare *(tr)*	sichern, versichern, schützen 3
assimilare *(tr)*	assimilieren 3
assistere *(tr)*	helfen, behandeln 25 **[M]**
assistere a *(intr)*	anwesend sein, dabei sein, beobachten, teilnehmen an 25
associare *(tr)*	assoziieren 12
assolvere *(tr)*	freisprechen, erfüllen 74
assomigliare a *(intr)*	ähneln 13
***assopirsi** *(intr / refl)*	einnicken 6, 7
assorbire *(tr)*	aufnehmen, saugen 6
assordare *(tr)*	betäuben 3
assottigliare *(tr)*	zuspitzen, dünn machen 13
assumere *(tr)*	annehmen, anstellen 26 **[M]**
***assumersi** *(intr / refl)*	übernehmen, auf sich nehmen 26, 7
***astenersi da** *(intr / refl)*	sich enthalten 92, 7
astrarre *(tr)*	abziehen 96
atomizzare *(tr)*	zerstäuben 3
attaccare *(tr)*	befestigen, aufhängen (Telefon) 11
attendere *(tr / intr)*	warten 91
atterrire *(tr)*	erschrecken 6
attestare *(tr)*	bürgen 3
attingere *(tr)*	entwerfen, herausziehen 93
attirare / attrarre *(tr)*	anziehen, anlocken 3, 86, 96
attorcigliare *(tr)*	drehen 13
attrarre *(tr)*	anziehen 96
attraversare *(tr)*	vorbei/herüberkommen, herüber/durchgehen, überqueren 3
attraversare velocemente *(tr)*	hinwegschießen (Fluss) 3
attribuire *(tr)*	zuerkennen 6
attutire *(tr)*	dämpfen, mildern, schwächen 6
†aumentare *(intr / tr)*	steigen, addieren, zunehmen, ansteigen (Preise) 3
autorizzare a *(tr)*	berechtigen, erlauben, ermächtigen 3

	†**avanzare** *(intr / tr)*	fortschreiten, vorrücken, übrig bleiben, vorgehen 3
	avanzare a fatica *(intr)*	sich dahinschleppen 3
	***avanzarsi** *(intr / refl)*	vorrücken 7
	avere *(tr)*	haben 27 **[M]**
	avercela con *(tr)*	Abneigung haben 27
	avere bisogno di *(tr)*	brauchen, erfordern 27
	avere caldo *(tr)*	heiß fühlen 27
	avere cura di *(tr)*	aufpassen 27
	avere da *(tr)*	müssen 27
	avere disponibile *(tr)*	bereit halten 27
	avere fiducia in *(tr)*	vertrauen 27
	avere freddo *(tr)*	kalt sein/fühlen 27
	avere il prurito *(tr)*	jucken *(unpers.)* 27
	avere in mente di *(tr)*	im Kopf haben 27
	avere l'aria di *(tr)*	scheinen 27
	avere l'intenzione di *(tr)*	denken, beabsichtigen 27
	avere la diarrea *(tr)*	Durchfall haben 27
	avere luogo *(tr)*	stattfinden 27
	avere mal di mare *(tr)*	seekrank sein 27
	avere paura di *(tr)*	Angst haben vor 27
	avere qlc. in contrario a *(tr)*	einwenden 27
	avere ragione *(tr)*	Recht haben 27
	avere tendenza ad *(tr)*	tendieren 27
	avere torto *(tr)*	Unrecht haben 27
	avere un rapporto sessuale con *(tr)*	Geschlechtsverkehr haben mit 27
	avere un ruolo importante *(tr)*	eine große Rolle spielen 27
	avere uno strappo muscolare *(tr)*	einen gezerrten Muskel haben 27
	avere vergogna di *(tr)*	sich schämen 27
	avere voglia di *(tr)*	Lust haben zu 27
	avvedersi *(refl)*	erkennen 101
	avvelenare *(tr)*	vergiften 3
	***avvenire** *(intr)*	passieren, geschehen 102
	***avventurarsi** *(intr / refl)*	wagen 7
	avvertire *(tr)*	warnen 5
	***avviarsi verso...** *(intr / refl)*	sich in Richtung...bewegen 13, 7
	avvicinare *(tr)*	sich nähern 3
	***avvicinarsi a** *(intr)*	herantreten, sich heranarbeiten 7
	avvincere *(tr)*	binden, festbinden, packen 103
	avvisare *(tr)*	raten, informieren 3
	avvistare *(tr)*	sehen 3
	avvitare *(tr)*	schrauben 3
	avvolgere *(tr)*	einpacken, einwickeln 106
	avvolgersi *(intr)*	sich wickeln 106, 7
	***azzardarsi** *(intr / refl)*	sich trauen 7
	***azzuffarsi** *(intr / refl)*	zanken 7
B	**baciare** *(tr)*	küssen 13
	badare *(intr)*	achtgeben, aufpassen 3
	badare a *(intr)*	nachsehen, kümmern 3

	badare di *(intr)*	sich besorgen 3
	bagnare *(tr)*	baden, nass machen 3
	***bagnarsi** *(intr/refl)*	baden 7
	balbettare *(tr)*	stottern 3
	ballare *(tr)*	tanzen 3
	barattare *(tr)*	tauschen, austauschen 3
	barcollare *(intr)*	schwanken, taumeln 3
	barricare *(tr)*	verbarrikadieren 11
	basare *(tr)*	basieren 3
	***bastare** *(intr)*	genug sein, ausreichend sein 3
	battere *(tr)*	schlagen, treffen, verprügeln 4
	battere le palpebre *(tr)*	zwinkern 4
	battere violentemente *(tr)*	schlagen 4
	battezzare *(tr)*	taufen 3
	beccare *(tr)*	aufpicken (Huhn) 11
	belare *(intr)*	blöken (Tiere) 3
	bendare *(tr)*	verbinden 3
	benedire *(tr)*	segnen 9
	bere *(tr)*	trinken 8 **[M]**
	***biforcarsi** *(intr/refl)*	sich verzweigen (Straße), erweitern 11, 7
	bighellonare *(intr)*	schlendern 3
	bilanciare *(tr)*	ausgleichen, gleich machen 12
	biodegradare *(tr)*	biologisch abbauen 6
	bisbigliare *(tr)*	flüstern 13
	***bisognare** *(intr)*	brauchen 3
	bloccare *(tr)*	blocken, stoppen 11
	bocciare *(tr)*	durchfallen lassen (Test) 12
	boicottare *(tr)*	boykottieren 3
	bollare *(tr)*	stempeln 3
	bollire *(tr)*	kochen 5
	bollire lentamente *(tr)*	langsam kochen 5
	bombardare *(tr)*	bombardieren, beschießen 3
	brevettare *(tr)*	patentieren 3
	brillare *(intr)*	scheinen, übertreffen 3
	brontolare *(intr)*	knurren, murren, meckern 3
	bruciare *(tr)*	brennen 12
	brulicare di *(intr)*	krabbeln/wimmeln vor (Insekten) 11
	bussare *(tr)*	klopfen 3
	buttare via *(tr)*	wegwerfen 3
C	**cacciare** *(tr)*	jagen, vertreiben, weggehen veranlassen 12
	cacciare di frodo *(tr)*	unerlaubt jagen 12
	***cadere** *(intr)*	fallen 28 **[M]**
	calare *(tr)*	senken 3
	calare *(tr)*	stellen, hinuntergehen 3
	calciare *(tr)*	treten 12
	calcolare *(tr)*	kalkulieren, ausarbeiten, planen 3

calmare *(tr)*	beruhigen, verringern 3
***calmarsi** *(intr/refl)*	sich beruhigen 7
calunniare *(tr)*	verleumden 13
calzarsi** ***(intr/refl)	Schuhe anziehen 7
†cambiare *(tr)*	ändern, tauschen, austauschen 13
camminare *(intr)*	wandern, gehen 3
camminare a grandi passi *(intr)*	schreiten 3
†campare *(intr)*	leben 3
campeggiare *(intr)*	zelten 12
cancellare *(tr)*	absagen, streichen 3
cantare *(intr/tr)*	singen 3
canterellare *(intr/tr)*	summen 3
capire *(tr)*	verstehen, erkennen 6
***capitare** *(intr)*	passieren 3
capovolgere *(tr)*	umdrehen 106
caratterizzare *(tr)*	charakterisieren 3
carezzare *(tr)*	streicheln 3
caricare *(tr)*	aufziehen (Uhr), aufladen, aufsatteln 11
***cascare**	fallen 11
catalogare *(tr)*	katalogisieren 11
catturare *(tr)*	fangen 3
causare *(tr)*	verursachen 3
cavalcare *(intr/tr)*	reiten 11
cedere *(tr)* **a**	aufgeben, sich ergeben, einbringen 33
celebrare *(tr)*	feiern 3
cenare *(intr)*	essen, zu Abend essen 3
censurare *(tr)*	zensieren, tadeln 3
centralizzare *(tr)*	zentralisieren 3
centrifugare *(tr)*	schleudern 11
cercare *(tr)*	suchen, nachsehen 11
cercare di *(tr)*	versuchen zu 11
cercare errori *(tr)*	Fehler suchen 11
certificare *(tr)*	bescheinigen 11
cessare di *(tr)*	stoppen, aufhören 3
chiacchierare *(intr)*	unterhalten, schwatzen 3
chiamare *(tr)*	rufen, nennen 3
chiamare con un cenno *(tr)*	winken 3
***chiamarsi** *(intr)*	heißen 7
chiarificare *(tr)*	erklären 11
chiarire *(tr)*	aufklären 6
chiedere *(tr)*	fragen, verlangen, bitten um, fragen nach 29 **[M]**
chiedere a qlcu. di *(tr)*	jemanden bitten etwas zu tun 29
chiedere l'elemosina *(tr)*	betteln 29
chiedere notizie di qlcu. *(tr)*	nach jemanden fragen 29
chiedere scusa a *(intr)*	sich entschuldigen 29
***chinarsi** *(intr/refl)*	sich bücken, verbeugen 7

chiudere *(tr)*	schließen 30 **[M]**
chiudere a chiave *(tr)*	abschließen 30
chiudere con catenaccio *(tr)*	verriegeln 30
cigolare *(intr)*	knarren 3
cinguettare *(intr)*	zwitschern 3
cintare *(tr)*	fechten 3
circolare *(tr)*	zirkulieren, herumgehen 3
circondare con *(tr)*	umschließen, umgeben 3
circondare con una siepe *(tr)*	einengen 3
citare *(tr)*	zitieren 3
civettare *(intr)*	kokettieren 3
classificare *(tr)*	einstufen, sortieren klassifizieren 11
coabitare *(intr)*	zusammenleben 3
coesistere *(intr)*	koexistieren 25
cogliere *(tr)*	pflücken, wahrnehmen 31 **[M]**
coincidere *(intr)*	übereinstimmen 39
coinvolgere *(tr)*	verwickeln 106
colare *(intr / tr)*	lecken, sieben 3
collaborare *(tr)*	zusammenarbeiten 3
collocare *(tr)*	stellen 11
colorare *(tr)*	färben 3
colpire *(tr)*	beeindrucken, schockieren, schlagen 6
colpire a morte *(tr)*	tot schlagen 6
colpire violentemente *(tr)*	schlagen 6
coltivare *(tr)*	Land bebauen, landwirtschaften, anbauen 3
comandare *(intr / tr)*	befehlen 3
combattere *(tr)*	kämpfen, ringen 4
†cominciare a *(tr)*	anfangen, beginnen, einführen, gründen 12
commemorare *(tr)*	gedenken 3
commentare *(tr)*	kommentieren 3
commerciare in *(intr)*	handeln mit 12
commettere *(tr)*	begehen 54
commuovere *(tr)*	berühren, bewegen 15
commutare *(tr)*	pendeln 3
comp(e)rare *(tr)*	kaufen 1
***comparire** *(intr)*	erscheinen 6
compatire *(tr)*	bemitleiden 6
***compiacere** *(intr)*	gefällig sein, entgegen kommen 61
compiangere *(tr)*	bedauern, mitfühlen 62
compiere / compire *(tr)*	beenden, erreichen 6
compilare *(tr)*	zusammenstellen, ausfüllen 3
completare *(tr)*	vervollständigen 3
complicare *(tr)*	komplizieren 11
complimentare *(tr)*	Kompliment machen, beglückwünschen 3

comporre *(tr)*	aufsetzen, wählen (Telefon) 64
comporre un indice *(tr)*	Index aufsetzen 64
comporre il numero *(tr)*	Nummer wählen (Telefon) 64
***comportarsi** *(intr/refl)*	benehmen 7
comprare *(tr)*	kaufen 1 **[M]**
comprare il silenzio di qlcu. *(tr)*	jdn. bestechen 1
comprendere *(tr)*	verstehen, bestehen aus 66
comprimere *(tr)*	sich verdichten 32 **[M]**
compromettere *(tr)*	kompromittieren 54
computare *(tr)*	berechnen 3
comunicare *(intr/tr)*	übermitteln, kommunizieren 11
comunicare per radio *(intr/tr)*	funken 11
concedere a *(tr)*	gewähren, zugeben 33 **[M]**
concentrare *(tr)*	konzentrieren 3
***concentrarsi in** *(intr/refl)*	kreisen um 7
concepire *(tr)*	vorstellen 6
concludere *(tr)*	beenden, erreichen 30, 20
concretare *(tr)*	konkretisieren 3
concupire *(tr)*	begehren 6
condannare *(tr)*	verurteilen 3
condannare qlcu. a *(tr)*	jdn. verurteilen zu 3
condensare *(tr)*	kondensieren 3
condire *(tr)*	würzen 6
condire con pepe *(tr)*	pfeffern 6
condividere *(tr)*	teilen 43
condividere *(tr)* **i sentimenti altrui**	mitfühlen 43
***condolersi** *(intr/refl)*	mittrauern, Beileid aussprechen 44, 7
condurre *(tr)*	führen, leiten, fahren 95
conferire *(tr)*	sich beraten 6
confermare *(tr)*	bestätigen 3
confessare *(tr)*	gestehen, beichten 3
confezionare *(tr)*	schneidern, verpacken 3
conficcare *(tr)*	einschlagen (Nagel) 11
confidare in *(intr)*	anvertrauen/vertrauen auf 3
confinare con *(intr)*	begrenzen 3
confondere *(tr)*	verwirren, durcheinander bringen 50
***conformarsi a** *(intr/refl)*	einer Sache entsprechen 7
confortare *(tr)*	trösten 3
confrontare *(tr)*	vergleichen 3
confutare *(tr)*	widerlegen 3
congedare *(tr)*	entlassen 38
***congedarsi** *(intr/refl)*	sich verabschieden 38, 7
congiungere *(tr)*	verbinden, passen 52
***congratularsi con** *(intr/refl)*	gratulieren 7
connettere *(tr)*	verbinden 54, 22
conoscere *(tr)*	kennen, kennen lernen 34 **[M]**
conquistare *(tr)*	besiegen, gewinnen 3

consegnare *(tr)*	beliefern 3
consentire *(tr/intr)*	zustimmen, erlauben 5
conservare *(tr)*	erhalten 3
considerare *(tr)*	berücksichtigen, betrachten als 3
consigliare a qlcu. di *(intr/tr)*	jdn. beraten 13
consistere di *(intr)*	bestehen aus 25
consolare *(tr)*	trösten 3
consolidare *(tr)*	vereinigen 3
consultare *(tr)*	konsultieren 3
consumare *(tr)*	konsumieren, verbrauchen 3
contaminare *(tr)*	verunreinigen 3
contare *(tr)*	zählen 3
contare su *(intr)*	zählen auf 3
contemplare *(tr)*	untersuchen, betrachten 3
contendere *(tr/intr)*	kämpfen 91
contenere *(tr)*	enthalten 92
continuare a *(intr)*	weitermachen 3
contorcere *(tr)*	verziehen, verzerren 94
contrabbandare *(tr)*	schmuggeln 38
contraddire *(tr)*	widersprechen 9
contraffare *(tr)*	fälschen 10
contrarre *(tr)*	erkranken an 96
contrastare *(tr)*	kontrastieren 3
contravvenire *(tr)*	verstoßen gegen 102
contribuire a *(tr)*	beitragen zu 6
controllare *(tr)*	kontrollieren, überwachen, bedienen 3
†convenire *(tr/intr)*	vereinbaren, einsammeln 102
conversare *(intr)*	sich unterhalten 3
convertire *(tr)*	konvertieren 5
convincere a *(tr)*	überzeugen 103
convocare *(tr)*	auffordern 11
cooperare *(intr)*	kooperieren 3
coordinare *(tr)*	koordinieren 3
copiare *(tr)*	kopieren, aufschreiben 13
coprire *(tr)*	decken, zudecken, bedecken 24
***coricarsi** *(intr/refl)*	sich hinlegen 7
coronare *(tr)*	krönen 3
correggere *(tr)*	korrigieren, verbessern 70
†correre a *(tr/intr)*	laufen, rasen 35 **[M]**
corrispondere *(intr)*	entsprechen, korrespondieren 75
corrodere *(tr)*	korrodieren 47
corrompere *(tr)*	verderben 76
corrugare *(tr)*	kräuseln 11
corteggiare *(tr)*	umwerben 12
cospirare *(intr)*	konspirieren 3
***costare** *(intr)*	kosten 3
costeggiare *(tr)*	umgehen 12
costernare *(tr)*	bestürzen 3

	costituire *(tr)*	gründen, bilden 6
	costringere a *(tr)*	zwingen, einzwängen, festnageln 88
	costruire *(tr)*	bauen, erbauen 6
	costruire un ponte su *(intr)*	eine Brücken errichten 6
	covare *(tr)*	(aus)brüten, nisten 3
	creare *(tr)*	schaffen, kreieren 3
	credere di *(tr)*	glauben 4
	credere a / in *(intr)*	glauben an 4
	cremare *(tr)*	einäschern 3
	***crepare** *(intr)*	bersten, rissig werden, krepieren 3
	†crescere *(tr / intr)*	wachsen, aufwachsen 36 **[M]**
	cristallizzare *(tr)*	kristallisieren 3
	criticare *(tr)*	kritisieren 11
	crocifiggere *(tr)*	kreuzigen 18
	crollare *(tr)*	zusammenbrechen 3
	cronometrare *(tr)*	(mit der Uhr) stoppen 3
	cucire *(tr)*	nähen 5
	cucire con graffette *(tr)*	klammern 5
	cuocere *(tr)*	kochen 37 **[M]**
	cuocere a stufato *(tr)*	schmoren 37
	cuocere a vapore *(tr)*	dampfen, im Dampfbad erhitzen 37
	cuocere ai ferri (tr)	grillen 37
	cuocere al forno *(tr)*	backen 37
	curare *(tr)*	sorgen für, pflegen, behandeln (Patient) 3
	curvare *(tr)*	biegen 3
	***curvarsi** *(intr)*	sich bücken 7
D	**danneggiare** *(tr)*	beschädigen 12
	dannare *(tr)*	verdammen 3
	dare *(tr)*	geben 38 **[M]**
	dare (un esame) *(tr)*	(eine Prüfung) machen 38
	dare (frutti) *(tr)*	Früchte tragen 38
	dare il benvenuto a *(intr)*	willkommen heißen 38
	dare a nolo *(tr)*	vermieten 38
	dare alla luce *(tr)*	zur Welt bringen 38
	dare del Lei a qlcu. *(tr)*	siezen 38
	dare del tu a qlcu. *(tr)*	duzen 38
	dare del voi a qlcu. *(tr)*	'ihr'-Form benutzen 38
	dare forma a *(tr)*	formen 38
	dare il colpo di grazia a *(tr)*	beenden, Gnadenschuss geben 38
	dare su *(intr)*	öffnen (Türen) 38
	dare sui nervi *(intr)*	auf die Nerven gehen 38
	dare un nome a *(tr)*	einen Namen geben 38
	dare un pugno a *(tr)*	boxen 38
	dare un'occhiata a *(tr)*	einen Blick werfen 38
	dare via *(tr)*	weggeben 38

***darsi a** *(intr/refl)*	anfangen, sich angewöhnen 38, 7
***darsi delle arie** *(intr/refl)*	zeigen, angeben 38, 7
decidere di *(tr)*	entscheiden, sich entscheiden, vereinbaren 39 **[M]**
decidere su *(intr)*	über etwas entscheiden 39
***decidersi a** *(intr/refl)*	sich für etw. entscheiden 39, 7
decifrare *(tr)*	entschlüsseln 3
declinare *(tr)*	ablehnen 3
decollare *(tr)*	abfliegen 3
decomporre *(tr)*	zerlegen 64
decorare *(tr)*	schmücken, dekorieren 3
***decrescere** *(intr)*	abnehmen, fallen 36
decretare *(tr)*	verordnen 3
dedicare *(tr)*	weihen, widmen 11
***dedicarsi a** *(intr/refl)*	sich etw. widmen 11, 7
dedurre *(tr)*	folgern 95
definire *(tr)*	bestimmen, definieren 6
defraudare *(tr)*	betrügen 3
degradare *(tr)*	erniedrigen 3
delegare *(tr)*	delegieren 11
deliberare *(tr/intr)*	beschließen, entscheiden 3
delineare *(tr)*	skizzieren, umreißen 3
deludere *(tr)*	enttäuschen, frustrieren, täuschen 30, 20
demolire *(tr)*	zerstören 6
denudare *(tr)*	entblößen 3
denunciare *(tr)*	anzeigen, (an)melden 12
***deperire** *(intr)*	verfallen, faulen 6
depositare *(tr)*	deponieren 3
depositare in una banca *(tr)*	in einer Bank deponieren 3
deprimere *(tr)*	deprimieren, traurig machen 32
deridere *(tr)*	verspotten, auslachen 72
***derivare da** *(intr)*	gewonnen sein von, springen, sich ergeben aus 3
derubare *(tr)*	bestehlen 3
descrivere *(tr)*	beschreiben 81
desiderare *(tr)*	begehren, wünschen, wollen 3
designare *(tr)*	bestimmen, beauftragen, benennen 3
desumere *(tr)*	schließen, annehmen, folgern 26
detenere *(tr)*	aufhalten, anhalten 92
deteriorare *(tr)*	sich verschlechtern 3
determinare *(tr)*	bestimmen 3
detestare *(tr)*	verabscheuen 3
dettare *(tr)*	diktieren 3
devastare *(tr)*	verwüsten 3
deviare *(tr)*	abweichen, ablenken 13
devolvere *(intr)*	zurückgeben 4
diagnosticare *(tr)*	diagnostizieren 11

dibattere *(tr)*	debattieren 4
dichiarare di *(tr)*	behaupten, erklären 3
difendere da *(tr)*	verteidigen vor 17
differenziare *(tr)*	unterscheiden 13
differire *(intr)*	sich unterscheiden 6
diffidare di *(intr)*	misstrauen 3
diffondere *(tr)*	austeilen, verbreiten 50
digerire *(tr)*	verdauen 6
digiunare *(intr)*	fasten 3
diluire *(tr)*	verdünnen 6
***dimagrire** *(intr)*	schlank werden, abnehmen 6
dimenticare di *(tr)*	vergessen, zurücklassen 11 **[M]**
***dimenticarsi di** *(intr/refl)*	sich nicht erinnern an 11, 7
***dimettersi** *(intr/refl)*	zurücktreten 54, 7
†diminuire *(intr/tr)*	abnehmen, vermindern, verringern, verkleinern 6
dimostrare *(tr)*	demonstrieren, zeigen/beweisen (Umschuld) 3
***dipendere da** *(intr)*	abhängig sein, darauf ankommen 17
dipingere *(tr)*	darstellen, malen 86, 93
dire di *(tr)*	sagen, äußern, erzählen, bestellen 9 **[M]**
dirigere *(tr)*	anweisen, dirigieren, kontrollieren, führen 40 **[M]**
***dirigersi verso** *(intr/refl)*	sich wenden, sich richten 40, 7
disapprovare *(tr)*	missbilligen 3
disarmare *(tr)*	entwaffnen 3
discendere *(tr/intr)*	hinuntergehen 79
dischiudere *(tr)*	bekannt machen, öffnen 30
disciogliere *(tr)*	auflösen 31
discorrere di *(intr)*	reden, sprechen über 35
discutere *(tr)*	diskutieren, argumentieren, debattieren, bestreiten 41 **[M]**
discutere di *(intr)*	sprechen über 41
disdegnare *(tr)*	verhöhnen 3
disegnare *(tr)*	zeichnen 3
diseredare *(tr)*	enterben 3
disfare *(tr)*	aufmachen, auspacken 10
***disfarsi di** *(intr/refl)*	loswerden 10, 7
disgiungere *(tr)*	trennen 52
disilludere *(tr)*	desillusionieren 20
disinfettare *(tr)*	desinfizieren 3
disintegrare *(tr)*	sich auflösen 3
disorganizzare *(tr)*	auflösen, zerrütten 3
dispensare *(tr)*	befreien 3
disperare *(intr)*	verzweifeln 3
disperdere *(intr)*	zerstreuen 59
***dispiacere** *(intr)*	missfallen, verstimmen 61

disporre *(tr)*	anordnen, ordnen 64
disprezzare *(tr)*	verachten 3
***dissetarsi** *(intr / refl)*	löschen (Durst) 7
dissodare *(tr)*	ausgraben 3
dissolvere *(tr)*	auflösen 74
dissuadere *(tr)*	abraten 60
distendere *(tr)*	strecken, dehnen 91
distinguere *(tr)*	unterscheiden, wahrnehmen, erkennen 42 **[M]**
distogliere *(tr)*	abbringen, ablenken 31
distorcere *(tr)*	verdrehen 94
distrarre *(tr)*	ablenken 96
distribuire *(tr)*	austeilen (Karten), handeln, ausgeben, verteilen 6
districare *(tr)*	entwirren 11
distruggere *(tr)*	zerstören 89
disturbare *(tr)*	stören, beunruhigen, aufregen 3
disubbidire a *(intr)*	nicht gehorchen 6
divagare *(intr)*	schwafeln 11
***divenire** *(intr)*	werden 102
***diventare** *(intr)*	werden, verwandeln 3
***diventare grigio** *(intr)*	grau werden (Haar) 3
***diventare peggio** *(intr)*	sich verschlechtern 3
divergere *(intr)*	auseinander gehen 84
divertire *(tr)*	amüsieren 5
***divertirsi a** *(intr / refl)*	sich amüsieren/erfreuen 5, 7
dividere *(tr)*	teilen, trennen, abtrennen, zerteilen 43 **[M]**
dividere a metà *(tr)*	halbieren 43
divorare *(tr)*	verschlingen 3
divorziare (tr / intr)	scheiden 13
***divorziarsi** *(intr / refl)*	sich scheiden lassen 13, 7
***dolere** *(intr)*	schmerzen 44 **[M]**
domandare *(tr)* **qlco. a qlcu.**	jdn. nach etw. fragen 3
domandare di *(intr)*	nach etw. fragen 3
***domandarsi** *(intr / refl)*	sich wundern, sich fragen 7
domare *(tr)*	zähmen 3
dominare *(tr)*	meistern 3
dominare dall'alto *(tr)*	übersehen 3
donare *(tr)*	spenden, stiften 3
dondolare *(tr)*	wiegen, schaukeln 3
dormire *(intr)*	schlafen 5 **[M]**
dormire troppo a lungo *(intr)*	verschlafen 5
dosare *(tr)*	dosieren 3
†dovere *(intr)*	müssen, verpflichtet sein, sollen, schulden 45 **[M]**
†dovere fare qlco. *(intr)*	etwas tun sollen 45
drogare *(tr)*	Rauschgift geben/nehmen, dopen (Sport) 11

	drogarsi *(intr/refl)*	drogensüchtig werden 11, 7
	dubitare *(tr)*	bezweifeln 3
	duplicare *(tr)*	verdoppeln 11
	durare *(intr)*	weitergehen, dauern 3
E	**eccitare** *(tr)*	erregen, bewegen, aufbringen 3
	echeggiare *(intr)*	zurückwerfen 12
	editare *(tr)*	herausgeben 3
	educare *(tr)*	erziehen, ausbilden, aufziehen (Kinder) 11
	elaborare *(tr)*	bearbeiten (Daten) 3
	eleggere *(tr)*	wählen 53
	elencare *(tr)*	auflisten 11
	elettrificare *(tr)*	elektrifizieren 11
	***elevarsi** *(intr/refl)*	hoch schnellen (Preise) 7
	eliminare *(tr)*	ausschließen, beseitigen 3
	eludere *(tr)*	entziehen, ausweichen 20
	emendare *(tr)*	abändern, verbessern 3
	***emergere** *(intr)*	auftauchen 84
	emettere *(tr)*	ausstrahlen, aussenden, ausdrücken, verurteilen 54
	emettere *(tr)* **vapore**	dampfen 54
	***emigrare** *(intr)*	auswandern, abwandern 3
	emulsionare *(tr)*	emulgieren 3
	***entrare in** *(intr)*	eintreten, ankommen, auftreten (Bühne) 2 **[M]**
	***entrare di nascosto in** *(intr)*	sich einschleichen 2
	***entrare per caso in** *(intr)*	vorbeikommen 2
	***entusiasmarsi per** *(intr/refl)*	begeistert sein 7
	equipaggiare *(tr)*	ausrüsten 12
	***equivalere** *(intr)*	sich belaufen auf 100
	ereditare *(tr)*	erben 3
	erigere *(tr)*	ausstellen 40
	errare *(intr)*	wandern, umhergehen 3
	eruttare *(intr)*	ausstoßen, auswerfen (Geo.) 3
	esagerare *(tr)*	übertreiben 3
	esalare *(intr)*	ausströmen 3
	esaminare *(tr)*	prüfen 3
	esaurire *(tr)*	ableiten, erschöpfen, ausgehen 6
	***esaurirsi** *(intr)*	zusammenbrechen (Person) 6, 7
	esclamare *(tr)*	ausrufen 3
	escludere *(tr)*	ausschließen, ausweisen 30, 20
	eseguire *(tr)*	durchführen, ausführen 6
	esercitare *(tr)*	üben 3
	esibire *(tr)*	ausstellen 6
	esigere *(tr)*	verlangen, brauchen 4
	esiliare *(tr)*	verbannen 13
	***esistere** *(intr)*	existieren 25
	esitare a *(intr)*	zögern, innehalten 3

esonerare *(tr)*	entlasten 3
espellere *(tr)*	ausweisen 46 **[M]**
***esplodere** *(intr)*	explodieren 47 **[M]**
esplorare *(tr)*	erforschen 3
esporre *(tr)*	ausstellen 64
esportare *(tr)*	exportieren 3
esprimere *(tr)*	ausdrücken 32
***essere** *(intr)*	sein 48 **[M]**
***essere afoso** *(intr)*	schwer/schwül sein 48
***essere a dieta** *(tr)*	auf Diät sein 48
***essere avanti** *(intr)*	vorgehen (Uhr) 48
***essere contento** *(intr)*	froh sein 48
***essere contro** *(intr)*	gegen etw. sein 48
***essere d'accordo con** *(intr)*	übereinstimmen, zustimmen, einverstanden sein 48
***essere di fronte a** *(intr)*	gegenüberstehen 48
***essere disoccupato** *(intr)*	arbeitslos sein 48
***essere diverso** *(intr)*	anders sein 48
***essere dovuto a** *(intr)*	fällig sein 48
***essere frequentato da spettri** *(intr)*	von Geistern heimgesucht sein 48
***essere fuori** *(intr)*	draußen sein 48
***essere (im)paziente** *(intr)*	(un)geduldig sein 48
***essere imparentato** *(intr)*	verwandt sein (Familie) 48
***essere in concorrenza con** *(intr)*	konkurrieren mit 48
***essere in disaccordo** *(intr)*	nicht übereinstimmen 48
***essere in periodo di prosperità** *(intr)*	Hochkonjunktur haben 48
***essere in ritardo** *(intr)*	verzögert sein, spät sein 48
***essere indietro** *(intr)*	nachgehen (Uhr) 48
***essere inguaiato** *(intr)*	in Schwierigkeiten sein 48
***essere mite** *(intr)*	mild sein 48
***essere necessario** *(intr)*	nötig sein 48
***essere nuvoloso** *(intr)*	bewölkt sein 48
***essere occupato** *(intr)*	beschäftigt sein, besetzt sein (Tel.) 48
***essere per** *(intr)*	für etw. sein, unterstützen 48
***essere pieno di** *(intr)*	voll sein von 48
***essere promosso** *(intr)*	versetzt (sein) werden (Schule) 48
***essere responsabile per** *(intr)*	haftbar sein, verantwortlich sein 48
***essere ricco di** *(intr)*	reichlich sein, Überfluss haben 48
***essere seduto** *(intr)*	sitzen, hinsetzen 48
***essere sonnambulo** *(intr)*	schlafwandeln 48
***essere stitico** *(intr)*	verstopft sein 48
***essere sul punto di** *(intr)*	im Begriff sein 48
***essere umido** *(intr)*	feucht sein 48
***essere valido** *(intr)*	gültig sein 48
***estendersi** *(intr / refl)*	sich ausspannen 91, 7
estinguere *(tr)*	auslöschen 42
estrarre *(tr)*	herausnehmen 96

	evacuare *(tr)*	evakuieren 3
	***evadere** *(intr)*	entkommen, fliehen 49 **[M]**
	†evaporare *(tr/intr)*	verdampfen, verdunsten 3
	evidenziare *(tr)*	hervorheben 13
	evitare *(tr)*	vermeiden, umgehen 3
	evitare di fare qlco.	etw. zu tun vermeiden 3
	evocare *(tr)*	hervorrufen 11
	***evolversi** *(intr/refl)*	sich entwickeln 4
F	**fabbricare** *(tr)*	herstellen 11
	facilitare *(tr)*	erleichtern 3
	falciare *(tr)*	mähen 12
	***fallire** *(intr)*	scheitern, versagen 6
	falsificare *(tr)*	fälschen 11
	farcire *(tr)*	füllen (Ente) 6
	fare *(tr)*	tun, machen, ausmachen, studieren, verursachen, dienen, durchführen, nehmen (Bad/Dusche) 10 **[M]**
	fare a meno di *(intr)*	verzichten auf 10
	fare a pezzi *(tr)*	in Stücke hacken 10
	fare amicizia con *(intr)*	sich anfreunden mit 10
	fare attenzione *(intr)*	aufmerksam sein 10
	fare bello *(intr)*	schön sein (Wetter) 10
	fare brutto *(intr)*	schlecht sein (Wetter) 10
	fare cadere *(tr)*	fallen lassen 10
	fare caldo *(intr)*	heiß sein 10
	fare colazione *(tr)*	frühstücken 10
	fare da *(intr)*	tun als ob 10
	fare da spettatore *(intr)*	zuschauen 10
	fare del bene a *(intr)*	fördern, gut tun 10
	fare del pugilato *(intr)*	boxen 10
	fare del suo meglio per *(tr)*	sein Bestes tun 10
	fare di tutto per *(tr)*	alles Mögliche tun 10
	fare dispetti a *(intr)*	necken 10
	fare dispetto a *(intr)*	ärgern 10
	fare entrare *(tr)*	hereinführen, hereinlassen 10
	fare esplodere *(tr)*	explodieren lassen 10
	fare fallire *(tr)*	bankrott machen 10
	fare fare a qlcu. *(intr)*	jdn. dazu bringen etw. zu tun 10
	fare finta di *(intr)*	vorgeben 10
	fare freddo *(intr)*	kalt sein 10
	fare fresco *(intr)*	kühl/frisch sein 10
	fare fronte a *(intr)*	fertig werden mit 10
	fare giorno *(intr)*	hell werden 10
	fare grazia della vita a qlcu. *(intr)*	verschonen 10
	fare i piatti *(tr)*	abwaschen 10
	fare il jogging *(tr)*	joggen 10
	fare il nido *(tr)*	nisten 10

fare il pieno *(tr)*	tanken 10
fare impazzire *(tr)*	verrückt machen 10
fare inciampare *(tr)*	stolpern lassen 10
fare l'autostop *(tr)*	trampen 10
fare l'elemosina *(tr)*	Almosen geben 10
fare l'interprete *(tr)*	dolmetschen 10
fare l'uovo *(tr)*	legen (Ei) 10
fare la caricatura di *(intr)*	karikieren 10
fare la carta di *(intr)*	auswerten 10
fare la coda *(tr)*	Schlange stehen 10
fare la conoscenza di *(intr)*	kennen lernen 10
fare la cubatura *(intr)*	in Würfel schneiden 10
fare la doccia *(tr)*	duschen 10
fare la media di *(intr)*	Durchschnitt nehmen/errechnen 10
fare la permanente *(tr)*	Dauerwelle machen 10
fare la pubblicità a *(intr)*	werben 10
fare le fusa *(tr)*	schnurren 10
fare le prove di *(intr)*	proben 10
fare male *(intr)*	schmerzen 10
fare male a *(intr)*	verletzen 10
fare marcia indietro *(intr)*	zurücksetzen (Auto) 10
fare notte *(intr)*	dunkel werden 10
fare pagare *(tr)*	zahlen lassen 10
fare pareggio *(intr)*	unentschieden spielen 10
fare parte di una giuria *(intr)*	Geschworener sein 10
fare pervenire *(tr)*	einsenden, einreichen 10
fare piacere a *(intr)*	angenehm sein 10
fare prigioniero	jdn. gefangen nehmen 10
fare pubblicità *(intr)*	werben 10
fare ricerche *(tr)*	erforschen 10
fare risatine sciocche *(intr)*	kichern 10
fare saltare *(tr)*	sprengen, explodieren lassen, hinauswerfen 10
fare scattare *(tr)*	stempeln (Uhrzeit) 10
fare sedere *(tr)*	sitzen lassen 10
fare segno a qlcu. *(intr)*	jdm. zuwinken 10
fare soffrire *(intr)*	leiden lassen, schmerzen 10
fare solletico *(intr)*	kitzeln 10
fare tacere *(tr)*	zum Schweigen bringen 10
fare torto a *(intr)*	jdn. kränken/Unrecht tun 10
fare traslochi *(tr)*	umziehen (Möbel) 10
fare tutto il possibile per *(intr)*	alles Mögliche tun 10
fare un bilancio *(tr)*	haushalten 10
fare un brindisi *(tr)*	anstoßen 10
fare un picnic *(tr)*	picknicken 10
fare un salto mortale *(tr)*	einen Salto machen 10
fare una collezione di *(tr)*	sammeln (Hobby) 10
fare una passeggiata *(tr)*	spazieren gehen 10
fare una trasfusione a *(tr)*	Blut übertragen 10

fare uno spuntino *(tr)*	Kleinigkeit essen 10
fare vedere a *(intr)*	zeigen 10
farla franca *(intr)*	mit etw. davonkommen 10
farne di tutti i colori a *(intr)*	eine Sache hochspielen 10
***farsi operare** *(intr/refl)*	operiert werden 10, 7
***farsi prestare** *(intr/refl)*	borgen 10, 7
***farsi vivo** *(intr/refl)*	erscheinen 10, 7
fasciare *(tr)*	wickeln (Baby), bandagieren 12
faticare *(intr)*	hart arbeiten, schuften 11
fatturare *(tr)*	Rechnung austellen 3
favorire *(tr)*	unterstützen, begünstigen 6
ferire *(tr)*	verwunden, verletzen 6
fermare *(tr)*	stoppen, verhindern 3
***fermarsi** *(intr/refl)*	halten 7
fermentare *(intr)*	gären 3
ferrare *(tr)*	beschlagen (Pferd) 3
festeggiare *(tr/intr)*	feiern, festlich bewirten 12
ficcare *(tr)*	stecken, etw. Spitzes einschlagen 11
***fidanzarsi** *(intr/refl)*	sich verloben 7
***fidarsi di** *(intr/refl)*	vertrauen 7
***figurarsi** *(intr/refl)*	sich vorstellen 7
filare *(tr)*	spinnen (Wolle) 3
filtrare *(tr)*	filtern 3
filtrare attraverso *(intr)*	durchsickern 3
finanziare *(tr)*	finanzieren 13
fingere di *(tr)*	vorgeben 86
†finire di *(intr/tr)*	beenden, enden, aufhören mit 6 **[M]**
†finire per *(intr)*	enden bis 6
***fiorire** *(intr)*	blühen, gedeihen 6
firmare *(tr)*	unterschreiben 3
fischiare *(intr/tr)*	pfeifen 13 **[M]**
fissare *(tr)*	befestigen, anstarren 3
fissare *(tr)* **un appuntamento**	Termin machen 3
fiutare (rumorosamente) *(tr)*	schnuppern 3
flettere *(tr)*	biegen 4
fondare *(tr)*	gründen 3
fondere *(tr)*	schmelzen, vermischen 50 **[M]**
formare *(tr)*	gestalten, formen 3
formattare *(tr)*	formatieren 3
fornire *(tr)*	ausstatten, versorgen, liefern 6
fornire di personale *(tr)*	besetzen (mit Leuten) 6
forzare a *(tr)*	zwingen 3
fotocopiare *(tr)*	kopieren 13
fotografare *(tr)*	fotografieren 3
frammettere *(tr)*	dazwischen legen 54
frantumare *(tr)*	zertrümmern, brechen 3
***frantumarsi** *(intr/refl)*	zerbrechen 7

frapporre *(tr)*	einfügen 64
fratturare *(tr)*	brechen (mediz.) 3
fregare *(tr)*	reiben, schrubben 11
frenare *(tr)*	bremsen 3
***frenarsi** *(intr/refl)*	sich beherrschen 7
frequentare *(tr)*	besuchen (Schule) 3
frequentare assiduamente *(tr)*	häufig besuchen 3
friggere *(tr)*	braten 19
frizzare *(tr)*	sprudeln 3
frustrare *(tr)*	vereiteln, frustrieren 3
†fuggire *(tr/intr)*	fliehen, davonlaufen 5
fumare *(tr)*	rauchen 3
fungere *(intr)*	fungieren (als) 68
funzionare *(intr)*	laufen (Maschine), arbeiten, funktionieren 3

G

galleggiare *(intr)*	schweben 12
garantire *(tr)*	garantieren 6
†gelare *(intr/tr)*	einfrieren, gefrieren 3
gemere *(intr)*	stöhnen, ächzen 4
generare *(tr)*	erzeugen 3
germogliare *(intr)*	sprießen 13
gettare *(tr)*	werfen, schleudern 3
***ghiacciare** *(intr)*	vereisen, einfrieren 12
***giacere** *(intr)*	liegen 51 **[M]**
giocare a *(intr)*	spielen, setzen (aufs Spiel) 11
giocare a bocce *(intr)*	Boccia spielen 11
girare *(intr)*	drehen, umdrehen 3
girare intorno a *(intr)*	umkreisen 3
girare un film *(tr)*	filmen, einen Film drehen 3
***girarsi** *(intr/refl)*	sich umdrehen 7
giudicare da *(tr)*	beurteilen nach 11
giudicare male *(tr)*	falsch beurteilen 11
***giungere a** *(intr)*	ankommen 52 **[M]**
giurare di *(intr)*	schwören 3
giustificare *(tr)*	rechtfertigen 11
gocciolare *(tr)*	tropfen 3
godere di *(intr)*	genießen 4
†gonfiare *(intr/tr)*	aufblasen, vermehren 3
***gonfiarsi di** *(intr/refl)*	sich ausbeulen/aufblähen 7
gorgogliare *(intr)*	gurgeln, brodeln 13
governare *(tr/intr)*	regieren 3
gracchiare *(intr)*	krächzen 13
graffiare *(tr)*	kratzen 13
†grandinare *(intr)*	hageln 3
grattare *(tr)*	abkratzen, kratzen 3
grattugiare *(tr)*	reiben (Käse) 12
gridare *(tr)*	schreien, rufen 3
grugnire *(intr)*	grunzen 6

	guadagnare *(tr)*	verdienen 3
	guardare *(tr)*	schauen, anschauen, aufpassen 3
	guardare furtivamente *(tr)*	heimlich schauen 3
	***guardarsi da** *(intr / refl)*	sich hüten vor 7
	†guarire (intr / tr)	heilen, kurieren, genesen 6
	guastare *(tr)*	verderben (Obst) 3
	guerreggiare *(tr)*	Krieg führen 12
	guidare *(tr)*	fahren, leiten, führen 3
	gustare *(tr)*	schmecken, genießen 3
I	**idealizzare** *(tr)*	idealisieren 3
	identificare *(tr)*	identifizieren 11
	ignorare *(tr)*	ignorieren 3
	illudere *(tr)*	täuschen, irreführen, betrügen 20
	illuminare *(tr)*	beleuchten 3
	illustrare *(tr)*	illustrieren 3
	imballare *(tr)*	packen, einpacken 3
	imbarazzare *(tr)*	in Verlegenheit bringen 3
	imbarcare *(tr)*	sich einschiffen, verschiffen 11
	***imbarcarsi** *(intr / refl)*	einsteigen, an Bord gehen 11, 7
	†imbiancare *(intr / tr)*	bleichen, weiß machen 11
	imbottigliare *(tr)*	abfüllen (in Flaschen) 13
	imbucare *(tr)*	einwerfen (in den Briefkasten werfen) 11
	imburrare *(tr)*	mit Butter bestreichen 3
	imitare *(tr)*	nachahmen, imitieren 3
	immaginare di *(tr)*	sich vorstellen, denken an 3
	***immaginarsi** *(intr / refl)*	sich einbilden 7
	immergere *(tr)*	vertiefen, eintauchen 84
	immettere *(tr)*	einführen 54
	immigrare *(tr)*	einwandern 3
	immunizzare *(tr)*	immunisieren 3
	***impadronirsi di** *(intr / refl)*	ergreifen 6, 7
	***impallidire** *(intr)*	erblassen, verbleichen 6
	imparare a *(tr)*	lernen zu 6
	***impazzire** *(intr)*	verrrückt werden 6
	impedire di *(tr)*	verbieten, stoppen, hindern 6
	***impegnarsi a** *(intr / refl)*	sich festlegen, unternehmen 7
	***impennarsi** *(intr / refl)*	sich aufbäumen (Pferd) 7
	impiegare *(tr)*	einstellen (Person) 11
	imporre *(tr)*	zwingen 64
	***importare** *(intr)*	auf etw. ankommen/bedenken 3
	importare *(tr)*	importieren 3
	impressionare *(tr)*	auffallen, beeindrucken 3
	imprigionare *(tr)*	einsperren 3
	imprimere *(tr)*	beeindrucken, stempeln 32
	inalare *(tr)*	einatmen 3
	inargentare *(tr)*	versilbern 3
	inasprire *(tr)*	verschärfen, verschlimmern 6

incaricare *(tr)*	beauftragen 11
incartare *(tr)*	einwickeln (in Papier) 3
incassare *(tr)*	einkassieren 3
incatenare *(tr)*	anketten 3
incendiare *(tr)*	zünden, etw. in Brand stecken 13
inchiodare *(tr)*	festnageln 3
***inciampare** *(intr)*	stolpern 3
incidere su *(tr)*	schneiden, schnitzen, aufnehmen (Musik) 39
incitare a *(intr)*	anregen, antreiben 3
inclinare *(tr)*	neigen 3
***inclinarsi** *(intr/refl)*	sich neigen 7
includere *(tr)*	einschließen, mitzählen 20
incollare *(tr)*	kleben 3
incolpare *(tr)*	tadeln, beschuldigen 3
***incominciare** *(intr)*	anfangen, beginnen 12
†incontrare *(intr/tr)*	begegnen, treffen 3
***incontrarsi con** *(intr/refl)*	sich treffen mit, sich begegnen 7
incoraggiare a *(tr)*	ermutigen 12
incorniciare *(tr)*	rahmen, einrahmen (Bild) 12
incorporare *(tr)*	vermischen, eingliedern 3
***incorrere in** *(intr)*	erleiden 35
increspare *(tr)*	kräuseln, knittern 3
***incrociarsi** *(intr/refl)*	sich kreuzen, sich schneiden 12, 7
incuneare *(tr)*	einkeilen 3
incutere *(tr)*	einflößen 41
indagare su *(intr)*	untersuchen, erforschen 11
†indebolire *(intr/tr)*	schwächen 6
indicare *(tr)*	zeigen, anzeigen 11
indicare a dito *(tr)*	zeigen (mit Finger) 11
indirizzare *(tr)*	adressieren/senden (Brief) 3
***indirizzarsi** *(intr/refl)*	sich wenden 7
indossare *(tr)*	anziehen, tragen (Kleidung) 3
indovinare *(tr)*	raten 3
***indugiarsi** *(intr/refl)*	sich aufhalten 12, 7
indurire *(tr)*	härten, versteifen 6
***indurirsi** *(intr/refl)*	sich verhärten 6, 7
infastidire *(tr)*	stören, beunruhigen 6
infettare *(tr)*	infizieren, verderben 3
***infettarsi** *(intr/refl)*	sich infizieren 7
infiammare *(tr)*	entzünden 3
infilare *(tr)*	einfädeln 3
***infilarsi** *(intr)*	sich überziehen (Kleidung) 7
***infischiarsi** *(intr/refl)*	pfeifen (auf etwas) 13, 7
infliggere *(tr)*	zufügen 19
influenzare *(tr)*	beeinflussen 3
influire su *(intr)*	beeinflussen, einwirken auf 6
infondere *(tr)*	einflößen 50
informare *(tr)*	informieren 3

***informarsi di / su** *(intr / refl)*	sich informieren, sich erkundigen 7
ingannare *(tr)*	täuschen, betrügen, umgehen, irreführen, beschwindeln 3
ingessare *(tr)*	eingipsen (Med.), vergipsen (Mauer) 3
inghiottire *(tr)*	schlucken 6
***inginocchiarsi** *(intr / refl)*	sich hinknien 13, 7
ingiuriare qlcu. *(tr)*	jdn. beschimpfen 13
†ingrassare *(intr / tr)*	zunehmen (Gewicht) 3
iniettare *(tr)*	einspritzen 3
inizializzare *(tr)*	initialisieren (Informatik) 3
iniziare a *(tr)*	anfangen, beginnen 13
innaffiare *(tr)*	gießen 13
innalzare *(tr)*	erhöhen 3
***innamorarsi di** *(intr / refl)*	sich verlieben 7
***innervosirsi** *(intr / refl)*	nervös werden 6, 7
innestare la retromarcia *(tr)*	Rückwärtsgang einlegen 3
inoculare *(tr)*	impfen 3
inoltrare *(tr)*	nachschicken (Brief) 3
inoltrare una domanda	einreichen 3
inondare *(tr)*	überschwemmen, überfließen 3
inquinare *(tr)*	verschmutzen 3
insaponare *(tr)*	einseifen 3
insegnare a *(tr)*	lehren 3
inseguire *(tr)*	jagen, verfolgen 5
inserire *(tr)*	einfügen 6
insistere su *(intr)*	dringen auf, beharren 25
installare *(tr)*	installieren 3
insultare *(tr)*	beleidigen 3
integrare *(tr)*	integrieren 3
intendere *(tr)*	beabsichtigen, verstehen 91, 17
***intendersi di** *(intr / refl)*	sich auskennen mit/in 17, 7
intensificare *(tr)*	verstärken, intensivieren 11
interdire *(tr)*	verbieten 9
interessare *(tr)*	interessieren 3
***interessarsi (a / di)** *(intr / refl)*	sich interessieren, sich kümmern 7
interferire *(intr)*	sich einmischen 6
interporre *(tr)*	dazwischenbringen 64
interpretare *(tr)*	auslegen, Rolle lesen/spielen 3
interpretare male *(tr)*	falsch auslegen 3
interrogare *(tr)*	ausfragen, fragen 11
interrompere *(tr)*	unterbrechen 76
***intervenire** *(intr)*	einschreiten, beitragen 102
intervistare *(tr)*	interviewen 3
intitolare *(tr)*	betiteln, benennen 3
intraprendere *(tr)*	unternehmen 66
intravedere *(tr)*	flüchtig erblicken 101
introdurre *(tr)*	einführen 95
***intrudersi** *(intr / refl)*	sich einschleichen 20, 7

	intuire *(tr)*	fühlen, spüren 6
	inumidire *(tr)*	befeuchten 6
	invadere *(tr)*	eindringen 49
	***invecchiare** *(intr)*	altern 13
	***invecchiarsi** *(intr/refl)*	altern, alt werden 13, 7
	inventare *(tr)*	erfinden 3
	investigare *(tr)*	untersuchen 11
	investire *(tr)*	investieren, überfahren (Auto) 5
	inviare *(tr)*	senden 13
	invidiare *(tr)*	beneiden 13
	invitare a *(tr)*	bitten, einladen 3
	involgere *(tr)*	einwickeln 106
	inzuccherare *(tr)*	zuckern 3
	ionizzare *(tr)*	ionisieren 3
	ipotecare *(tr)*	mit einer Hypothek belasten 11
	irrigare *(tr)*	bewässern 11
	irritare *(tr)*	irritieren 3
	irrompere *(tr)*	einbrechen 76
	***iscriversi** *(intr/refl)*	sich anmelden 81, 7
	isolare *(tr)*	isolieren, abstellen (Wasser/Gas) 3
	ispessire *(tr)*	(dichter werden), verdichten, verdicken 6
	istruire *(tr)*	belehren, unterrichten 6
	istupidire *(tr)*	betäuben 6
L	***lagnarsi di** *(intr/refl)*	sich beschweren über, jammern 7
	***lamentarsi di** *(intr/refl)*	sich beschweren über 7
	lampeggiare *(tr)*	aufleuchten, blitzen 12
	lanciare *(tr)*	werfen (Bombe) 12
	lanciare un razzo *(tr)*	abschießen, starten 12
	***lanciarsi** *(intr/refl)*	sich stürzen 12, 7
	languire *(intr)*	schmachton 6
	lappare *(intr)*	gierig schlucken 3
	lasciare *(tr)*	verlassen, lassen 12
	lasciare entrare *(tr)*	hereinlassen 12
	lasciare passare *(tr)*	durchlassen 12
	lasciare per testamento *(tr)*	vermachen, vererben 12
	lasciare vuoto *(tr)*	leer lassen 12
	***lasciarsi cadere** *(intr/refl)*	sich fallen lassen 12, 7
	lavare *(tr)*	waschen, abspülen 3
	lavare a secco *(tr)*	reinigen (Kleidung) 3
	***lavarsi** *(intr/refl)*	sich waschen, gewaschen werden, 7 **[M]**
	lavorare *(tr)*	arbeiten 3
	lavorare a maglia *(tr)*	stricken 3
	lavorare come uno schiavo *(tr)*	schuften, schwer arbeiten 3
	lavoricchiare *(intr)*	trödeln 13
	leccare *(tr)*	lecken 11
	legalizzare *(tr)*	legalisieren 3

	legare *(tr)*	binden, festmachen 11
	legare con corde *(tr)*	aufreihen 11
	leggere *(tr)*	lesen 53 **[M]**
	leggere ad alta voce *(tr)*	vorlesen 53
	levigare con carta vetrata *(tr)*	schmirgeln 11
	liberare *(tr)*	befreien, entlassen, loswerden 3
	***librarsi a volo** *(intr/refl)*	aufsteigen (Vogel) 7
	licenziare *(tr)*	entlassen, (selbst) kündigen 13
	limare *(tr)*	feilen (Holz, Metall) 3
	limitare *(tr)*	begrenzen, einschränken 3
	***limitarsi a** *(intr/refl)*	sich beschränken auf 7
	liquefare *(tr)*	verflüssigen, schmelzen 10
	liquidare *(tr)*	auszahlen, liquidieren, ausverkaufen 3
	lisciare *(tr)*	glätten 12
	litigare con *(intr)*	streiten mit 11
	livellare *(tr)*	einebnen 3
	lodare *(tr)*	loben 1, 3 **[M]**
	***logorarsi** *(intr/refl)*	sich abnutzen (zerrütten) 7
	lottare contro *(intr)*	kämpfen gegen 3
	lottare per *(intr)*	kämpfen für 3
	luccicare *(tr)*	schimmern 11
	lucidare *(tr)*	scheinen, polieren 3
	lusingare *(tr)*	schmeicheln 11
M	**macchiare** *(tr)*	beschmutzen, beflecken 13
	macchinare *(tr)*	planen, anzetteln 3
	macellare *(tr)*	schlachten 3
	macinare *(tr)*	mahlen 3
	magnetizzare *(tr)*	magnetisieren 3
	maledire *(tr)*	fluchen 9
	maltrattare *(tr)*	misshandeln 3
	***mancare** *(intr)*	fehlen 11
	***mancare di** *(intr)*	unterlassen etw. zu tun 11
	mandare *(tr)*	senden 3
	mandare *(tr)* **un fax**	faxen 3
	mandare a chiamare *(tr)*	jdn. rufen lassen 3
	mandare a prendere *(tr)*	etw. holen lassen 3
	mandare fuori *(tr)*	jdn. hinausschicken 3
	mandare per posta *(tr)*	abschicken (Post) 3
	maneggiare *(tr)*	sich befassen mit 12
	mangiare *(tr)*	essen 12 **[M]**
	mantenere *(tr)*	sich halten, aufrechterhalten, unterstützen, vorsorgen 92
	mantenere la parola *(tr)*	das (gegebene) Wort halten 92
	mantenere le proprie posizioni *(tr)*	feststehen, bei der eigenen Meinung bleiben 92
	marcare *(tr)*	markieren 11
	marciare *(intr)*	marschieren 12

marinare *(tr)* la scuola	schwänzen 3
martellare *(tr)*	hämmern 3
massacrare *(tr)*	massakrieren 3
masticare *(tr)*	kauen 11
***maturare** *(intr)*	reifen 3
mentire *(intr)*	lügen 6
***meravigliarsi di** *(intr / refl)*	erstaunen, sich wundern 13, 7
meritare di *(tr)*	verdienen 3
mescolare *(tr)*	mischen, vermischen 3
mettere *(tr)*	stellen, legen 54 **[M]**
mettere all'aria *(tr)*	lüften 54
mettere alla prova *(tr)*	testen 54
mettere da parte *(tr)*	beiseite legen 54
mettere fuori *(tr)*	hinausjagen, herausziehen 54
mettere fuori combattimento *(tr)*	lahm legen 54
mettere fuori fase *(tr)*	langsam abbauen, aus der Form bringen 54
mettere in comunicazione *(tr)*	verbinden (Telefon) 54
mettere in disordine *(tr)*	etw. verpfuschen/in Unordnung bringen 54
mettere in fase *(tr)*	einführen, in Phase bringen, synchronisieren, einstellen 54
mettere in garage *(tr)*	einstellen (Auto) 54
mettere in moto *(tr)*	anlassen (Motor) 54
mettere in ordine *(tr)*	in Ordnung bringen 54
mettere in pensione *(tr)*	pensionieren 54
mettere in relazione a *(intr)*	in Beziehung setzen/bringen 54
mettere insieme *(tr)*	zusammentun 54
mettere per iscritto *(tr)*	schriftlich festhalten 54
***mettersi a** *(intr / refl)*	anfangen zu 54, 7
***mettersi a sedere** *(intr / refl)*	sich hinsetzen 54, 7
***mettersi al bene/bello** *(intr / refl)*	schön werden (Wetter) 54, 7
***mettersi in contatto con** *(intr / refl)*	Kontakt aufnehmen mit 54, 7
***mettersi in piedi** *(intr / refl)*	aufstehen 54, 7
***mettersi in piega** *(intr / refl)*	Haare aufrollen 54, 7
miagolare *(intr)*	miauen 3
mietere *(tr)*	ernten, mähen 4
†migliorare *(intr / tr)*	verbessern 3
minacciare di *(tr)*	drohen 12
mirare a *(intr)*	anstreben, zielen 3
mischiare *(tr)*	mischen 13
misurare *(tr)*	messen 3
modellare *(tr)*	modellieren, formen 3
modernizzare *(tr)*	modernisieren 3
modificare *(tr)*	abändern 11
molestare *(tr)*	belästigen 3
moltiplicare *(tr)*	multiplizieren 11
monopolizzare *(tr)*	beherrschen, monopolisieren 3
†montare *(intr / tr)*	reiten 3

	mordere *(tr)*	beißen 55 **[M]**
	mordicchiare *(tr)*	knabbern 13
	***morire** *(intr)*	sterben, fallen (Krieg) 56 **[M]**
	***morire di fame** *(intr)*	verhungern 56
	mormorare *(tr)*	murmeln, flüstern 3
	mostrare *(tr)*	zeigen 3
	motivare *(tr)*	motivieren 3
	mudare *(intr)*	sich mausern 3
	muggire *(intr)*	muhen (Tier) 6
	multare *(tr)*	mit einer Geldstrafe belegen 3
	mungere *(tr)*	melken 68
	muovere *(tr)*	bewegen, rühren 15 **[M]**
	***muoversi** *(intr/refl)*	sich bewegen 15, 7
N	**narrare** *(tr)*	erzählen 3
	***nascere** *(intr)*	geboren werden 57 **[M]**
	nascondere *(tr)*	verstecken 75
	naufragare *(intr/tr)*	schiffbrüchig sein, scheitern 11
	negare *(tr)*	leugnen, verneinen 11
	negoziare *(tr)*	verhandeln 13
	neutralizzare *(tr)*	neutralisieren 3
	†nevicare *(intr)*	schneien 11
	nitrire *(intr)*	wiehern 6
	noleggiare *(tr)*	chartern, mieten (Auto) 12
	nominare *(tr)*	ernennen, nennen, erwähnen 3
	notare *(tr)*	bemerken 3
	notificare *(tr)*	informieren, benachrichtigen 11
	nuocere a *(intr)*	schaden, verletzen 16 **[M]**
	nuotare *(intr)*	schwimmen 3
	nutrire *(tr)*	nähren, füttern 6
O	**obiettare** *(tr)*	dagegen sein, einwenden 3
	obbligare a *(tr)*	zwingen zu etw. 11
	***occorrere** *(intr)*	nötig sein *(unpers.)* 35
	occupare *(tr)*	besetzen 3
	occupare abusivamente *(tr)*	besetzen, illegal ansiedeln 3
	***occuparsi di** *(intr/refl)*	sich beschäftigen, sich kümmern 7
	odiare *(tr)*	hassen, nicht mögen 13
	offendere *(tr)*	entrüsten, beleidigen 17
	offrire *(tr)* **a qlcu.**	anbieten, behandeln, beschenken 24
	offrire alloggio a *(tr)*	unterbringen, Platz haben für, Unterkunft anbieten 24
	offrire di *(intr)*	anbieten 24
	***offrirsi** *(intr/refl)*	sich freiwillig melden 24, 7
	omettere *(tr)*	auslassen, unterlassen 54
	ondeggiare *(intr)*	wogen, schwanken 12
	operare *(tr)*	wirken, arbeiten, operieren 3
	opporre *(tr)*	entgegenstellen 64

	***opporsi a** *(intr/refl)*	entgegentreten, ablehnen 64, 7
	opprimere *(tr)*	unterdrücken 32
	orbitare *(tr)*	umkreisen 3
	ordinare *(tr)*	ordnen, bestellen, befehlen 3
	organizzare *(tr)*	organisieren 3
	orinare *(intr)*	urinieren 3
	ornare *(tr)*	schmücken 3
	osare *(intr)*	wagen 3
	oscillare *(intr)*	schwingen, schwanken, bewegen 3
	oscurare *(tr)*	verdunkeln 3
	ospitare *(tr)*	unterbringen, bewirten 3
	osservare *(tr)*	bemerken, beobachten 3
	ossidare *(tr)*	oxidieren 3
	ostacolare *(tr)*	ins Stocken bringen, hindern 3
	ottenere *(intr)*	erlangen, bekommen, erreichen 92
	otturare *(tr)*	füllen (Zahn), zustopfen 3
	oziare *(intr)*	herumtrödeln, faulenzen 13
P	**pagare** *(tr)*	bezahlen, einzahlen 11
	***pagare il conto** *(tr)*	abfertigen, Rechnung bezahlen 11
	palleggiare *(tr)*	dribbeln (Fußball) 13
	paralizzare *(tr)*	lähmen 3
	parcheggiare *(tr)*	parken (Auto) 12
	pareggiare *(tr)*	ausgleichen (Sport) 12
	***parere di** *(intr)*	erscheinen 58 **[M]**
	parlare di *(tr/intr)*	sprechen, sprechen über 3 **[M]**
	parlare francamente *(intr)*	seine Meinung sagen, offen reden 3
	partecipare a *(intr)*	teilnehmen 3
	parteggiare per *(intr)*	es mit jdm. halten 12
	***partire** *(intr)*	fahren, abreisen 5
	***partire per** *(intr)*	fahren nach 5
	†passare *(intr/tr)*	verbringen (Zeit) 3
	***passare a** *(intr)*	weitergeben 3
	passare *(tr)* **l'aspirapolvere**	staubsaugen 3
	passare a prendere *(tr)*	abholen 3
	passare a una velocità inferiore *(intr)*	herunter schalten (Gang) 3
	passare a una velocità superiore *(intr)*	höher schalten (Gang) 3
	passare da *(intr)*	vorbeikommen 3
	passare per *(intr)*	vorbei/durchgehen 3
	passeggiare *(intr)*	spazieren gehen 12
	pattinare *(intr)*	Eis laufen 3
	peccare *(intr)*	sündigen 11
	pedalare *(intr)*	Rad fahren, treten 3
	†peggiorare *(intr/tr)*	verschlimmern 3
	pendere *(intr)*	hängen, zuneigen 4
	penetrare *(tr)*	durchdringen, durchstechen 3
	penetrare a forza *(tr)*	eindringen 3

pensare *(intr/tr)*	denken 3
pensare a *(intr)*	nachdenken überdenken an 3
pensare di *(intr)*	planen 3
***pentirsi di** *(intr/refl)*	bereuen 5, 7
percepire *(tr)*	entdecken, wahrnehmen 6
percorrere *(tr)*	durchlaufen, durchqueren 35
percuotere *(tr)*	schlagen, treffen 82
perdere *(tr)*	verlieren 59 **[M]**
perdere *(tr)* **l'equilibrio**	Gleichgewicht verlieren 59
perdere tempo *(intr)*	herummurksen, Zeit verlieren 59
***perdersi** *(intr/refl)*	sich verlaufen/verfahren 59, 7
perdonare *(tr)*	verzeihen, begnadigen 3
perfezionare *(tr)*	vervollkommnen 3
perforare *(tr)*	lochen 3
***perire** *(intr)*	umkommen 6
permettere *(intr)*	erlauben, bewilligen, lassen 54
***permettersi** *(intr/refl)*	sich erlauben, sich leisten 54, 7
***permettersi il lusso di** *(intr/refl)*	leisten 54, 7
perseguire *(tr)*	folgen, durchführen 5
persistere *(intr)*	beharren, andauern 25
persuadere a *(tr)*	überzeugen, überreden 60 **[M]**
***pervenire** *(intr)*	kommen, ankommen 102
pesare *(tr)*	abwiegen, wiegen 3
pescare *(tr)*	angeln, fischen 11
pestare *(tr)*	stampfen (Fuß) 3
pettinare *(tr)*	kämmen 3
***piacere a** *(intr)*	gefallen, mögen, gern haben, wirken auf 61 **[M]**
piagnucolare *(intr)*	wimmern, jammern 3
piangere *(intr)*	weinen 62 **[M]**
piantare *(tr)*	pflanzen, setzen 3
picchiettare *(intr)*	prasseln (Regen), klopfen 3
piegare *(tr)*	falten, biegen 11
pieghettare *(tr)*	fälteln 3
pigliare *(tr)*	nehmen, fangen 13
pilotare *(tr)*	führen, lotsen, steuern 3
piluccare *(tr)*	picken nach, abzupfen 11
†piovere *(intr)*	regnen 63 **[M]**
piovigginare *(intr)*	nieseln 3
polverizzare *(tr)*	pulverisieren 3
pompare *(tr)*	pumpen 3
porgere *(tr)*	reichen, geben, aushalten 80
porre *(tr)*	stellen, tun, setzen 64 **[M]**
porre in scatola *(tr)*	einpferchen 64
portare *(tr)*	tragen, bringen, anhaben 3
portare a *(intr)*	hinführen 3
portare il lutto *(tr)*	trauern, Trauer tragen 3
portare via *(tr)*	wegtragen, wegnehmen 3
posare *(tr)*	legen, stellen 3

posporre *(tr)* | aufschieben, nachsetzen 64
possedere *(tr)* | besitzen, haben 14, 4
potare *(tr)* | ausputzen, schneiden, abschneiden 3
†potere *(intr)* | können, dürfen 65 **[M]**
pranzare *(intr)* | zu Mittag essen 3
praticare *(tr)* | üben, in die Praxis umsetzen 11
precipitare *(tr)* | stürzen 3
***precipitarsi** *(intr / refl)* | sich hetzen 7
***precipitarsi fuori** *(intr / refl)* | herausstürzen 7
***precipitarsi in** *(intr / refl)* | hinein-/hereinstürzen 7
precisare *(tr)* | genau angeben, klarstellen 3
predicare *(tr)* | predigen 11
predire *(tr)* | voraussagen 9
preferire *(tr)* | vorziehen 6
pregare di *(tr)* | beten, betteln/bitten um 11
premere *(tr)* | drücken (Knopf) 4
prendere *(tr)* | nehmen, kriegen, haben 66 **[M]**
prendere a *(intr)* | anfangen zu 66
prendere d'assalto *(tr)* | stürmen (Gebäude) 66
prendere in considerazione *(tr)* | berücksichtigen 66
prendere in trappola *(tr)* | in eine Falle locken 66
prendere le difese di *(tr)* | sich einsetzen für 66
prendere nota di *(intr)* | aufschreiben 66
prendere parte a *(intr)* | teilnehmen 66
prendere per *(intr)* | verwechseln mit 66
prendersi la briga di *(intr / refl)* | sich bemühen 66, 7
prendersela con *(intr)* | auf jdn. böse sein 66, 7
prenotare *(tr)* | buchen, reservieren 3
preoccupare *(tr)* | beunruhigen, sich Sorgen machen 3
***preoccuparsi di / per** *(intr / refl)* | sich sorgen um, besorgt sein 7
preparare *(tr)* | sich fertig machen, vorbereiten 3
preparare il terreno *(tr)* | den Weg ebnen für 3
***prepararsi a** *(intr / refl)* | sich vorbereiten auf 7
preporre *(tr)* | davorstellen, vorziehen 64
prescegliere *(tr)* | wählen, auswählen 31
prescrivere *(tr)* | verschreiben 81
presentare *(tr)* | vorstellen, zeigen, inszenieren, darstellen (Theater) 3
***presentarsi** *(intr / refl)* | sich vorstellen, erscheinen 7
preservare *(tr)* | bewahren, beschützen 3
presiedere *(tr)* | vorsitzen, leiten 4
prestare *(tr)* | leihen 3
presumere *(tr / intr)* | annehmen, vermuten 26
presuporre *(tr)* | voraussetzen 64
pretendere di *(tr)* | beanspruchen 91
***prevalere** *(intr)* | überlegen sein, vorherrschen 100

prevedere *(tr)*	voraussehen 101
privare *(tr)*	berauben 3
privare di *(tr)*	berauben, entziehen 3
privatizzare *(tr)*	privatisieren 3
processare *(tr)*	vor Gericht bringen, prozessieren 3
procrastinare *(tr)*	verschieben 3
procreare *(tr)*	erzeugen 3
procurare *(tr)*	besorgen, verschaffen 3
produrre *(tr)*	herstellen 95
produrre vescichette *(intr)*	Blasen schlagen 95
profittare *(intr)*	profitieren 3
profittare da *(intr)*	Nutzen ziehen aus 3
profondere *(tr)*	verschwenden 50
profondersi in *(intr/refl)*	sich ergehen 50
profumare *(tr)*	parfümieren, duften 3
progettare *(tr)*	entwerfen, planen 3
programmare *(tr)*	programmieren 3
proibire di *(tr)*	verbieten 6
proiettare *(tr)*	werfen, projizieren 3
prolungare *(tr)*	verlängern 11
promettere *(tr)*	versprechen 54
promettere a qlcu di fare *(intr)*	jdm. versprechen etw. zu tun 54
promuovere *(tr)*	befördern, fördern 15
pronunciare *(tr)*	aussprechen 12
proporre di *(tr)*	vorschlagen 64
prorompere *(intr)*	herausbrechen 76
proseguire *(intr)*	weitergehen/fahren 5
proseguire *(tr)*	fortsetzen, fortführen 5
prosperare *(intr)*	blühen, gedeihen 3
***prostituirsi** *(intr/refl)*	sich prostituieren 6, 7
proteggere *(tr)*	schützen 67 **[M]**
protestare *(tr)*	protestieren 3
provare *(tr)*	beweisen, versuchen, probieren 3
provare a *(intr)*	versuchen (etw. zu tun) 3
provare antipatia per *(intr)*	nicht leiden können 3
provare piacere nel fare *(tr)*	mit Freude etw. tun 3
provare pietà di *(intr)*	jdn. bemitleiden 3
***provenire da** *(intr)*	kommen aus, herkommen, stammen 102
provocare *(tr)*	provozieren, herausfordern, verursachen 11
provocare un corto circuito *(tr)*	einen Kurzschluss verursachen 11
provvedere a *(intr)*	sorgen, versorgen, veranlassen 101
pubblicare *(tr)*	veröffentlichen, publizieren 11
pugnalare *(tr)*	erstechen 3
pulire *(tr)*	sauber machen 6
pungere *(tr)*	stechen 68 **[M]**
pungolare *(tr)*	stoßen 3
punire *(tr)*	bestrafen 6

	puntare *(tr)*	richten, wetten, streben 3
	puntare a *(intr)*	richten auf 3
	puntellare *(tr)*	abstützen 3
	purificare *(tr)*	reinigen 11
	***putrefarsi** *(intr/refl)*	verfaulen 10, 7
	puzzare di *(intr)*	stinken nach 3
Q	**qualificare** *(tr)*	befähigen, sich qualifizieren 11
	quantificare *(tr)*	beziffern 11
	quotare *(tr)*	angeben (Preis) 3
R	**racchiudere** *(tr)*	enthalten, andeuten 30
	raccogliere *(tr)*	sammeln, aussuchen, zusammennehmen 31
	raccomandare *(tr)*	empfehlen 3
	raccontare *(tr)*	berichten, erzählen 3
	raddoppiare *(tr)*	verdoppeln 13
	raddrizzare *(tr)*	gerade machen, klarstellen 3
	radere *(tr)*	rasieren, streifen 69 **[M]**
	***radersi** *(intr/refl)*	sich rasieren 69, 7
	radiografare *(tr)*	röntgen 3
	raffinare *(tr)*	raffinieren, verfeinern 3
	rafforzare *(tr)*	verstärken 3
	***raffreddarsi** *(intr/refl)*	sich erkälten 7
	raggiungere *(tr)*	einholen, erreichen, erlangen 52
	ragionare *(intr)*	denken, argumentieren 3
	***rallegrarsi** *(intr/refl)*	sich freuen 7
	rallentare *(tr)*	langsamer werden 3
	***rammaricarsi di** *(intr/refl)*	bedauern, leid tun 11, 7
	rapinare *(tr)*	rauben, berauben 3
	rapire *(tr)*	entführen, kidnappen 6
	rappresentare *(tr)*	darstellen, vertreten 3
	***rassegnarsi a** *(intr/refl)*	sich mit etw. abfinden 7
	rassomigliare a *(intr)*	ähnlich sein, ähneln 13
	rattristate *(tr)*	betrüben 3
	ravvolgere *(tr)*	einwickeln, um/einhüllen 106
	razionare *(tr)*	rationieren 3
	reagire *(intr)*	reagieren 6
	realizzare *(tr)*	verwirklichen, realisieren 3
	***recarsi** *(intr/refl)*	hingehen 11, 7
	recidere *(tr)*	abschneiden 39
	recitare *(tr)*	spielen/auftreten (Theater) 3
	redigere *(tr)*	schreiben, zusammenstellen 4
	refrigerare *(tr)*	kühlen 3
	regalare *(tr)*	schenken 3
	reggere *(tr)*	tragen, halten 70 **[M]**
	registrare *(tr)*	registrieren, eintragen, aufnehmen (Musik) 3
	regolare *(tr)*	zeitlich einrichten, regeln 3

remare *(tr)*	rudern 3
rendere *(tr)*	zurückgeben, leisten 71 **[M]**
rendere agro *(tr)*	sauer machen 71
rendere conto di *(intr)*	Rechenschaft ablegen 71
rendere duro come l'acciaio *(tr)*	stählen, kräftigen 71
rendere ridicolo *(tr)*	lächerlich machen 71
rendere sicuro *(tr)*	sicher machen 71
***rendersi conto di** *(intr)*	verstehen, bemerken 71, 7
reprimere *(tr)*	unterdrücken, zurückdrängen 32
resistere a *(intr)*	widerstehen 25
respingere *(tr)*	zurückdrängen, vom Ufer abstoßen (Boot), ablehnen 86
respirare *(tr)*	atmen 3
***restare** *(intr)*	bleiben 3
***restare alzati** *(intr)*	aufbleiben 3
***restare in casa** *(intr)*	zu Hause bleiben 3
restaurare *(tr)*	restaurieren 3
restituire *(tr)*	zurückgeben 6
restringere *(tr)*	verengen, nachziehen 88
rettificare *(tr)*	berichtigen 11
rianimare *(tr)*	wiederbeleben 3
riassumere *(tr)*	zusammenfassen 26
***riaversi** *(intr/refl)*	bewusst sein, wieder zu sich kommen 27, 7
***ribellarsi a** *(intr/refl)*	rebellieren gegen 7
ricamare *(tr)*	sticken 3
ricattare *(tr)*	erpressen 3
ricevere *(tr)*	erhalten, bekommen (Brief) 4
ricevere notizie da *(intr)*	Nachricht erhalten von 4
richiamare *(tr)*	zurückrufen, mobilisieren 3
richiedere *(tr)*	bitten, verlangen, beantragen 29
richiudere *(tr)*	wieder schließen 30
riciclare *(tr)*	wiederverwerten 3
ricompensare *(tr)*	entschädigen, belohnen 3
riconciliare *(tr)*	vereinbaren, versöhnen 13
riconoscere di *(tr)*	zugeben, eingestehen 34
ricoprire *(tr)*	bedecken, verputzen, wieder bedecken, überdachen 24
ricordare a *(intr)*	erinnern 3
***ricordarsi di** *(intr/refl)*	sich erinnern an 7
***ricorrere a** *(intr)*	sich zuwenden, sich wenden 35
ricostruire *(tr)*	wieder aufbauen 6
ridere di *(intr)*	sich lustig machen 72 **[M]**
ridurre *(tr)*	verringern 95
riempire di *(tr)*	füllen mit, einfüllen 5
***riempirsi di** *(intr/refl)*	vollpacken mit 5, 7
rifare *(tr)*	wieder tun 10
***riferirsi a** *(intr/refl)*	sich beziehen/berufen auf 6, 7
rifiutare di *(tr)*	ablehnen, sich weigern 3

riflettere su *(tr)*	reflektieren über 22
rifluire *(intr)*	ebben 6
rigare *(tr)*	linieren 11
riguardare *(tr)*	einwirken auf, betreffen 3
***rilassarsi** *(intr/refl)*	sich entspannen 7
rimandare *(tr)*	verschieben, verlegen 3
***rimanere** *(intr)*	bleiben 73 **[M]**
***rimanere indietro** *(intr)*	zurückbleiben 73
***rimanere senza fiato** *(intr)*	keuchen, atemlos sein 73
***rimanere valido** *(intr)*	feststehen, gültig bleiben 73
rimbalzare *(tr)*	abprallen 3
rimborsare *(tr)*	zurückerstatten, zurückzahlen 3
rimediare a *(intr)*	abhelfen, wieder gutmachen 13
rimettere *(tr)*	ersetzen 54
rimorchiare *(tr)*	abschleppen 13
rimordere *(tr)*	zurückbeißen, reuen *(unpers.)* 55
rimpiangere *(tr)*	bedauern 62
rimpinzarsi di *(intr/refl)*	sich vollstopfen 7
rimproverare *(tr)*	Vorwürfe machen, vorwerfen 3
rimuovere *(tr)*	entfernen, wegräumen 15
rinascere *(tr)*	wieder geboren sein 57
rinchiudere *(tr)*	einschießen, verschießen 30
***rincrescere** *(intr)*	bedauern, leid tun *(unpers.)* 36
rinforzare *(tr)*	verstärken, festmachen 3
rinfrescare *(tr)*	kühlen, erfrischen 11
***rinfrescarsi** *(intr/refl)*	sich abkühlen, sich erfrischen 11, 7
ringraziare *(tr)*	sich bedanken, danken 3
rinnovare *(tr)*	erneuern, renovieren 3
rinunciare a *(intr)*	verzichten auf 12
rinvenire *(tr/intr)*	wiederfinden, entdecken, wieder zu sich kommen 102
rinviare *(tr)*	zurücksenden, verschieben (Zeit) 13
riordinare *(tr)*	aufräumen 3
riorganizzare *(tr)*	reorganisieren, umgestalten 3
riparare *(tr)*	reparieren, (be)schirmen, flicken 3
ripercuotere *(tr)*	wieder schlagen 82
ripetere *(tr)*	wiederholen 4
ripiegare *(tr)*	zusammenfalten 11
riporre *(tr)*	wieder legen 64
riportare *(tr)*	zurückbringen/nehmen 3
riposare *(tr)*	ruhen 3
***riposarsi** *(intr/refl)*	sich ausruhen, sich erholen 7
riprendere *(tr)*	zurückerhalten, zurücknehmen 66
riprodurre *(tr)*	wiedergeben, vervielfältigen 95
***risalire a** *(intr)*	zurückdatieren auf 77
riscaldare *(tr)*	erhitzen, erwärmen 3
rischiare di *(tr)*	riskieren, in Gefahr sein 13
risciacquare *(tr)*	spülen 3

	riscuotere *(tr)*	ansammeln, einlösen 82
	risentire *(tr)*	abspielen, wieder hören 5
	riservare *(tr)*	reservieren 3
	risolvere *(tr)*	lösen 74 **[M]**
	***risolversi di** *(intr/refl)*	entscheiden 74, 7
	risonare *(intr)*	widerhallen 3
	risorgere *(intr)*	wieder aufstehen/aufleben 80
	risparmiare *(tr)*	sparen, Kosten scheuen 13
	rispecchiare *(tr)*	reflektieren, spiegeln 13
	rispettare *(tr)*	respektieren, achten 3
	risplendere *(intr)*	glühen 17
	rispondere a *(intr)*	antworten, zurückschlagen, entsprechen 75 **[M]**
	***risultare con** *(intr)*	zur Folge haben 3
	risuonare *(intr)*	rattern/klappern 3
	ritardare *(tr)*	zögern, sich verspäten 3
	ritenere di *(tr)*	behalten, überlegen 92
	ritirare *(tr)*	zurückziehen 3
	ritirarsi *(intr/refl)*	ausscheiden, zurückziehen, zurücktreten 7
	***ritornare** *(intr)*	zurückkommen, zurückgehen, zurückgeben 3
	***ritrarsi** *(intr/refl)*	zurückgehen, sich entziehen 7
	riunire *(tr)*	wieder vereinigen, versammeln 6
	riunire in mazzo *(tr)*	bündeln 6
	***riunirsi** *(intr/refl)*	sich versammeln 6, 7
	riuscire a *(intr)*	schaffen, erfolgreich sein 99
	rivedere *(tr)*	wieder sehen, überprüfen 101
	rivelare *(tr)*	enthüllen 3
	***rivivere** *(intr)*	wieder leben, durchleben 104
	***rivolgersi a** *(intr/refl)*	sich an jdn./etw. wenden, sich richten auf 106, 7
	rivoltare *(tr)*	herausdrehen 3
	***rizzarsi** *(intr/refl)*	sich aufrichten 3
	rodere *(tr)*	nagen 47
	rombare *(intr)*	donnern, dröhnen 3
	rompere *(tr)*	brechen 76 **[M]**
	ronzare *(intr)*	summen 3
	rotolare *(intr/tr)*	rollen 3
	rovesciare *(tr)*	umkehren, wenden, umkippen 12
	†rovinare *(intr/tr)*	ruinieren, verderben, schaden 3
	rubare *(tr)*	klauen, stehlen 3
	ruotare *(tr)*	sich drehen, kreisen 3
	russare *(intr)*	schnarchen 3
S	**sacrificare** *(tr)*	opfern 11
	saggiare *(tr)*	prüfen, probieren 12
	salare *(tr)*	salzen 3
	saldare *(tr)*	bezahlen, begleichen, schweißen 3

†salire *(intr/tr)*	hochgehen, klettern, einlaufen (Flut), aufsteigen 77 **[M]**
†salire su *(intr/tr)*	einsteigen 77
†saltare *(intr/tr)*	hüpfen, springen 3
***saltare (di valvola)** *(intr)*	durchbrennen (Sicherung) 3
salutare *(tr)*	grüßen, sich verabschieden 3
salvare *(tr)*	retten, bergen 3
sanguinare *(intr)*	bluten 3
sapere *(intr)*	wissen, können 78 **[M]**
sapere di *(intr)*	schmecken nach 78
sarchiare *(tr)*	hacken 13
sbadigliare *(intr)*	gähnen, glotzen 13
***sbagliarsi** *(intr)*	sich irren, sich täuschen 13, 7
sbalordire *(tr)*	verwirren, verblüffen 6
sbarcare *(intr)*	landen, aussteigen 11
sbarrare *(tr)*	verrammeln, sperren 3
sbattere *(tr)*	stoßen (mit), schlagen (Eier) 4
sbloccare *(tr)*	freigeben, befreien 11
sborsare *(tr)*	ausgeben 3
sbottonare *(tr)*	aufknöpfen 3
sbriciolare *(tr)*	zerbröckeln 3
***sbrigarsi** *(intr/refl)*	sich beeilen, eilen 11, 7
***scadere** *(intr)*	fällig sein, ablaufen 28
scaldare *(tr)*	wärmen, heizen 3
***scalzarsi** *(intr/refl)*	Schuhe ausziehen 7
scambiare per *(tr)*	verwechseln mit 13
scandalizzare *(tr)*	Anstoß erregen, empören 3
***scappare via** *(intr)*	weglaufen 3
scarabocchiare *(tr)*	kritzeln 13
scaricare *(tr)*	entladen, runterladen (EDV) 11
scartare *(tr)*	verwerfen 3
***scatenarsi** *(intr/refl)*	losbrechen, sich entfesseln 92, 7
scattare *(tr)*	knipsen (Foto), auslösen 3
scaturire *(tr)*	quellen, hervorgehen 6
scavare *(tr)*	graben, schaufeln 3
scavare *(tr)* **(un pozzo)**	graben (Brunnen) 3
scegliere di *(tr)*	wählen 31
†scendere *(intr/tr)*	herunterkommen, absteigen 79 **[M]**
†scendere da *(intr/tr)*	ab-/heruntersteigen von 79
scheggiare *(tr)*	absplittern 12
scherzare *(intr)*	scherzen 3
schiaffeggiare *(tr)*	ohrfeigen, schlagen 12
schiantare *(tr)*	abreißen, sprengen, brechen 3
schiudere *(tr)*	öffnen, halb öffnen 30
schizzare *(tr)*	skizzieren 3
sciare *(intr)*	Ski laufen 12
scintillare *(intr)*	funkeln 3
sciogliere *(tr)*	aufbinden, auflösen, schmelzen 31
***sciogliersi** *(intr/refl)*	sich lösen, schmelzen 31, 7

scioperare *(tr)* streiken 3
sciupare *(tr)* verschwenden, beschädigen 3
***scivolare** *(intr)* schleudern, rutschen 3
scoccare *(tr)* schießen (Pfeil), zuwerfen, schlagen (Uhrstunde) 11
scodinzolare *(tr)* wedeln mit (Schwanz) 3
scolare *(tr)* abtropfen, abgießen 3
scommettere *(tr)* wetten 54
scommettere su qlco. auf etw. wetten 54
***scomparire** *(intr)* verschwinden, sterben, sich blamieren 23
***scomporsi** *(intr/refl)* sich zersetzen, die Fassung verlieren 64, 7
sconfiggere *(tr)* besiegen, schlagen 19
scongiurare *(tr)* beschwören, flehen, bannen 3
scontare *(tr)* abziehen, büßen, diskontieren 3
scontentare *(tr)* unzufrieden machen/lassen 3
***scontrarsi** *(intr/refl)* aufeinanderstoßen 7
sconvolgere *(tr)* erschüttern, verwirren, durcheinander bringen 106
scopare *(tr)* kehren, fegen 3
***scoppiare** *(intr)* platzen, zerspringen 13
***scoppiare a ridere** in Lachen ausbrechen 13
scoprire *(tr)* entdecken, aufdecken 24
scoraggiare *(tr)* entmutigen 12
scorgere *(tr)* bemerken, sehen 80 **[M]**
***scorrere** *(intr)* fließen, ströhmen 35
scorrere *(tr)* blättern (Bücher) 35
***scorrere lentamente** *(intr)* tropfen 35
scottare *(tr)* verbrennen, aufkochen 3
screditare *(tr)* diskreditieren 3
scricchiolare *(intr)* knistern 3
scrivere *(tr)* schreiben 81 **[M]**
scrivere un programma *(tr)* programmieren (EDV) 81
scrivere a macchina *(tr)* tippen 81
scrollare *(tr)* die Achseln zucken, schütteln 3
scrutare *(tr)* beobachten, genau prüfen 3
scuoiare *(tr)* abhäuten, häuten 13
scuotere *(tr)* schütteln 82 **[M]**
scusare *(tr)* entschuldigen 3
***scusarsi** *(intr/refl)* sich entschuldigen 7
seccare *(tr)* ärgern, stören 11
***seccarsi** *(intr/refl)* sich ärgern 11, 7
sedere *(tr)* setzen, sitzen (im Parlament, Kongress usw.) 14
***sedersi** *(intr/refl)* sich hinsetzen 14 **[M]**
sedurre *(tr)* verführen 95
segnalare *(tr)* melden, anzeigen, hinweisen (auf) 3

segnare *(tr)*	anmerken, zeigen, erzielen (Sport) 3
***segnarsi** *(intr/refl)*	sich kreuzen 7
seguire *(tr)*	folgen 5
sellare *(tr)*	satteln 3
***sembrare** *(intr)*	erscheinen, scheinen 3
***sembrare di** *(unpers.)*	den Anschein haben 3
seminare *(tr)*	säen 3
sentire *(intr)*	fühlen, hören, riechen 5
***sentirsi di** *(intr/refl)*	sich fühlen (gut/schlecht) 5, 7
sentirsi girare la testa *(intr/refl)*	sich schwindelig fühlen 5, 7
separare (da) *(tr)*	trennen (von) 3
seppellire *(tr)*	begraben 6
servire *(tr)*	bedienen, servieren, anschlagen (Sport) 5
***servire da** *(intr)*	dienen als 5
***servire per** *(intr)*	dienen für 5
***servirsi di** *(intr/refl)*	sich bedienen, gebrauchen 5, 7
setacciare *(tr)*	sieben 12
***sfasciarsi contro** *(intr/refl)*	zertrümmern 12, 7
sfidare a *(intr)*	herausfordern 3
sfigurare *(tr)*	deformieren 3
sfiorare *(tr)*	andeuten, streifen 3
sfogare *(tr)*	ablassen 11
sfogliare *(tr)*	durchblättern 13
***sforzarsi di** *(intr/refl)*	sich bemühen 7
sfrecciare *(intr)*	vorbeisausen, vorbeiflitzen 12
sfregiare *(tr)*	entstellen 12
sganciare *(tr)*	loshaken, abkuppeln 12
sgattaiolare *(intr)*	schlüpfen, schleichen 3
sgelare *(tr)*	abtauen, auftauen 3
sgobbare *(tr/intr)*	pauken 3
sgonfiare *(tr)*	Luft ablassen 13
sgranare *(tr)*	schälen (Erbsen usw.) 3
sgranocchiare *(tr)*	knabbern 13
sgridare *(tr)*	schimpfen 3
sgusciare *(intr)*	ausrutschen 12
sgusciare *(tr)*	schälen, enthülsen 12
sibilare *(tr)*	zischen 3
sigillare *(tr)*	versiegeln 3
significare *(intr)*	bedeuten, kundtun, darstellen 11
singhiozzare *(intr)*	schluchzen, den Schluckauf haben 3
sintetizzare *(tr)*	synthetisieren, zusammenfassen 3
sintonizzare *(tr)*	einstellen, abstimmen 3
slacciare *(tr)*	öffnen, aufmachen 12
slegare *(tr)*	losbinden, losmachen 11
slogare *(tr)*	verrenken 11
smaltire *(tr)* **la sbornia**	nüchtern werden 6

smantellare *(tr)*	demontieren 3
***smarrirsi** *(intr/refl)*	sich verirren, sich verlaufen 6, 7
smentire *(tr)*	abstreiten 6
smettere di *(intr)*	aufhören 54
smuovere *(tr)*	verrücken; abraten 15
socchiudere *(tr)* **gli occhi**	halb schließen 30
soccorrere *(tr)*	helfen 35
soddisfare *(tr)*	befriedigen, erfüllen 11
soffiare *(tr)*	blasen, aufblasen (Ballon) 13
soffocare *(tr)*	ersticken 11
soffriggere *(intr/tr)*	anbraten, bräunen 19
soffrire *(tr)*	leiden, schmerzen 5, 24
soggiungere *(tr)*	hinzufügen 52
sognare di *(intr)*	träumen von 3
sognare ad occhi aperti *(intr)*	mit offenen Augen träumen 3
***solere** *(tr)*	gewöhnt sein 83 **[M]**
solidificare *(tr)*	fest werden lassen 11
sollevare *(tr)*	hoch heben, abnehmen (Tel.) 3
sollevare con cricco *(tr)*	aufbocken (Auto) 3
***sollevarsi** *(intr/refl)*	sich erheben, rebellieren 7
sommergere *(tr)*	untertauchen 84
sopportare *(tr)*	ertragen, dulden 3
sopprimere *(tr)*	abschaffen, ausschließen 32
***sopraggiungere** *(intr)*	ankommen 52
sopravvenire *(intr)*	plötzlich kommen 102
***sopravvivere a** *(intr)*	überleben, weiterleben 104
***sorgere** *(intr)*	aufgehen 80
sorpassare *(tr)*	überholen 3
sorprendere *(tr)*	überraschen, erwischen, ertappen 66
soreggere *(tr)*	unterstützen, aufhalten 70
sorridere *(intr)*	lächeln 72
sorseggiare *(tr)*	schlürfen, in kleinen Schlucken trinken 12
sorvegliare *(tr)*	beaufsichtigen, überwachen 13
sorvolare *(tr)*	überfliegen, hinweggehen 3
sospendere *(tr)*	einstellen 17
sospettare *(tr)* **qlcu. di**	jdn. verdächtigen 3
sospingere *(tr)*	schieben, treiben 86
sospirare *(intr)*	seufzen 3
sostenere *(tr)*	behaupten, tragen, stützen, unterstützen 92
sostituire *(tr)*	ersetzen 6
sottintendere *(tr)*	nicht erwähnen, einbeziehen 91
sottolineare *(tr)*	betonen, unterstreichen 3
sottomettere *(tr)*	unterwerfen, unterordnen 54
***sottomettersi a** *(intr/refl)*	sich ergeben 54, 7
***sottoporsi a** *(intr/refl)*	sich unterziehen 64, 7
sottoscrivere *(tr)*	unterschreiben 81

sottoscrivere a *(intr)*	unterstützen 81
***sottostare** *(intr)*	unterliegen, unterstehen 87
sottovalutare *(tr)*	unterschätzen 3
sottrarre *(tr)*	abziehen 96
sottrarsi *(refl)*	sich entziehen 96
sovraccaricare *(tr)*	überladen 11
sovrintendere a *(intr)*	die Oberaufsicht haben, vorstehen 91
***sovvenire** *(intr)*	helfen, einfallen 102
sovvenzionare *(tr)*	subventionieren 3
spaccare *(tr)*	hacken, spalten (Holz) 11
spalancare *(tr)*	weit öffnen (Tür) 11
spandere *(tr/intr)*	verteilen, verschütten 25
sparare *(tr)*	schießen, Tor schießen 3
sparecchiare *(tr)*	abräumen (Tisch) 13
spargere *(tr)*	verstreuen, sprenkeln 84 **[M]**
***sparire** *(intr)*	verschwinden 6
spaventare *(tr)*	erschrecken 3
***spaventarsi di** *(intr/refl)*	sich erschrecken vor 7
spazzare *(tr)*	fegen 3
spazzolare *(tr)*	bürsten 3
***specializzarsi in** *(intr/refl)*	sich spezialisieren auf 7
specificare *(tr)*	genau angeben 11
speculare *(tr/intr)*	spekulieren 3
spedire *(tr)*	senden, schicken 6
spegnere *(tr)*	ausmachen, (aus)löschen, ausschalten 85 **[M]**
spegnersi *(intr/refl)*	ausgehen (Licht), erlöschen 85, 7
spendere *(tr)*	ausgeben 17
sperare *(intr)*	hoffen 3
sperimentare *(tr)*	experimentieren 3
***spettare a** *(intr)*	zufallen, zustehen 3
spezzare *(tr)*	zerbrechen, brechen 3
spiacere *(unpers.)*	bedauern, leid tun 61
spiare *(tr)*	spionieren, ausspionieren 13
spiccare *(tr)*	hervorstehen 11
spiegare *(tr)*	erklären, auffalten (Karte), ausbreiten (Zeitung) 11
spingere a *(tr)*	schieben, anspornen, drängen, drücken 86 **[M]**
splendere *(intr)*	scheinen (Sonne), strahlen 17
spogliare *(tr)*	entkleiden, berauben 13
***spogliarsi** *(intr/refl)*	sich ausziehen 13, 7
spolverare *(tr)*	abstauben 3
sporcare *(tr)*	beschmutzen 11
sporgere *(tr)*	hinausstrecken, hervorstehen 80
***sporgersi** *(intr/refl)*	sich hinauslehnen 80, 7
sposare *(tr)*	heiraten 3
spostare *(tr)*	verschieben, rücken 3

sprangare *(tr)* verriegeln (Tür) 11
spremere *(tr)* ausdrücken, auspressen 4
spulciare *(tr)* entlausen, durchackern 12
spruzzare *(tr)* spritzen, sprühen 3
spumeggiare *(intr)* schaumen 12
spuntare *(tr)* die Spitze abbrechen, beschneiden 3
sputare *(tr)* spucken 3
squadrare *(tr)* betrachten 3
squillare *(tr)* klingeln, läuten 3
stabilire *(tr)* bestimmen, festsetzen 6
 stabilire relazioni *(intr)* Beziehungen aufnehmen 6
 ***stabilirsi** *(intr/refl)* sich niederlassen 6, 7
stabilizzare *(tr)* stabilisieren 3
staccare *(tr)* lösen, abtrennen 11
stampare *(tr)* drucken 3
***stancarsi di** *(intr/refl)* ermüden, müde werden 11, 7
standardizzare *(tr)* vereinheitlichen 3
***stare** *(intr)* bleiben, stehen, sein 87 **[M]**
 ***stare attento** *(intr)* vorsichtig sein, aufpassen 87
 ***stare bene** *(unpers.)* gut gehen 87
 ***stare buono** *(intr)* gut/lieb sein 87
 ***stare fermo** *(intr)* ruhig sein/bleiben 87
 ***stare fresco** *(intr)* die Bescherung haben 87
 ***stare fuori** *(intr)* aus dem Hause sein 87
 ***stare in ginocchio** *(intr)* knien 87
 ***stare in pensiero** *(intr)* besorgt sein 87
 ***stare in piedi** *(intr)* stehen 87
 ***stare per** *(intr)* im Begriff sein 87
 ***stare seduto** *(intr)* sitzen 87
 ***stare sulle spine** *(intr)* auf heißen Kohlen sitzen 87
 ***stare tranquillo** *(intr)* ruhig sein 87
 ***stare zitto** *(intr)* still sein/bleiben, den Mund halten 87
starnutire *(intr)* niesen 6
stendere *(tr)* ausbreiten, ausdehnen 91
sterzare *(tr)* lenken 3
stillare *(tr)* destillieren 3
stimare *(tr)* schätzen, einschätzen 3
stimolare *(tr)* anregen, antreiben 3
stirare *(tr)* bügeln 3
storcere *(tr)* drehen, verrenken 94
†stordire *(intr/tr)* betäuben, verblüffen 6
strangolare *(tr)* erwürgen 3
strappare *(tr)* ziehen, reißen 3
strillare *(intr)* schreien, brüllen 3
stringere *(tr)* drücken, fest ziehen 88 **[M]**
strisciare *(intr)* kriechen, schleichen 12
strozzare *(tr)* erdrosseln 3

	struggere *(tr)*	schmelzen, verzehren 89 **[M]**
	***struggersi** *(intr / refl)*	sich verzehren 89, 7
	strutturare *(tr)*	strukturieren 3
	studiare *(tr)*	studieren, lernen 13
	***stufarsi di** *(intr / refl)*	etw. leid sein 7
	stupire *(tr)*	erstaunen 6
	***stupirsi di** *(intr / refl)*	sich wundern 6, 7
	subire *(tr)*	erleiden, sich unterziehen 6
	***succedere** *(intr)*	geschehen, gelingen 33
	***succedere a** *(intr)*	nachfolgen 33
	succhiare *(tr)*	saugen, lutschen 13
	sudare *(intr)*	schwitzen 3
	suggerire *(tr)*	empfehlen 6
	†suonare *(intr / tr)*	spielen (Musik), läuten (Glocke) 3
	suonare il tamburo *(tr)*	trommeln 3
	superare *(tr)*	überschreiten, überholen 3
	supporre *(intr)*	annehmen 64
	susseguire *(intr)*	nachfolgen 5
	sussultare *(intr)*	zucken 3
	svaligiare *(tr)*	(aus)plündern 12
	svalutare *(tr)*	abwerten, entwerten 3
	***svanire** *(intr)*	verschwinden 6
	svegliare *(tr)*	aufwecken, aufwachen 13
	***svegliarsi** *(intr / refl)*	aufwachen 13, 7
	svelare *(tr)*	enthüllen 3
	svendere *(tr)*	verramschen, Ausverkauf machen 4
	***svenire** *(intr)*	ohnmächtig werden 102
	sviluppare *(tr)*	entwickeln 3
	svitare *(tr)*	aufschrauben 3
	svolgere *(tr)*	entfalten, abwickeln 106
T	**tacere** *(intr)*	schweigen 90 **[M]**
	tagliare *(tr)*	schneiden, stutzen 13
	tamponare *(tr)*	stopfen 3
	tappare *(tr)*	stopfen, abdichten 3
	tappezzare *(tr)*	tapezieren, polstern 3
	tardare *(intr/tr)*	sich verspäten, verzögern 3
	tassare *(tr)*	besteuern 3
	telefonare a *(intr)*	anrufen 3
	temere di *(tr)*	sich fürchten vor 4
	tendere *(tr)*	ausbreiten, reichen, anspannen 91 **[M]**
	tendere a *(intr)*	streben, neigen 91
	tendere un'imboscata a *(intr)*	überfallen 91
	tenere *(tr)*	halten, bewahren 92 **[M]**
	tenerci a *(intr)*	Wert legen 92
	tenere il broncio *(tr)*	schmollen 92

tenere a freno *(tr)*	aufzäumen 92
tenere conto di *(tr)*	einplanen, berücksichtigen 92
tenersi indietro *(intr/refl)*	sich zurückhalten 92
***tenersi lontano** *(intr / refl)*	wegbleiben 92, 7
tentare di *(tr)*	versuchen 3
†terminare *(intr / tr)*	beenden 3
tessere *(tr)*	weben 4
testimoniare *(tr)*	bezeugen, beglaubigen 13
timbrare *(tr)*	stempeln 3
tingere *(tr)*	färben, tönen 93 **[M]**
tirare *(tr)*	ziehen, strecken 3
tirare di scherma *(intr)*	fechten 3
tirare giù *(tr)*	abreißen, abbauen 3
tirare in lungo *(tr)*	in die Länge ziehen 3
tirare vento *(tr)*	windig sein 3
toccare *(tr)*	berühren, anfassen 11
***toccare a** *(intr)*	zustehen, an der Reihe sein 11
togliere *(tr)*	entfernen, ziehen, herausziehen, ausziehen (Kleidung) 31
togliere il nocciolo a *(tr)*	entkernen 31
togliere di mezzo *(tr)*	etwas wegmachen, entfernen 31
togliere la comunicazione *(tr)*	auflegen (Telefon) 31
tollerare *(tr)*	dulden 3
torcere *(tr)*	drehen, auswringen 94 **[M]**
tormentare *(tr)*	quälen, plagen 3
***tornare (a casa)** *(intr)*	nach Hause gehen 2
torturare *(tr)*	foltern 3
tossire *(intr)*	husten 6
tracciare *(tr)*	markieren, zeichnen 12
tradire *(tr)*	verraten, betrügen 6
tradurre in / da *(tr)*	übersetzen 95 **[M]**
trafiggere *(tr)*	durchgehen, durchstechen 19
***tramontare** *(intr)*	untergehen (Sonne, Mond) 3
trangugiare in fretta *(tr)*	hinunterschlingen 12
transigere *(intr)*	übereinkommen, nachgeben 4
trapanare *(tr)*	bohren (Loch) 3
trarre *(tr)*	ziehen 96 **[M]**
trarre il massimo vantaggio da *(tr)*	das Beste aus etw. machen, den größten Vorteil aus etw. ziehen 96
trasalire *(intr)*	zusammenfahren (Schreck) 77
trascinare *(tr)*	schleppen 3
***trascorrere** *(intr)*	verbringen (Zeit) 35
trascrivere *(tr)*	transkribieren, abschreiben 81
trascurare *(tr)*	vernachlässigen 3
trasferire *(tr)*	übertragen, versetzen, verlegen 6
trasformare in *(tr)*	umwandeln 3
trasgredire *(tr)*	verstoßen gegen 6
traslocarsi *(intr / refl)*	umziehen 7

	trasmettere *(tr)*	übertragen, weiterschicken, übersenden 54
	trasparire *(intr)*	durchscheinen 23
	trattare *(tr)*	gebrauchen, behandeln 3
	trattare con *(intr)*	handeln mit 3
	***trattarsi di** *(intr / refl)*	es handelt sich um 7
	trattenere *(tr)*	zurückhalten, aufhalten 92
	***trattenersi** *(intr / refl)*	sich zurückhalten, bleiben 92, 7
	travedere *(intr)*	verkehrt sein 101
	travestire *(tr)*	verkleiden 5
	trebbiare *(tr)*	dreschen 13
	tremare *(intr)*	zittern 3
	trionfare *(tr)*	triumphieren 3
	tritare *(tr)*	hacken 3
	trovare *(tr)*	finden, lösen 3
	trovare per caso *(tr)*	zufällig finden 3
	***trovarsi** *(intr / refl)*	sich befinden 7
	***truccarsi** *(intr / refl)*	sich schminken 11, 7
	***tuffarsi** *(intr / refl)*	tauchen 7
	tumultuare *(intr)*	randalieren 3
	tuonare *(intr)*	donnern 3
	turare *(tr)*	verkorken 3
U	**ubbidire a** *(intr)*	gehorchen 6
	***ubriacarsi** *(intr / refl)*	sich betrinken 11, 7
	uccidere *(tr)*	umbringen, töten 97 **[M]**
	udire *(tr)*	hören 98 **[M]**
	uguagliare *(tr)*	begleichen 13
	umiliare *(tr)*	demütigen 13
	ungere *(tr)*	ölen, schmieren, salben 68
	unire *(tr)*	anfügen, verbinden, vereinigen 6
	***unirsi a** *(intr / refl)*	sich vereinigen mit 6, 7
	urlare *(intr)*	brüllen, schreien 3
	usare *(tr)*	gebrauchen, benutzen 3
	***uscire** *(intr)*	herausgehen/kommen 99 **[M]**
V	**vagabondare** *(intr)*	wandern 3
	vagare *(intr)*	umherstreifen 11
	vagliare *(tr)*	sieben, durchlöchern 13
	***valere** *(intr)*	wert sein, gelten 100 **[M]**
	***valere la pena** *(intr)*	sich lohnen 100
	valutare *(tr)*	bewerten, auswerten 3
	***vantarsi di** *(intr / refl)*	angeben mit 7
	variare *(tr)*	verändern 13
	vedere *(tr)*	sehen, ansehen 101 **[M]**
	non vedere l'ora di *(intr)*	sich auf etw. freuen 101
	veleggiare *(intr)*	segeln 12
	vendere *(tr)*	verkaufen 4 **[M]**

	vendere al mercato *(tr)*	vermarkten 4
	venerare *(tr)*	anbeten 3
	***venire** *(intr)*	kommen 102 **[M]**
	***venire a** *(intr)*	kommen zu 102
	***venire a vedere** *(intr)*	kommen und sehen 102
	***venire in mente** *(intr)*	einfallen 102
	ventilare *(tr)*	belüften 3
	***vergognarsi di** *(intr/refl)*	sich schämen 7
	verificare *(tr)*	prüfen, überprüfen 11
	verniciare *(tr)*	streichen (Haus) 12
	versare *(tr)*	gießen, schütten, bezahlen (Geld) 3
	vestire *(tr)*	anziehen 5
	***vestirsi** *(intr/refl)*	sich anziehen 5, 7
	vezzeggiare *(tr)*	hätscheln 12
	viaggiare *(intr)*	reisen, fahren 12
	vibrare *(tr)*	zittern, vibrieren 3
	vietare di *(tr)*	verbieten zu 3
	vincere *(tr)*	gewinnen, siegen 103 **[M]**
	violare *(tr)*	übertreten 3
	violentare *(tr)*	vergewaltigen 3
	visitare *(tr)*	besuchen 3
	visualizzare *(tr)*	zeigen 3
	†vivere *(intr/tr)*	leben, lebendig sein 104 **[M]**
	†vivere di *(intr/tr)*	leben von 104
	viziare *(tr)*	verwöhnen (Kind) 13
	vogare *(intr)*	rudern 11
	†volare *(intr/tr)*	fliegen 3
	†volare via *(intr/tr)*	wegfliegen 3
	†volere *(intr/tr)*	mögen, wollen 105 **[M]**
	†voler bene a *(intr/tr)*	gerne haben, lieben 105
	***volerci**	nehmen, brauchen (Zeit) 105
	volgere *(tr)*	drehen 106 **[M]**
	***volgersi** *(intr/tr)*	sich umdrehen 106, 7
	voltare *(tr)*	ändern (Richtung) 3
	***voltarsi** *(intr/refl)*	sich umdrehen 7
	vomitare *(intr/tr)*	brechen 3
	votare *(tr)*	wählen 3
	vuotare *(tr)*	leeren 3
Z	**zoppicare** *(intr)*	hinken 11